SCHLANK IM SCHLAF

DAS KOCHBUCH

Mit der kostenlose ... nach dem bewährten Erfolgs ... epten und als Clou den prakt ... lie Essens- pausen einhalten

Und so einfach geht's:

Laden Sie die kostenlose »GU Schlank im Schlaf to go«-App im Apple Store oder im Google Play Store auf Ihr Smartphone. Starten Sie die App und wählen Sie im Display die Funktion Ihrer Wahl aus. Am besten aktivieren Sie gleich Ihren Schlank-im-Schlaf-Wecker: Einfach die Frühstückszeit einstellen, und die App erinnert Sie an die nächsten Mahlzeiten.

QUALITÄTS G|U GARANTIE

DIE GU-QUALITÄTS-GARANTIE

Wir möchten Ihnen mit den Informationen und Anregungen in diesem Buch das Leben erleichtern und Sie inspirieren, Neues auszuprobieren. Bei jedem unserer Bücher achten wir auf Aktualität und stellen höchste Ansprüche an Inhalt, Optik und Ausstattung. Alle Rezepte und Informationen werden von unseren Autoren gewissenhaft erstellt und von unseren Redakteuren sorgfältig ausgewählt und mehrfach geprüft. Deshalb bieten wir Ihnen eine 100%ige Qualitätsgarantie.

Darauf können Sie sich verlassen:
Wir legen Wert darauf, dass unsere Kochbücher zuverlässig und inspirierend zugleich sind.
Wir garantieren:

- dreifach getestete Rezepte
- sicheres Gelingen durch Schritt-für-Schritt-Anleitungen und viele nützliche Tipps
- eine authentische Rezept-Fotografie

Wir möchten für Sie immer besser werden:
Sollten wir mit diesem Buch Ihre Erwartungen nicht erfüllen, lassen Sie es uns bitte wissen! Nehmen Sie einfach Kontakt zu unserem Leserservice auf. Sie erhalten von uns kostenlos einen Ratgeber zum gleichen oder ähnlichen Thema. Die Kontaktdaten unseres Leserservice finden Sie am Ende dieses Buches.

GRÄFE UND UNZER VERLAG
Der erste Ratgeberverlag – seit 1722.

KV

INHALT

* *Themen-Specials sind mit einem farbigen Kreis gekennzeichnet.*

DAS SCHLANK-IM-SCHLAF-PRINZIP

VON ANFANG AN NACHHALTIG UND GESUND ABNEHMEN

Zehntausende Frauen und Männer haben mit Schlank im Schlaf erfolgreich und vor allem nachhaltig abgenommen. Viele von ihnen sind heute wieder gesund und fit. So ist Schlank im Schlaf eine schier unglaubliche Erfolgsgeschichte, die jetzt fortgesetzt wird. Mittlerweile untermauern auch zahlreiche wissenschaftliche Belege die Wirksamkeit dieser Diät, die eigentlich keine Diät ist. Schlank im Schlaf ist eine Ernährungsweise, die Sie Ihr Leben lang begleiten kann, wenn Sie Lust auf Genuss haben und sich mehr Lebensqualität wünschen.

IM EINKLANG MIT DER BIO-UHR

Schlank im Schlaf klingt denkbar einfach, und das ist es auch. Sie müssen weder hungern noch Kalorien zählen, sondern nehmen mit einer optimierten Insulin-Trennkost von Anfang an auf gesunde Weise ab. Bei Schlank im Schlaf verschwinden nur Ihre ungeliebten Fettpolster. Die Muskeln, die bei anderen Diäten oft »mitschmelzen« und dadurch den Stoffwechsel verlangsamen, bleiben hier erhalten. Wenn Sie dann noch für mehr Bewegung im Alltag sorgen, gezielt Stress abbauen und ausreichend schlafen, sind Sie auf der sicheren (Abnehm-)Seite.

Hormone als Verbündete

Dass Schlaf bei diesem Programm eine so wichtige Rolle spielt, liegt daran, dass nachts bestimmte Hormone verstärkt ausgeschüttet werden, die helfen, die Fettspeicher im Körper zu leeren. Die Energie, die sie dabei bereitstellen, brauchen die Zellen für ihre Reparaturprozesse. Bei Schlank im Schlaf machen Sie sich diese Hormone zu Verbündeten. Wie das funktioniert? Indem Sie Ihre Essgewohnheiten wieder mit den Bedürfnissen Ihres Stoffwechsels und Ihrer Bio-Uhr in Einklang bringen: Ein üppiges Frühstück mit reichlich Kohlenhydraten und eine Mischkostmahlzeit am Mittag versorgen Sie mit allem, was Sie brauchen, um fit in den Tag zu starten und tagsüber leistungsfähig zu sein. Abends gibt es ein leichtes Gericht mit Eiweiß, viel Gemüse und Salat. Danach fühlen Sie sich angenehm satt und haben Ihrem Körper alles zur Verfügung gestellt, was er für die nächtliche Fettverbrennung benötigt.

UNSER GENETISCHES ERBE

Dass Übergewicht heute ein so großes Problem ist – und in der Folge zu schwerwiegenden Erkrankungen wie Typ-2-Diabetes führt –, hat vor allem damit zu tun, dass unser Nahrungsangebot und unser bewegungsarmer Lebensstil so gar nicht zu unseren genetischen Anlagen passen. Was das bedeutet, zeigt ein Blick zurück in die Menschheitsgeschichte.

Es begann mit den Nomaden

Vor etwa sieben Millionen Jahren betrat der Mensch die Bühne der Evolution. In der Steinzeit war die Ernährung eher eiweiß-, ballaststoff- und vitalstoffreich (v. a. Fleisch, Fisch, Insekten, Wildgemüse und -früchte, Nüsse) und arm an Zucker (Kohlenhydraten). Außerdem war der Mensch damals – die Forschung spricht vom Stoffwechseltyp des Nomaden – den ganzen Tag auf den Beinen, um Nahrung zu suchen. Daher verfügte er über eine auf Ausdauer ausgerichtete Muskulatur, die viel Fett verbrannte. Um Mangelzeiten vorzubeugen, wie sie durch ungünstige klimatische Bedingungen oder fehlendes Jagdglück entstehen konnten, entwickelte der Körper die Fähigkeit, überschüssige Energiereserven als Fett zu speichern. Diese Fettdepots sicherten ihm in Notzeiten das Überleben.

Die Stoffwechselrevolution

Da im Lauf der Zeit immer mehr Menschen ernährt werden mussten, wurde Fleisch zunehmend knapp. Deshalb bedeutete die Entdeckung des Ackerbaus, also das systematische Bestellen von Böden und Aussäen von Getreide, die größte Ernährungsrevolution der Urgeschichte: Erstmals konnten Vorräte aus Kohlenhydraten und pflanzlichem Eiweiß angelegt werden. Je nach Ernteerfolg war so das ganze Jahr über eine energiereiche Ernährung möglich. Damit wurden vor gut 10000 Jahren die Weichen für die Entwicklung des zweiten großen Stoffwechsel-Urtypus gestellt: den des Ackerbauern. Im Lauf der Jahrtausende passten sich Stoffwechsel und Immunsystem des Ackerbauers so an, dass er die neu zur Verfügung stehenden Nahrungsmittel besser verwerten konnte.

Heute, nach Hunderten von Generationen, ist der Stoffwechsel von etwa einem Drittel der Menschen immer noch auf die Ernährungsweise des Nomaden eingestellt. Die anderen gehören zum Stoffwechseltyp des Ackerbauern oder sind Mischformen. Bei der heute üblichen zuckerreichen Ernährung entgleist der Stoffwechsel des Nomaden, und er wird dick. Der Ackerbauer verträgt solches Essen zwar besser, legt aber ebenfalls an Gewicht zu, wenn er sich zu energiereich ernährt und zu wenig bewegt. Da wir unseren Stoffwechsel nicht ändern können, gibt es nur eine Lösung: Wir müssen unsere Ernährung und unseren Lebensstil wieder mit ihm in Einklang bringen – und das gelingt mit Schlank im Schlaf.

Hungern verboten! Bei Schlank im Schlaf stehen täglich drei sättigende Mahlzeiten auf dem Programm.

REGISSEURE DES STOFFWECHSELS: HORMONE

Alle Organfunktionen im menschlichen Körper werden in bestimmten zeitlichen Rhythmen von Hormonen gesteuert. Sie übermitteln Informationen von einem Körpergewebe zum anderen, mal schneller, mal langsamer. Hormone beeinflussen den Tagesablauf eines jeden von uns: Sie wirken auf unseren Aktivitäts- und Ruherhythmus ebenso wie auf das Stressverhalten, sie machen hungrig oder satt, dick oder schlank. Gebildet werden diese Botenstoffe zumeist in darauf spezialisierten Drüsen des Körpers:

- In der **Hirnanhangsdrüse**, der Hypophyse, wird das follikelstimulierende Hormon (FSH) hergestellt, das für die Eireifung bzw. Spermienbildung zuständig ist. Auch das luteinisierende Hormon (LH), das Eisprung und Spermienbildung beeinflusst, entsteht hier. Vor allem im Nachtschlaf wird in der Hirnanhangsdrüse das Wachstumshormon (human growth hormone, kurz HGH) produziert. Es kurbelt Wachstumsprozesse und den Stoffwechsel an und ermöglicht die Fettverbrennung, indem es die »Ausgangstüren« des Fettgewebes öffnet. Jetzt findet der Fettabbau (Lipolyse) im Schlaf statt – der Effekt, nach dem die Schlank-im-Schlaf-Insulin-Trennkost ihren Namen hat.

- In der **Zirbeldrüse** wird aus dem Wohlfühlhormon Serotonin das den Tag-und-Nacht-Rhythmus steuernde Hormon Melatonin gebildet. Bei einem ausreichend hohen Melatoninspiegel schläft man tief und gut, zu wenig davon stört den Schlaf und macht dick.

- In der **Schilddrüse** werden die jodhaltigen Hormone Thyroxin und Trijodthyronin produziert. Sie regen den Stoffwechsel an, erhöhen den Energieumsatz und beeinflussen auf diese Weise auch das Gewicht.

- In den **Nebennieren** entstehen Adrenalin und Cortisol. Diese Stresshormone sind zuständig für die Kampf- oder Fluchtreaktion: In Sekundenschnelle werden die Muskeln angespannt, Puls und Blutdruck erhöht und Energie in Form von Zucker und Fettsäuren bereitgestellt. Im Alltag werden diese Hormone bei großen Belastungen ausgeschüttet, Cortisol in erster Linie bei negativem Stress, was bei Dauer- und Überbelastung Heißhungerattacken auslösen kann.

- In den **Inselzellen der Bauchspeicheldrüse** entstehen die Hormone, die den Blutzucker und damit das Gewicht beeinflussen: Insulin (blutzuckersenkend) und Glukagon (blutzuckerstabilisierend). Insulin gilt als Schüssel- und Dickmacherhormon (siehe auch S. 10 ff.).

- In den **Eierstöcken** entstehen Gestagene (Gelbkörperhormone), die einen Einfluss auf die weibliche Gewichtszunahme haben, sowie Östrogene und in geringen Mengen das Männlichkeitshormon Testosteron.

- In den **Hoden** wird Testosteron produziert, das die Entwicklung der Muskulatur, des Bart- und Haarwuchses, aber auch die Veranlagung zu Bauchfett steuert.

HIRNANHANGSDRÜSE

Das vor allem im Nachtschlaf produzierte Wachstumshormon (HGH) kurbelt die Zellregeneration und die Fettverbrennung an.

ZIRBELDRÜSE

Das den Tag-und-Nacht-Rhythmus steuernde Hormon Melatonin ist verantwortlich für die Schlafqualiät und damit auch für die Fettverbrennung.

BAUCHSPEICHELDRÜSE

Glukagon und Insulin haben Einfluss auf den Blutzucker und das Gewicht und steuern auch den Fettaufbau.

SCHILDDRÜSE

Die jodhaltigen Hormone Thyroxin und Trijodthyronin regen den Stoffwechsel an und beeinflussen so auch das Gewicht.

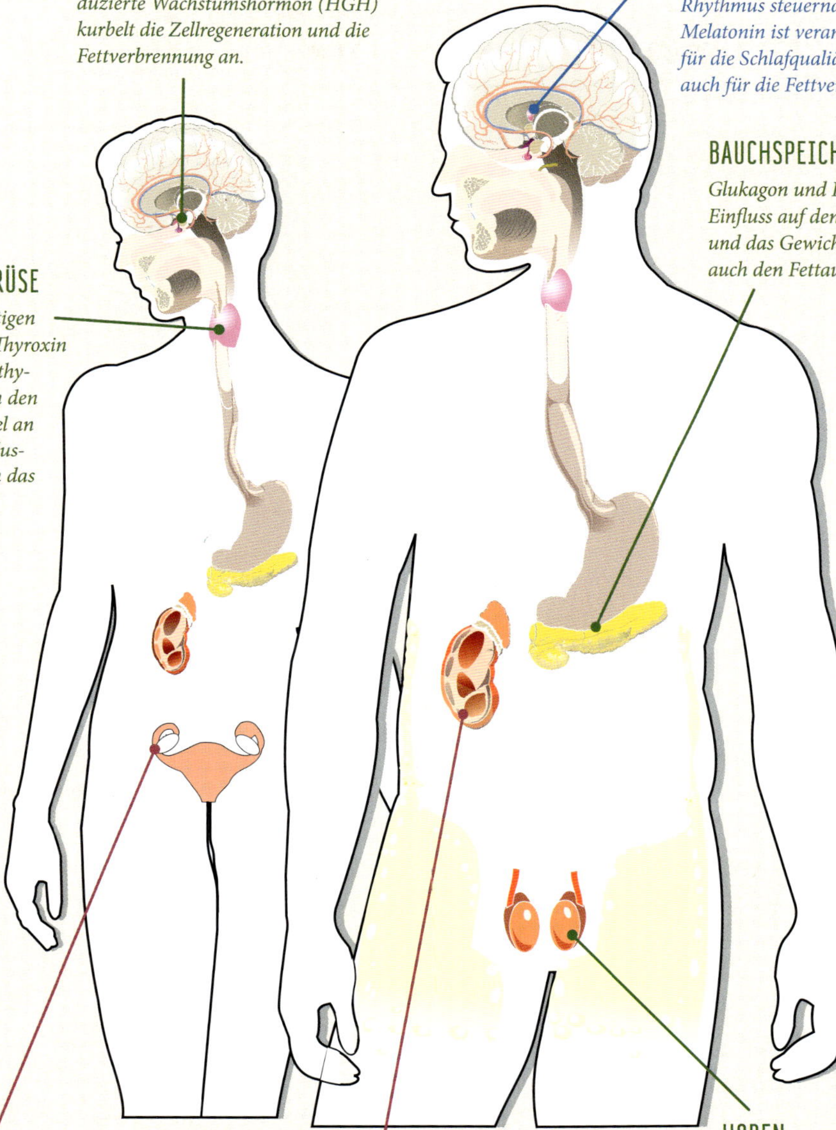

HODEN

Das Männlichkeitshormon Testosteron beeinflusst auch die Bauchfettbildung.

NEBENNIERE

Die Hormone Adrenalin und Cortisol sind zuständig für den Stressstoffwechsel. Ein Cortisolüberschuss trägt zur Bauchfettbildung bei und kann Heißhungerattacken provozieren.

EIERSTOCK

Östrogene, Gestagene und in geringen Konzentrationen auch Testosteron steuern nicht nur Fruchtbarkeit und Körperbau, sondern beeinflussen auch den Appetit.

- *beeinflusst den Schlaf*
- *beeinflusst den Hunger*
- *beeinflusst den Stoffwechsel*

SCHLÜSSELHORMON INSULIN

Insulin ist für jeden Menschen lebenswichtig, denn diesem Hormon kommt im Zellstoffwechsel eine Schlüsselstellung zu: Es befördert alle im Blut gelösten Nährstoffe – Kohlenhydrate, Eiweiß und Fette – in die Muskel-, Leber- und Fettzellen. Sobald wir Kohlenhydrate (Zucker oder Stärke) essen, bekommt die Bauchspeicheldrüse das Signal, verstärkt Insulin zu produzieren. Das ist nicht nur bei Süßigkeiten oder Weißmehlprodukten der Fall, sondern auch bei Früchten, stärkereichem Gemüse oder Vollkornbrot. Wenn wir gleichzeitig mit den Kohlenhydraten Eiweiß verzehren (etwa Putengeschnetzeltes mit Reis), heizt das die Insulinproduktion sogar noch stärker an als Kohlenhydrate pur.

Schaltzentrale für alle Nährstoffe

An ihrer Außenhaut (Membran) besitzen alle Zellen bestimmte Aufnahmestellen für Insulin, sogenannte Rezeptoren. Hier dockt das Hormon an und wirkt wie ein Schlüssel: Es öffnet die Zellen, löst eine Signalkette aus und veranlasst die Aussendung von Transportern (fachsprachlich abgekürzt GLUT). Diese ermöglichen durch einen Schacht in der Zellaußenhaut die Aufnahme von Glukose (Endprodukt der Kohlenhydratverdauung), Eiweiß und Fetten. Die Kraftwerke der Zellen, die Mitochondrien, gewinnen aus diesen Nährstoffen essenzielle Energie: das Adenosintriphosphat (abgekürzt ATP), ein Zuckerstoffwechselprodukt mit anorganischem Phosphat. Diese »Energiewährung des Lebens« steht nun für alle körperlichen und geistigen Tätigkeiten zur Verfügung. Sämtliche Vorgänge im Körper funktionieren nur mit dieser Energiewährung, die immer wieder entsprechend nachproduziert werden muss. Insulin ist also wichtig für die Rundumversorgung unserer Zellen mit dem Supertreibstoff Glukose.

info

WAS INSULIN LOCKT

Der Insulin-Score (siehe rechts) veranschaulicht die unterschiedliche Höhe der Insulinausschüttung, die verschiedene Lebensmittel mit gleichem Kaloriengehalt auslösen. Schwach fällt die Insulinreaktion z. B. nach einer reinen Eiweißmahlzeit aus, die gleichzeitig gut sättigt und Heißhunger vorbeugt. Danach kursieren nur geringe Mengen des Schlüsselhormons im Blut – beste Voraussetzungen, um Fett abzubauen. Viel Insulin wird dagegen immer von Mischkost ins Blut gelockt.

Insulin blockiert die Fettverbrennung

Allerdings gilt Insulin auch als Dickmacherhormon, denn solange es im Blut kursiert, ist der Abbau von Fett als Energiequelle für den Zellstoffwechsel lahmgelegt. Die Fettverbrennung ist erst möglich, wenn Blutzucker- und Insulinspiegel wieder abgesunken sind. Tagsüber lässt sich dieses Insulin-Auf-und-Ab durch regelmäßige Mahlzeiten und nachfolgende Essenspausen gut regulieren. Außerdem wird Zucker verbrannt, wenn wir uns bewegen und geistig rege sind – dadurch fällt der Insulinspiegel von allein ab. Um auch nachts den vom Wachstumshormon angeregten Fettabbau zu ermöglichen, sollte der Insulinspiegel gerade abends möglichst niedrig bleiben. Das erreicht man, wenn man beim Abendessen Kohlenhydrate vermeidet und stattdessen eine sättigende Eiweißmahlzeit zu sich nimmt. Genau dafür sind die entsprechenden Schlank-im-Schlaf-Rezepte maßgeschneidert konzipiert. Und überflüssige Fettreserven wird man auf diese Weise dann sprichwörtlich im Schlaf los.

LEBENSMITTEL UND IHRE INSULINREAKTION

Insulin-Score verschiedener Lebensmittel mit je 250 kcal* (in Prozent)

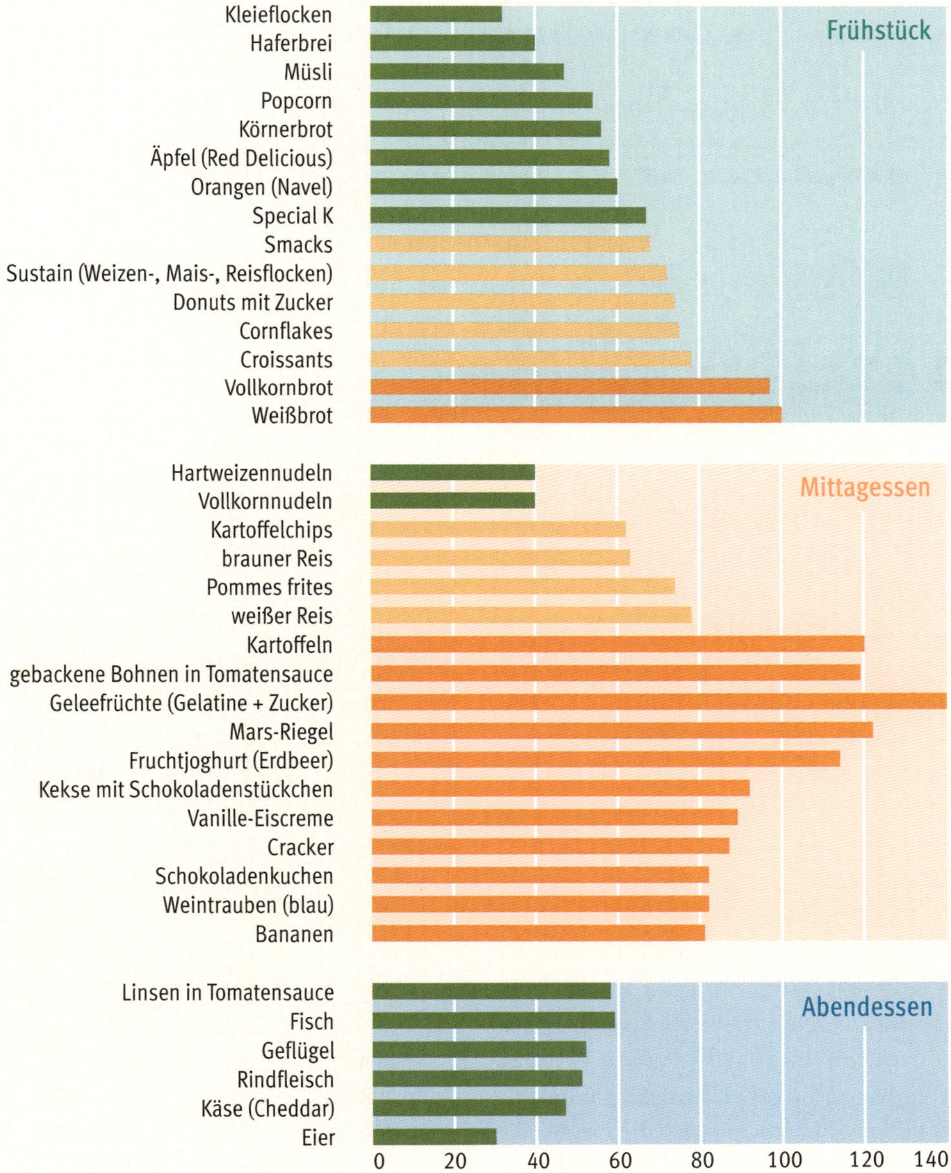

** Referenzwert: Weißbrot 100 %*

Ideal für morgens und abends sind die Lebensmittel, die die niedrigsten Insulinreaktionen hervorrufen (grün, gelb). Die für morgens empfohlenen großen Brotmengen sind trotz der Insulinreaktion (rot) sinnvoll, um die leeren Zuckerspeicher zu füllen. Die Verwendung von Streichfett wiederum bremst das Insulin.

DIE INSULINFALLE

Das durch Insulin gesteuerte System des Nährstofftransports aus dem Blut in die Zellen kann jedoch empfindlich gestört werden. Ist die Nahrung den ganzen Tag über sehr reich an Kohlenhydraten, besteht sie z. B. zu großen Teilen aus Brot, Kartoffeln, Nudeln, Reis, süßen Getränken oder Süßigkeiten, entsteht bei der Verdauung entsprechend viel Glukose (Zucker). Die Folge: Der Nährstoff-Energie-Kreislauf gerät aus dem Gleichgewicht. Bei dem vermehrten Zuckerangebot schüttet die Bauchspeicheldrüse verstärkt Insulin aus, um die im Blut befindlichen Nährstoffe in die Zellen zu pressen. Die Mitochondrien in den Zellen sind gezwungen, diese Nährstoffe auf Hochtouren zu verarbeiten.

Achtung: Nährstoffstau!

In der Folge fällt der Zuckerspiegel im Blut rasch ab, es kommt zu Heißhungerattacken auf Süßes. Und so essen wir bereits nach kurzer Zeit wieder, und dann gerne kohlenhydrat- bzw. zuckerreich und damit wieder insulinlockend. Ernähren wir uns zusätzlich zu diesen häufigen Zwischenmahlzeiten auch bei den Hauptmahlzeiten anders, als es der Stoffwechsel bräuchte – also morgens tierisches Eiweiß aus Eiern oder Aufschnitt und abends Kohlenhydrate –, werden die Zellen massiv gestresst.

Der Kollaps in der Zelle

Die gestressten Zellen versuchen sich zu schützen, um nicht zugrunde zu gehen: Überlastet von dem dauerhaften Insulinüberschuss im Blut, ziehen sich nach und nach die meisten Rezeptoren für Insulin an der Zellaußenhaut zurück. Die Signalkette ist gestört, und es werden nur noch sehr wenige Nährstoff-Transporter gebildet. So öffnen sich auch zunehmend weniger Transportschächte, durch die Nährstoffe einströmen könnten. Die Zelle ist insulinabweisend (insulinresistent) geworden: Zucker, Eiweiß und Fette schwimmen weiter im Blut, und der Blutzucker bleibt hoch. Alle Nährstoffe werden schließlich zu Fettsäuren umgebaut und in den enorm dehnbaren Fettzellen entsorgt – Energiestoffwechsel und Fettabbau laufen auf Sparflamme, man nimmt automatisch zu. Es kommt zu hormonellen Entgleisungen im ganzen Körper, schwerwiegende Spätfolgen können Typ-2-Diabetes und Herz-Kreislauf-Erkrankungen sein. Mit der Insulin-Trennkost kann man diesen Teufelskreis durchbrechen und den Insulinspiegel dauerhaft normalisieren.

info

STRESS UND HEKTIK MACHEN DICK

In stressigen Zeiten essen wir mehr als sonst. Auslöser dafür ist neben Cortisol und Insulin ein Hormon, das zwar stimmungsaufhellend wirkt und Angstgefühle dämpft, aber auch Hunger macht: Ghrelin. Es entsteht in der Magenschleimhaut und löst neben anderen Botenstoffen im Gehirn Hungergefühle aus. Forscher der Universität Texas konnten im Tierversuch belegen, dass chronischer Stress den Ghrelinspiegel in die Höhe treibt, wodurch negative Gefühle schneller abklingen. Der unerwünschte Nebeneffekt ist allerdings, dass der Appetit größer wird. Evolutionsbiologisch hatte das Sinn: In Urzeiten, als die Nahrungssuche manchmal lebensgefährlich war, brauchte man viel Mut, um zu überleben, und durfte sich nicht von der eigenen Angst bremsen lassen (Quelle: Nature Neuroscience, 2008).

ZUCKERSTOFFWECHSEL IM LOT

Das Schlüsselhormon Insulin dockt an speziellen Rezeptoren an und öffnet hier die Zellen. So wird in Muskel- und Fettzellen eine Signalkette ausgelöst. Bestimmte Transportproteine (GLUT) sorgen für den Transport von Glukose, Fett- und Aminosäuren in die Muskelzellen, die hier als Baustoffe oder zur Energiegewinnung gebraucht werden.

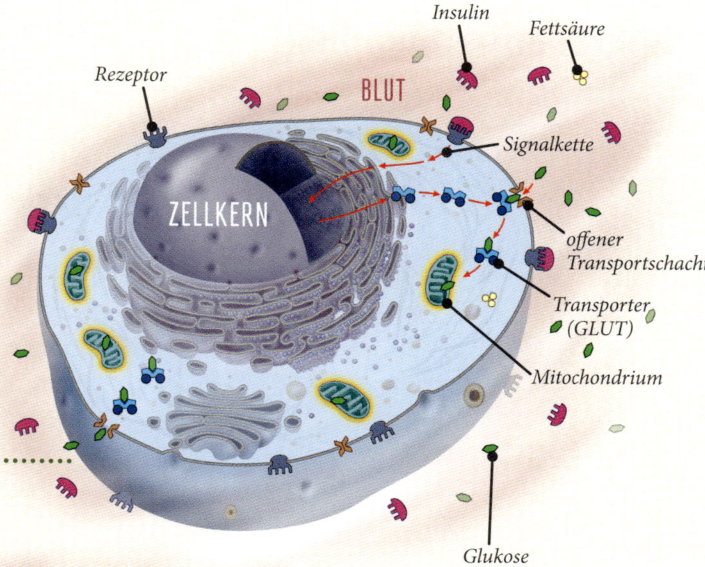

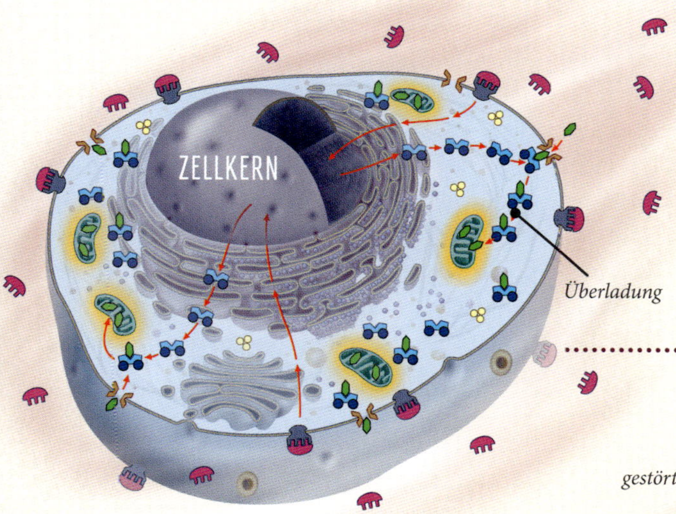

ACHTUNG: NÄHRSTOFFSTAU

Bei einer sehr eiweiß- und kohlenhydratreichen Ernährung steigt der Insulinspiegel stark an, um die Nährstoffe in die Zelle zu pressen. Der Energiestoffwechsel erhöht sich, und die Energiekraftwerke (Mitochondrien) überhitzen. Die Folge: Es kommt zu Zellstress. Der rasche Blutzuckerabfall provoziert Heißhungerattacken – ein Teufelskreis.

DER KOLLAPS IN DER ZELLE

Kursiert ständig Insulin im Blut, reagieren die Rezeptoren an den Muskelzellen überhaupt nicht mehr auf das Schlüsselhormon (Insulinresistenz). Dadurch werden kaum noch Transporter entsandt. Zucker und Fettsäuren wandern jetzt in die Fettzellen. Die Mitochondrien arbeiten auf Sparflamme, zell- und stoffwechselschädigende Prozesse setzen ein.

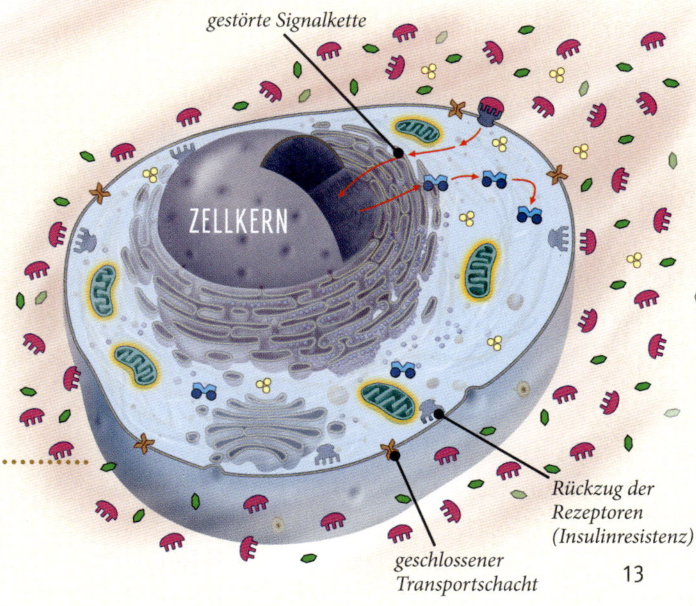

ABNEHMEN IM TAKT DER BIO-UHR

Einer der wichtigsten Aspekte bei Schlank im Schlaf ist der tageszeitliche Einfluss der Hormone auf den Stoffwechsel. Die Empfehlungen für dieses Ernährungsprogramm wurden unter Berücksichtigung der natürlichen Rhythmen entwickelt, die seit Urzeiten in unseren Genen verankert sind (siehe S. 6/7). Entscheidend ist, dass Sie (wieder) lernen, auf die Bio-Uhr Ihres Stoffwechsels zu achten, und zu jeder Tageszeit die richtigen Nährstoffe nach dem Prinzip der Insulin-Trennkost aufnehmen. Wenn Sie außerdem täglich nicht mehr als 1800 bis 2400 Kilokalorien verzehren (davon 50 Prozent aus Kohlenhydraten, 30 Prozent aus Fett und 20 Prozent aus Eiweiß, immer im Fünf-Stunden-Rhythmus), sind Sie garantiert auf Abnehmkurs. Die Pfunde purzeln dann zwar nicht ganz so schnell wie bei mancher Crash-Kur, dafür bleiben Sie aber dauerhaft schlank – und gesund!

DAS INSULIN-TRENNKOST-PRINZIP

Insulin-Trennkost bedeutet, dass Sie sich dreimal am Tag nach bestimmten Nährstoffregeln satt essen. Und damit Sie dabei Ihren Energiekonsum nicht aus den Augen verlieren, sind alle Schlank-im-Schlaf-Rezepte für morgens, mittags und abends so konzipiert, dass Sie immer auf der sicheren Seite sind. Wie viele Kohlenhydrate Sie pro Tag essen dürfen (und sollten), errechnen Sie einfach anhand Ihres persönlichen Body-Mass-Index, kurz: BMI (siehe S. 16).

Morgens: schnelle Energie

Gewöhnen Sie sich an, üppig und kohlenhydratreich zu frühstücken: Nach der nächtlichen Essenspause brauchen vor allem das Gehirn und unsere Muskeln dringend Zucker, um in Fahrt zu kommen. 120 bis 140 Gramm Glukose benötigen unsere grauen Zellen pro Tag. Mit einem ausgiebigen Müsli- oder einem süßen bzw. pikanten Brotfrühstück können Sie Ihrem Körper bereits fast die Hälfte der Kohlenhydrate zuführen, die nötig sind, um diese Glukosemenge freizusetzen. Damit die Bauchspeicheldrüse nicht gestresst wird, sollten Sie morgens auf tierisches Eiweiß aus Eiern, Milch und Milchprodukten verzichten. Unser »Baukasten« (siehe S. 40/41) hilft Ihnen, das Frühstück so nach Ihren Vorlieben zusammenzustellen, dass Sie satt und leistungsfähig in den Tag starten können (weitere Infos zum Frühstück siehe S. 38/39).

Mittags: die »Happy Hour«

Anders als beim Frühstück und Abendessen müssen Kohlenhydrate und Eiweiß mittags nicht getrennt werden. Der Grund: Zwischen 11 und 16 Uhr herrschen in unserem Körper andere Verhältnisse. Die Insulinrezeptoren sind jetzt auf Tagesaktivität eingestellt, sodass die Muskelzellen die unterschiedlichen Nährstoffe viel schneller aufnehmen können. Mittags steht daher eine große Portion Kohlenhydrate (in Form von Nudeln, Reis, Kartoffeln oder Brot), kombiniert mit Gemüse und/oder Eiweiß auf dem Programm. Nun ist die richtige Zeit für Spaghetti bolognese oder Schnitzel mit Kartoffelsalat. Auch Käse- und Wurstbrote, die Sie morgens vielleicht vermisst haben, sind nun erlaubt. Ideal zum Mitnehmen fürs Büro sind Sandwiches oder Salate. Wer mag, kann sich mittags auch zusätzlich mit einem Dessert oder Süßigkeiten belohnen (weitere Infos zum Mittagessen siehe S. 54/55).

Abends: der Eiweiß-Turbo

Abends gibt es Eiweiß pur aus Fleisch, Fisch, Eiern oder Milchprodukten, Tofu, Seitan oder Eiweiß-Abendbrot – angerichtet mit frischem Gemüse oder Salat. Alle, die es süß mögen, können sich jetzt dank Stevia auch ein zuckerfreies Dessert gönnen. Grundsätzlich tabu sind abends Kohlenhydrate, die in der Nacht durch unerwünschte Insulinspitzen die Fettdepots versperren würden. Die Eiweißstoffe aus dem Abendessen hingegen liefern das Baumaterial, mit dem im Schlaf Zellen repariert und neu aufgebaut werden können. Die Energie, die dafür notwendig ist, holt sich der Körper aus den Fettzellen. Die Folge: Sie nehmen im Schlaf ab (weitere Infos zum Abendessen siehe S. 100/101).

Keine Zwischenmahlzeiten

Ganz entscheidend für den Erfolg von Schlank im Schlaf ist, dass Sie zwischen den Mahlzeiten eine mindestens fünfstündige Essenspause einhalten und zwischendurch die Finger von kleinen Naschereien lassen! Nur so hat der Körper genug Zeit für die Verdauungs- und Stoffwechselprozesse, und Blutzucker- und Insulinspiegel können wieder langsam absinken. Dieser Mahlzeiten-Takt entspricht unserem natürlichen Bio-Rhythmus, wie Chronobiologen nachgewiesen haben. Die Insulinpausen einzuhalten wird Ihnen leicht fallen, sobald sich Ihr Körper an den Schlank-im-Schlaf-Rhythmus gewöhnt hat. Und wenn Sie in der Umgewöhnungsphase doch Heißhungerattacken haben? Dann hilft Ihnen unser »Notfallkoffer« (siehe S. 54).

Welche Getränke sind erlaubt?

Wichtig ist auch, dass Sie ausreichend trinken: 1 ½ – 2 Liter einer kalorienfreien Flüssigkeit pro Tag sollten es mindestens sein, um den Stoffwechsel rund laufen zu lassen. Wasser ist der perfekte Durstlöscher, Leitungswasser in guter Qualität gleicht den Flüssigkeitsverlust des Körpers optimal aus. Ansonsten gilt bei den Getränken wie beim Essen, auf das »Was« und »Wann« zu achten: Cappuccino oder Latte macchiato können Sie morgens mit pflanzlichen Drinks (z. B. Soja oder Hafer) genießen, mittags darf es auch mit Kuhmilch oder ein Süßgetränk sein. Zuckerhaltige Getränke (Soft Drinks oder Saftschorle) sind zwischendurch tabu – sie wirken wie ein Snack und machen unnötig Hunger (Auswahltabelle mit Getränken siehe S. 168).

info

SICH SATT ESSEN, UM ABZUNEHMEN

Bei Schlank im Schlaf sind alle Portionen so bemessen, dass Sie garantiert satt werden. Selbst wenn Ihnen die Mengen bei den Rezepten zu üppig erscheinen, weil Sie bisher vielleicht das karge Programm von Reduktionsdiäten gewohnt waren, sollten Sie sie unbedingt wie beschrieben nachkochen. Vertrauen Sie dem bewährten Schlank-im-Schlaf-Prinzip und genießen Sie Ihre Portionen bis zum letzten Bissen. Alle Gerichte sind so zusammengesetzt, dass sie lange und anhaltend sättigen. Der kleine Hunger zwischendurch hat so erst gar keine Chance! Außerdem bekommt Ihr Körper zu jeder Tageszeit den richtigen Nährstoffmix, den er für seine Hormon- und Stoffwechselbalance braucht.

SCHLANK IST NICHT GLEICH LEICHT

Wer schlank und muskulös ist, bringt nicht unbedingt weniger Kilos auf die Waage als ein gleich großer, dicker Mensch mit weniger Muskelmasse. Doch wann ist dick zu dick?

Mama ist schuld

Wer ist eigentlich verantwortlich für die Pfunde zu viel? Das eigene Essverhalten oder doch das Erbgut der Familie? Tatsächlich gibt es ein Gen, das darüber entscheidet, ob jemand dicker wird oder bei der gleichen Ernährungsweise normalgewichtig bleibt. Wissenschaftler der Peninsula Medical School Exeter haben vor einigen Jahren eine Genvariante identifiziert: Menschen mit dem FTO-Gen bringen im Schnitt bis zu drei Kilogramm mehr auf die Waage als solche ohne diese Variante. Allerdings machen drei Kilo niemanden übergewichtig, geschweige denn fettsüchtig. Die Ursachen für starkes Übergewicht liegen – da sind sich die Ernährungsmediziner einig – im Lebensstil der Betroffenen.

Maß für Maß

Der Body-Mass-Index (BMI) ist wissenschaftlich nicht mehr so relevant, wenn es um die Bestimmung von Übergewicht geht. Denn das Körpergewicht setzt sich aus mehreren Faktoren zusammen: aus schweren Muskeln und leichterem Fettgewebe. So kann es sein, dass ein Mann mit mittlerem Bauchumfang, der sich kaum bewegt, weniger wiegt als ein gleich großer, schlanker Jogger. Trotzdem heißt es weiterrechnen: Für das Abnehmen mit Schlank im Schlaf benötigen wir den BMI zur Berechnung des täglichen Kohlenhydratbedarfs für Frühstück und Mittagessen.

So berechnen Sie Ihren individuellen Kohlenhydratbedarf

Stellen Sie bitte zunächst Ihren BMI fest. Die Formel: Körpergewicht (kg) geteilt durch Größe (m) x Größe (m).

Frauen mit einem BMI unter 25 = 75 g KH
Frauen mit einem BMI über 25 = 100 g KH
Männer mit einem BMI unter 30 = 100 g KH
Männer mit einem BMI über 30 = 125 g KH

Zwei Beispiele:

$$\frac{70\text{ kg}}{1{,}70\text{ m} \times 1{,}70\text{ m}} = 24{,}22\text{ BMI}$$

entspricht je 75 g KH morgens und mittags

$$\frac{87\text{ kg}}{1{,}70\text{ m} \times 1{,}70\text{ m}} = 30{,}10\text{ BMI}$$

entspricht je 100 g KH morgens und mittags

Wichtig: der Bauchumfang

Heute setzt die Medizin auf den Bauchumfang, um ein mögliches gesundheitliches Risiko einzuschätzen. Das drückt sich vor allem in der Menge an Bauchfett aus, das sich um die inneren Organe sammelt. Besonders Frauen und Männer mit mäßigem Übergewicht sollten genau hinsehen, wo sich die Pfunde sammeln. Um den Bauchumfang zu messen, brauchen Sie nur ein Maßband, das Sie sich morgens nach dem Aufstehen um die Taille legen. Halten Sie es etwas oberhalb der Nabelhöhe (am besten so, dass Sie es ablesen können), legen Sie es ganz um den Bauch herum und atmen Sie leicht aus, sodass sich das Zwerchfell etwas nach außen wölbt. Bei Männern gilt ein Bauchumfang bis 94 Zentimeter, bei Frauen bis 80 Zentimeter als gesundheitlich unbedenklich. Das Risiko für Gefäßerkrankungen steigt bei über 102 Zentimetern bei Männern und 88 Zentimetern bei Frauen.

Kohlenhydrate machen dick

Diese Behauptung zählt zu den gängigen Ernährungsmythen. Rein rechnerisch machen Kohlenhydrate nicht dick, da sie gar nicht so viel Energie liefern. Wenn man Zucker und Stärke in stoffwechselgerechten Mahlzeiten über den Tag verteilt und abends komplett auf sie verzichtet, helfen sie im Rahmen einer Insulin-Trennkost beim Abnehmen. Denn die Bauchspeicheldrüse reagiert mit ihrer Insulinproduktion je nach Tageszeit unterschiedlich auf Zuckernachschub. Insbesondere die Kombination von Kohlenhydraten und Eiweiß zum Frühstück oder Abendessen (z. B. Wurst- und Käsebrote oder abends Schinkennudeln) lockt den Dickmacher Insulin im Übermaß.

Risikofaktor Bauchfett

Als Hormonproduzent spielt das Fettgewebe im Bauch eine wichtige Rolle. Fettzellen (Adipozyten, siehe Bild) sind nicht per se schlecht: Solange sich ihre Anzahl in einem verträglichen Rahmen hält, sind sie als Steuereinheiten im Stoffwechsel unverzichtbar: Sie beeinflussen die Gehirnfunktionen, das Immunsystem und auch die Bauchspeicheldrüse. Problematisch sind überschüssige Fettpolster besonders, wenn sie sich am Bauch ansammeln (viszerales Fett). Der Stoffwechsel entgleist, und aus den Fettzellen lösen sich dann ständig freie Fettsäuren, Entzündungsstoffe und blutdruckerhöhende Substanzen. Die Folge: erhebliche Gesundheitsrisiken.

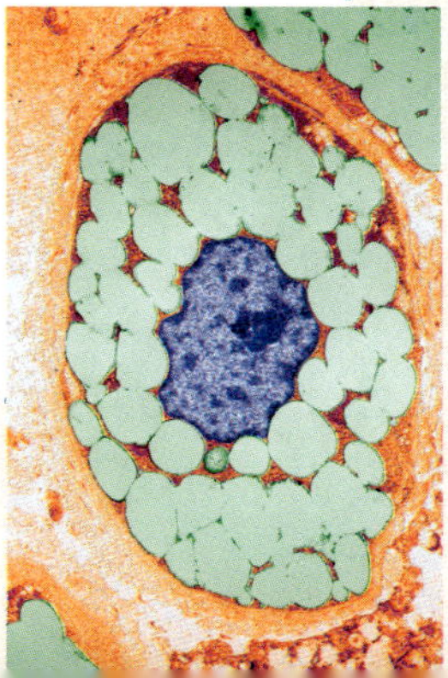

GUT VERSORGT: BAUSTEINE DER ERNÄHRUNG

Kohlenhydrate, Fette und Eiweiß – aus diesen drei Hauptnährstoffen gewinnt der Körper die Energie, die er Tag für Tag braucht. Ebenfalls wichtig, wenn auch nur in kleinen oder winzigen Mengen, sind die sogenannten Vitalstoffe: Vitamine, Mineralstoffe und Spurenelemente sowie bioaktive Pflanzenstoffe aus bestimmten Obst- und Gemüsesorten. Mit diesem Nährstoffmix kann der Organismus all seine Aufgaben erfüllen: Atem und Herzschlag, Gehen und Laufen, Körperzellen reparieren und Muskelzellen aufbauen bis hin zu sämtlichen körperlichen und geistigen Leistungen.

JEDER NÄHRSTOFF ZU SEINER ZEIT

Die Nährstoffmischung aus Kohlenhydraten, Fetten, Eiweiß und Vitalstoffen steckt in jeder Form einer ausgewogenen Ernährung aus möglichst frischen, hochwertigen Lebensmitteln. Bei Schlank im Schlaf geht es aber um mehr: Sie wollen mit dieser Ernährungsmethode ja auch etliche Pfunde abbauen und vielleicht sogar Ihre Wunschfigur erreichen. Das funktioniert nur dann optimal, wenn bestimmte Nährstoffe zu bestimmten Tageszeiten zur Verfügung stehen. Denn die Hormon- und Stoffwechselbalance des Körpers unterliegt dem Bio-Rhythmus unserer inneren Uhr. Diese besteht aus einer kleinen Zellgruppe im Gehirn, dem Nucleus suprachiasmaticus (SCN). Er gibt je nach Tageszeit unterschiedliche Signale in den Körper ab, die entweder Hormonausschüttungen auslösen oder dämpfen.

Kohlenhydrate

Um morgens fit und tagsüber leistungsfähig zu sein, sind Kohlenhydrate zum Frühstück sowie – nach einer etwa fünfstündigen Essenspause – zum Mittagessen optimal. Die häufigsten Kohlenhydrate in unserer Nahrung sind Stärke und Zuckerarten wie Glukose oder Fruktose: Sie stellen eine Art Supertreibstoff für unseren Körper dar. Unser Gehirn und unser Nervensystem sind in jedem Moment auf eine ausreichende Versorgung mit Glukose angewiesen, auch der Eiweiß- und Fettstoffwechsel wird durch Kohlenhydrate reguliert. Tagsüber sollten Sie daher für eine ausreichende Kohlenhydratzufuhr sorgen, um Ihr Stoffwechselfeuer brennen zu lassen. Nachts, wenn Sie schlafen (und nicht essen), bedienen sich die grauen Zellen aus dem Zuckerspeicher der Leber (Glykogen).

Bei Schlank im Schlaf ist jede Form von Kohlenhydraten günstig: schnell verdauliche aus Obst, Honig oder Haushaltszucker ebenso wie langsame, länger sättigende aus Getreide (z. B. Müsli). Low Carb – also eine konsequent kohlenhydratreduzierte Ernährung – ist momentan in aller Munde, wenn es um rasche Abnehmerfolge geht. Bei strengen Low-Carb-Diäten werden so wenige Kohlenhydrate verzehrt, dass der Körper gezwungen ist, aus seinen Eiweißreserven Glukose zu gewinnen. Das funktioniert kurzfristig oder als therapeutische Maßnahme (z. B. bei Krebs). Allerdings gehen mit einer solchen Stoffwechsellage oft Begleitsymptome einher wie schlechte Laune, Gereiztheit und das Gefühl, wenig Power zu haben. Im Tierversuch führte ein Mangel an Kohlenhydraten außerdem zu Arteriosklerose und herzinfarktähnlichen Symptomen. Fehlen Getreide, Gemüse, Obst oder Kartoffeln längerfristig in der Ernährung, mangelt es dem Organismus außerdem an Vitaminen, Mineral- und Ballaststoffen. Bei der Ernährung nach Schlank im Schlaf ist es wichtig, dass zu keiner Zeit Hungergefühle aufkommen. Deshalb ist ein kohlenhydratreiches Frühstück das A und O. Wer zwischendurch den Turbo einlegen und kurzfristig schneller abnehmen möchte, kann mittags auf kohlenhydrathaltige Beilagen verzichten oder auch morgens auf Eiweiß-Abendbrot setzen (weitere Infos zu Kohlenhydraten siehe S. 21).

Fette

Oft zu viel des Guten, im Normalmaß jedoch unentbehrlich für alle Körperfunktionen: Fette benötigt unser Körper nicht nur als Energielieferant, sondern auch als wichtigen Baustoff. Die essenziellen Fettsäuren sind unverzichtbar für Hormone, Stoffwechselregulation und Immunabwehr. Übrigens besteht auch ein schlanker männlicher Körper zu 15 Prozent und ein ranker weiblicher Körper zu 20 Prozent aus Fett. Die Hälfte davon lagert unter der Haut (subkutan) und gleicht Temperaturschwankungen aus. Außerdem liegt Fettgewebe als Schutz um unsere inneren Organe. Nicht zuletzt sorgen Fette für den Transport der fettlöslichen Vitamine A, D, E und K aus dem Darm ins Blut (weitere Infos zu Fetten siehe S. 22/23).

Eiweiß

Neben den Fetten ist Eiweiß der unentbehrliche Baustoff für alle Körpergewebe und Hormone. 22 Eiweißbausteine (Aminosäuren) setzen sich zu Tausenden unterschiedlicher Proteine zusammen. Als Enzyme, Transport- und Farbstoffe oder Hormone übernehmen sie zahlreiche Aufgaben in unserem Körper. Als Energielieferant steht Eiweiß allerdings erst an dritter Stelle, davor bevorzugt der Körper Kohlenhydrate und Fette. Zum perfekten Abnehmhelfer wird Eiweiß in Form der reinen Schlank-im-Schlaf-Eiweißmahlzeit am Abend. Diese sättigt besonders gut und unterstützt zugleich den Fettabbau im Schlaf, indem die Produktion bestimmter Hormone stimuliert wird (weitere Infos zu Eiweiß siehe S. 24/25).

info

SCHLANK DANK FETT

Wer komplett auf Fette verzichtet, würde krank werden. Für einen gut funktionierenden Stoffwechsel – und damit für den Abnehmprozess – sind Fette wichtig, denn sie beeinflussen die Blutzuckerregulation. Verzehrt man beispielsweise Spaghetti mit Olivenöl und Knoblauch (»aglio e olio«) steigt der Glukosewert im Blut viel langsamer an als bei puren Nudeln, sprich: reinen Kohlenhydraten.

Vitamine, Mineralstoffe & Co.

Vitamine, Mineralstoffe und Spurenelemente sind lebensnotwendige Bestandteile der Nahrung. Sie liefern keine Energie, sind aber für viele Stoffwechselprozesse unentbehrlich. Vitalstoffe kommen als biologisch aktive Verbindungen in Pflanzen vor. Normalerweise sorgt eine ausgewogene Ernährungsweise dafür, dass wir ausreichend versorgt sind. Im Einzelfall oder bei chronischen Beschwerden können jedoch Nahrungseränzungsmittel nach Rücksprache mit dem Arzt sinnvoll sein.

ABNEHMEN MIT KÖPFCHEN

Auf den ersten Blick fallen die Unterschiede zwischen den Mahlzeiten, die früher auf dem Tisch standen und die es jetzt bei Schlank im Schlaf gibt, gar nicht groß auf. Man sieht, dass viel »erlaubt« ist bei dieser Diät. Es sind entscheidende Details, die das Essen bei Schlank im Schlaf zum Abnehmhelfer machen. Und der Clou: Essenspausen, die den Insulinspiegel ausbalancieren und für geordnete Verhältnisse im Stoffwechsel sorgen.

VOR SCHLANK IM SCHLAF		BEI SCHLANK IM SCHLAF
852 kcal 36 g EW 57 g F 51 g KH 	MORGENS	 636 kcal 12 g EW 19 g F 103 g KH
124 kcal 4 g EW 2 g F 21 g KH 	ZWISCHEN MAHLZEIT	5h Essenspause
1129 kcal 73 g EW 99 g F 99 g KH 	MITTAGS	 710 kcal 23 g EW 17 g F 111 g KH
265 kcal 5 g EW 12 g F 33 g KH 	ZWISCHEN MAHLZEIT	5h Essenspause
1253 kcal 41 g EW 57 g F 108 g KH 	ABENDS	 340 kcal 35 g EW 17 g F 10 g KH
TAGESBILANZ 3623 kcal | 159 g EW | 227 g F | 312 g KH		TAGESBILANZ 1686 kcal | 70 g EW | 53 g F | 224 g KH

GUTE KOHLENHYDRATE

Zu den Kohlenhydraten gehören alle Zuckerarten sowie Stärke, der Hauptbestandteil von Getreide und daraus hergestellten Produkten. Je nachdem, wie ihre Bausteine zusammengesetzt sind, teilt man die Kohlenhydrate in Einfach-, Zweifach- oder Mehrfachzucker ein. Die daraus entstehende Glukose ist der Supertreibstoff des menschlichen Stoffwechsels.

Schnelle Energielieferanten

Kohlenhydrate sind nach den Fetten unsere zweitwichtigsten Energielieferanten. Wenn wir jedoch Fette und Kohlenhydrate in einer Mahlzeit gleichzeitig verzehren (etwa Nudeln mit Olivenöl, Pizza mit Salami oder Burger und Pommes mit Mayo), bevorzugt unser Körper die Kohlenhydrate sogar. Denn er kann sie schneller und mit weniger Aufwand zu eigener Energie verarbeiten als Fette (vgl. auch Info S. 19).

Auch die Zweifach- und Mehrfachzucker, die aus saurem Obst, Gemüse oder Getreide stammen, werden im Verdauungstrakt in ihre Einzelbestandteile aufgespalten (im Wesentlichen in den Einfachzucker Glukose) und gelangen so über den Darm ins Blut. Glukose ist unverzichtbare Nahrung für das Gehirn, die Nieren, die Blutkörperchen und für aktive Muskeln. Aber: Zucker im Blut lockt Insulin – je mehr Zucker auf einmal, desto höher die Insulinausschüttung mit all ihren erwünschten und im Übermaß unerwünschten Auswirkungen (siehe S. 12/13).

Wertvolle Ballaststoffe

Doch unter den Mehrfachzuckern gibt es eine wirksame Insulinbremse: die Ballaststoffe. Das sind Faserstoffe, die nur in pflanzlichen Lebensmitteln wie Gemüse, Obst, Pilzen, Hülsenfrüchten, Nüssen und Getreide stecken. Sie füllen den Magen, sind aber selbst unverdaulich. Außerdem umschließen sie glukoseliefernde Stärkemoleküle (etwa bei Hülsenfrüchten oder Vollkornnudeln), sodass diese langsamer abgebaut werden. Dadurch steigt der Blutzuckerspiegel während der Verdauung ballaststoffreicher Lebensmittel nur langsam an. Ballaststoffe regen darüber hinaus die Darmtätigkeit an und helfen, die Darmflora gesund zu erhalten.

info

NUR MIT KOHLENHYDRATEN

Eine fettarme (Low Fat) und strikt kohlenhydratarme (Low Carb) Ernährung kann langfristig nicht den gewünschen Abnehmerfolg bringen. Denn ein Mangel an Kohlenhydraten führt unweigerlich dazu, dass der Körper Energie einsparen möchte, der Stoffwechsel sich also verlangsamt. Aber: Nur ein aktiver Stoffwechsel kann viel Energie verbrennen und damit Fett einschmelzen. Halten Sie sich daher unbedingt an die für Ihren BMI empfohlenen Kohlenhydratmengen für Frühstück und Mittagessen, damit Ihre Zellkraftwerke auf vollen Touren laufen können (siehe S. 16).

Auf die Qualität kommt es an

Vollkornprodukte sind aufgrund ihres hohen Nähr- und Ballaststoffgehalts besonders hochwertig. Trotzdem dürfen Sie bei Schlank im Schlaf die Kohlenhydrate völlig frei wählen: Nehmen Sie nach Belieben helle Brötchen, Misch- und Graubrot, helle Hartweizennudeln oder geschälten Reis. Die Ernährungsforschung hat nachgewiesen, dass die hier vorgeschlagenen Mengen an Kohlenhydraten gut sättigen und damit die Insulinspitzen wieder ausgleichen.

FETTE: KONZENTRIERTE ENERGIE

Fette sind die energiereichsten Nährstoffe und wichtige Komponenten im Zellstoffwechsel sowie Bauteile für Struktur- und Zellmembranen. Ohne essenzielle Fettsäuren könnte der Organismus nicht zahlreiche Hormone herstellen, die viele Körperfunktionen und unsere Immunabwehr steuern. Und nicht zuletzt sind Fette der Geschmacksträger schlechthin, denn alle Aromen sind fettlöslich. Um gesund zu bleiben, sind Fette lebensnotwendig und gehören jeden Tag auf den Teller!

Helfer im Stoffwechsel

Auch bei der Regulation des Blutzuckerspiegels spielen Fette eine wichtige Rolle: Sobald Sie Kohlenhydrate mit Fetten verzehren, beispielsweise Spaghetti mit Olivenöl oder in Öl eingelegte Gemüsevorspeisen, steigt der Glukosewert im Blut langsamer an. Das Essen liegt länger im Magen, und die Kohlenhydrate werden langsamer gespalten, da der Körper gleichzeitig auch die Fette verdauen muss. Problematisch für das Gewicht wird eine hohe Fettzufuhr erst, wenn gleichzeitig auch große Portionen zucker- und stärkereicher Produkte (z. B. Schokoriegel) verzehrt werden. Bei Schlank im Schlaf nehmen Sie jeden Tag Fette in verschiedenen Kombinationen zu sich, die Ihrem Stoffwechsel guttun.

tipp

FINGER WEG!

Ein Nebenprodukt der (teilweisen) Fetthärtung sind Transfettsäuren. Sie stecken vor allem in einigen Margarinen und Backfetten, aber auch in Kartoffelchips, Blätterteig, Keksen und Fertiggerichten. Heute weiß man, dass diese Fettsäuren das Risiko für Herz-Kreislauf-Erkrankungen erhöhen. Deshalb: Finger weg! Wie man Transfettsäuren erkennen kann? Sie sind auf Verpackungen als »pflanzliches Fett, teilweise gehärtet« ausgewiesen.

Fette im Überblick

Man unterscheidet zwischen tierischen und pflanzlichen Fetten, die vom chemischen Aufbau her gleich sind. Sie bestehen aus einem Molekül Glyzerin und ein bis drei bisweilen sehr unterschiedlich langen Fettsäuren:

- **Gesättigte Fettsäuren** sind die einfachste Form und stecken vor allem in tierischen Fetten wie Butter, Käse, Sahne, Fleisch und Wurst. Den höchsten Anteil an pflanzlichen gesättigten Fettsäuren haben Kokos- und Palmkernfett. Im Übermaß sind sie ungesund.

- **Ungesättigte Fettsäuren** werden in einfach (EUFS) und mehrfach ungesättigte Fettsäuren (MUFS) unterschieden. Zu den einfach ungesättigten Fettsäuren zählt beispielsweise die Ölsäure. Einige der mehrfach ungesättigten Fettsäuren sind für uns essenziell (also lebensnotwendig), da unser Körper sie nicht aus anderen Fettsäuren bilden kann. Zu diesen essenziellen Fettsäuren gehören Omega-6- und Omega-3-Fettsäuren (Linol- und Linolensäure), die im Körper unterschiedliche Aufgaben erfüllen. Damit sie ihre Wirkung optimal entfalten können, sollte das Verhältnis von Omega-6 zu Omega-3 (statt 12:1, wie derzeit oft üblich) 3:1 bis 2:1 betragen. Mit fettem Seefisch und Leinöl, das auch im Eiweiß-Abendbrot enthalten ist, können Sie dieses Verhältnis optimieren. Mehrfach ungesättigte Fettsäuren sind chemisch eher instabil und äußerst reaktiv, sie werden in Verbindung mit Sauerstoff schnell ranzig. Deshalb sind sie nicht lange haltbar.

Aromatisch und gesund: Hochwertige Öle veredeln Salatsaucen und helfen beim Abnehmen.

Die Besten der Besten

Wer auf eine ausreichende Omega-3-Fettsäurezufuhr achtet, kann davon gesundheitlich profitieren: Richtig dosiert, balancieren diese Fettsäuren Hormonkreisläufe aus und verbessern die Fließeigenschaften des Blutes. Außerdem aktivieren sie bestimmte Gene, um die Fettverbrennung anzukurbeln. Pflanzenöle (etwa Raps-, Walnuss- oder Leinöl), Blattsalate, einige Gemüsesorten (vor allem Spinat, Mangold oder Portulak), Kräuter, Sprossen, Nüsse und Samen liefern pflanzliche Omega-3-Fettsäuren (Alpha-Linolensäure/ALA).

Am besten bezieht man die wertvollen Fettsäuren aber direkt aus tierischen Fetten. Fisch und Fleisch – aus artgerechter Haltung! – enthalten Omega-3-Fettsäuren in der passenden Form. Bei Fischen sind besonders Lachs, Hering, Makrele und andere fettreiche Seefische empfehlenswert (ein- bis zweimal wöchentlich 150 – 250 g Fisch). Bei Fleisch greifen Sie am besten zu fettarmen Sorten wie Geflügel (ohne Haut), Kalb oder Wild. Dann können Sie bei der Zubereitung von Salat oder Gemüse etwas großzügiger mit Oliven- oder Rapsöl umgehen.

Tipps für die Küche

Aufgrund seiner günstigen Fettsäurezusammensetzung und seines feinen Aromas eignet sich Rapsöl sehr gut zum Braten. Olivenöle mit der Deklaration »nativ« oder »extra nativ« sind besonders hochwertig, sollten aber nicht zu hoch erhitzt werden. Verwenden Sie diese wertvollen Öle lieber für Marinaden oder Saucen. Das gilt ebenfalls für Leinöl und das Omega-3-reiche Walnussöl, die man wegen ihres intensiven Geschmacks eher sparsam einsetzen sollte. Auch Kürbiskern-, Sesam oder Erdnussöl sorgen für aromatische Akzente.

ABNEHMTURBO EIWEISS

Der Abnehmhelfer schlechthin heißt Eiweiß. Zwar liefert jedes Gramm Protein aus Fleisch, Fisch, Soja- und Milchprodukten genauso viele Kalorien wie Kohlenhydrate. Aber unser Körper muss deutlich mehr Energie aufwenden, um es zu verwerten. Denn beim Ab- und Umbau von Eiweiß aus der Nahrung steigt die Körpertemperatur. Das heißt, wir verbrauchen einen Teil der beim Essen aufgenommenen Kalorien gleich wieder. Dieser Spareffekt kann je nach Körpergewicht zwischen 100 bis 200 Kilokalorien pro Tag betragen. Das macht auf sechs Monate gerechnet immerhin zwei bis vier Kilogramm Körperfett weniger! Außerdem hilft ausreichend Eiweiß in der Nahrung neben regelmäßiger körperlicher Aktivität, die Muskulatur zu erhalten. Und beschleunigt so auch den Abnehmprozess: Denn jedes Pfund Muskulatur verbraucht Tag und Nacht zusätzliche Energie.

Eiweiß kann noch mehr

Wie die Fette haben auch die Proteine wichtige Funktionen im Stoffwechsel: Pflanzliches Eiweiß aus Getreide, Soja, Hülsenfrüchten oder Kartoffeln und tierisches Protein aus Fleisch, Fisch, Eiern und Milch liefern Eiweißbausteine (Aminosäuren). Man unterscheidet 14 entbehrliche von acht unentbehrlichen (essenziellen) Aminosäuren, aus denen letztlich alle Proteine im Körper in verschiedenen Kombinationen zusammengesetzt werden. Die entbehrlichen Aminosäuren kann der Körper bei ausreichender Energieversorgung selbst herstellen, die essenziellen müssen wir – ähnlich wie Vitamine – mit der Nahrung aufnehmen. Die essenziellen Aminosäuren sind deshalb so wichtig, weil sie den Aufbau von körpereigenem Eiweiß (etwa Muskeln) ermöglichen. Außerdem sind sie an vielen Stoffwechselvorgängen beteiligt und werden von den Körperzellen als Bau- und Reparaturstoff benötigt. Zu ihren vielfältigen Sonderaufgaben gehören die Herstellung von Hormonen (z. B. Glukagon und Insulin), Antikörpern für das Immunsystem, Verdauungsenzymen und Blutkörperchen sowie von Zellen, Muskeln, Haut und Haaren.

tipp

EIWEISS-SHAKES

Zahlreiche wissenschaftliche Studien belegen, dass Eiweiß-Shakes den Muskelaufbau sehr gut unterstützen können. Sie aktivieren den Stoffwechsel und lassen sich einfach und schnell herstellen. Achten Sie aber immer darauf, zu welchem Pulver Sie greifen. Laut Stiftung Warentest hat nur jeder zweite Drink eine günstige Aminosäurenkomposition. Werfen Sie unbedingt einen Blick auf das Etikett! In weniger guten Produkten dominieren Kollagen, Molke und Soja, in guten Milcheiweiß.

Der menschliche Stoffwechsel hat sich sehr lange Zeit auf eine Ernährungsweise mit viel Fleisch und Fisch eingestellt. Außerdem besteht unser Körper zu 15 bis 20 Prozent aus Eiweiß, das bei starken körperlichen wie geistigen Belastungen verbraucht und nur durch Nahrungszufuhr wieder aufgebaut werden kann.

Sobald ein Nahrungsmittel viele essenzielle Aminosäuren enthält und sein Protein damit dem menschlichen Eiweiß stark ähnelt, spricht man von einem Lebensmittel bzw. Eiweiß mit hoher biologischer Wertigkeit (BW). Kartoffeln enthalten beispielsweise zwar mengenmäßig wenig Eiweiß (2 g pro 100 g), dafür aber– wie auch Eier – alle acht essenziellen Aminosäuren.

Daher gehören beide mit auf unsere Hitliste der besten Eiweißlieferanten (siehe rechts).

Eiweiß macht satt

Neben Ballaststoffen aus Gemüse, Obst und Hülsenfrüchten, die ein großes Nahrungsvolumen haben, sind Eiweiße die Sattmacher par excellence. Das ist wichtig bei der Schlank-im-Schlaf-Ernährung, weil die Insulinpausen nur gut durchzuhalten sind, wenn man nach dem Essen wirklich lange satt ist. Dazu trägt der längere Verstoffwechselungsprozess auf jeden Fall bei. Außerdem vermutet man, dass hier auch verschiedene Sättigungshormone eine Rolle spielen, deren Herstellung durch Nahrungseiweiß angeregt wird. Hähnchenfilet mit Gemüse, Rührei mit Lachs oder Pellkartoffeln mit Spiegelei bleiben länger im Magen, sodass Heißhungerattacken keine Chance haben. Die Ballaststoffe und der hohe Wasseranteil sorgen für viel Gewicht und Volumen! Eiweiß und Fette machen stundenlang satt. Und die Vitalstoffe aus Gerichten, die diese Kombination bieten, gibt es fast kalorienfrei.

Katalysator beim Abnehmen

Studien belegen, dass sich mit einer eiweißreichen Kost besonders gut abnehmen lässt: Bei Personen, die sich ein halbes Jahr mit reichlich Eiweiß ernährten, war der Gewichtsverlust teilweise doppelt so hoch wie bei jenen, die kohlenhydratreich und fettarm aßen. Um den Abnehmeffekt von Protein voll auszunutzen, sind täglich 20 bis 25 Prozent der Gesamtkalorienmenge aus Eiweiß empfehlenswert. Das entspricht pro Tag in etwa 120 Gramm Eiweiß für Frauen und 140 Gramm für Männer. Gute Lieferanten für Proteine sind neben Fisch, Fleisch und Kuhmilch auch Produkte aus Sojabohnen (Tofu, Seitan, Sojadrink) sowie aus den heimischen Lupinen (Lupinenfilet).

DIE TOP-EIWEISSLIEFERANTEN

(Eiweißmenge pro 100 g)

Hülsenfrüchte

Top: Lupinenkerne, gefolgt von Sojabohnen (34 g), Linsen (24 g), Erbsen (23 g) und Kidneybohnen (22 g)

Fisch & Meeresfrüchte

Top: geröstete Nori-Algen, gefolgt von geräuchertem Forellenfilet (32 g), Thunfisch (24 g), Tiefseegarnelen (21 g), Wildlachs (20 g), Makrele (19 g) und Seelachs/Matjes (18 g)

Milch & Molkereiprodukte

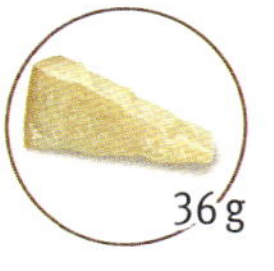

Top: Parmesan, gefolgt von Harzer Käse (30 g), Emmentaler (29 g), fettarmem Gouda (27 g), Mozzarella/Magerquark (je 18 g) und fettarmer Milch (4 g)

Fleisch

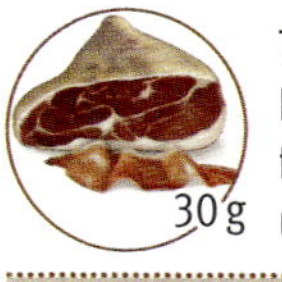

Top: Serranoschinken, gefolgt von Lamm (28 g), Puten-/Hähnchenbrustfilet (24 g), Schweineschnitzel (21 g) und Rinderhackfleisch (20 g)

Getreide

Top: Eiweiß-Abendbrot, gefolgt von Knäckebrot (10 g), Vollkornbrot und weißen Brötchen (je 8 g) und Misch-/Graubrot (6 g)

Nüsse & Samen

Top: Erdnüsse, gefolgt von Leinsamen (24 g) und Mandeln (20 g)

Specials mit allen acht essenziellen Aminosäuren: Kartoffeln und Eier

RUHE, BITTE!
SO SCHLAFEN SIE SICH SCHLANK

Schlaf ist kein Luxus für Faulenzer, sondern ein menschliches Grundbedürfnis und deshalb genauso wichtig wie Atmen, Essen und Trinken sowie regelmäßige Bewegung. Wie gesund wir sind, ist tatsächlich zu 90 Prozent von unserem Schlaf abhängig, wie der US-amerikanische Pionier der Schlafforschung, William C. Dement, herausfand. Besonders der Tiefschlaf gilt als äußerst wichtig für das Immunsystem und alle Regenerations- und Aufbauprozesse im Körper. Auch das Gehirn kommt erst im Schlaf zur Ruhe und sortiert sich in dieser Phase neu.

DIE FETTSPEICHER ANZAPFEN

Außerdem ist der Schlaf unser nächtlicher Verbündeter, wenn es darum geht, gezielt abzunehmen. Das funktioniert am besten in Kombination mit einer insulinsensiblen Ernährungsweise wie bei Schlank im Schlaf. Das eiweiß- und ballaststoffreiche Abendessen ohne kohlenhydrathaltige Beilagen hält den Insulinspiegel flach. So kann der Körper direkt auf die Energie aus den Fettzellen zugreifen. Die braucht er, um das Eiweiß aus der Nahrung zu verstoffwechseln. Da der Körper ohne Kohlenhydrate aus der Nahrung keinen Zugriff auf den wach machenden Supertreibstoff Glukose hat, kommt er abends auch besser zur Ruhe und damit leichter in den Schlaf. Dann funktioniert das Sich-schlank-Schlafen (fast) ganz von allein.

Die Biochemie des Schlafs

Für unseren Schlaf-wach-Rhythmus ist die biologische Uhr im Gehirn zuständig. Sie fungiert als Taktgeberin für eine Reihe von hormonproduzierenden Drüsen oder Organen und sorgt beispielsweise dafür, dass der Körper umso mehr Melatonin produziert, je dunkler es wird, und dass zu Beginn der Tiefschlafphase das Wachstumshormon (HGH) bzw. am frühen Morgen das Stresshormon Cortisol ausgeschüttet wird. Die biologische Uhr ist übrigens auch dafür verantwortlich, dass Sie tagsüber alle vier bis fünf Stunden in ein kurzes Leistungstief fallen. Wenn Sie es schaffen, die

tipp

SCHLAFEN SIE VIEL!

Schlafmediziner haben festgestellt, dass es einen engen Zusammenhang zwischen einer gesunder Nachtruhe und einem reibungslosen Fettabbau gibt. Als Richtwert empfehlen sie regelmäßig sieben bis acht Stunden Schlaf. Orientieren Sie sich trotzdem an Ihrem persönlichen Schlafbedürfnis und Wohlbefinden. Je müder Sie abends beim Zubettgehen sind, desto intensiver fällt Ihr Tiefschlaf aus. Und dabei erholen Sie sich am besten. Als ideale Zeit zum Einschlafen gilt die Zeit vor 23 Uhr +/- eine Stunde, um die Tiefschlafphasen bis ca. 2 Uhr zu nutzen. Sollte die Nachtruhe zu kurz gekommen sein, sollten Sie tagsüber ein Nickerchen machen.

Mahlzeiten im Rahmen der Insulin-Trennkost etwa in diesem Rhythmus einzunehmen, fühlen Sie sich danach viel fitter als nach einem Schokoriegel oder einem Energy-Drink.

Im Schlaf durchlaufen wir vier unterschiedliche Stadien vom leichten bis zum tiefen Schlaf. In der Tiefschlafphase läuft die Regeneration des Körpers auf Hochtouren: Jetzt produziert der Organismus mehr Baustoffeiweiß als tagsüber, Muskelzellen und Gewebe werden aufgebaut, und die Hypophyse schüttet fast die gesamte Tagesmenge Wachstumshormon aus. Mithilfe dieses Hormons können sich die Körperzellen teilen und reparieren. Außerdem mobilisiert es verstärkt Speicherfett (gerne aus den Rettungsringen um den Bauch), um die Energie für all diese Reparaturarbeiten zu gewinnen. Wir verbrennen also Fett im Schlaf – wenn wir dieses Abschmelzen nicht mit einer spätabends eingenommenen Kohlenhydratmahlzeit stören. Die würde nämlich reichlich Insulin locken und die nächtliche Fettverbrennung wieder bis zu fünf Stunden blockieren (siehe S. 15).

EINFACH GUT SCHLAFEN

Damit Sie tagsüber fit und abends müde sind und gut schlafen können, sollten Sie Ihrer inneren Uhr starke Signale geben. Strukturieren Sie Ihren Tagesablauf: Je klarer Ihr Alltag und Ihr Abend gestaltet sind, desto eher pendelt sich ein gesunder Schlaf-wach-Rhythmus ein.

Bewusst zur Ruhe kommen

Ab dem Abendessen sollte nichts Stressiges mehr auf dem Programm stehen. Nach einem aktiven Tag ist jetzt Entspannung angesagt. Gerade unter der Woche sollten Sie sich entspannende Auszeiten gönnen, der Tag ist turbulent genug. Gehen Sie ab einer selbst gesetzten Uhrzeit nicht mehr ans Telefon, lassen Sie den Computer und das Smartphone aus. Auch der Fernseher sollte gelegentlich Pause haben, denn das Starren auf den Bildschirm lenkt zwar ab, Bild und Ton wirken auf das Gehirn aber wie ständige Wecksignale. Gönnen Sie sich stattdessen kleine wohltuende Wellnesseinheiten: ein warmes Bad, eine Kanne Schlaftee, eine entspannende Atemübung oder beruhigende Musik.

tipp

SEROTONIN-DUSCHE

Gehen Sie einmal am Tag für eine halbe Stunde an die frische Luft, am besten nach dem Mittagessen: Jetzt herrscht – sogar im Winter – die höchste Lichtintensität des Tages. Unter der Einwirkung von Tageslicht wird das Gute-Laune-Hormon Serotonin gebildet. Das hebt nicht nur die Stimmung, sondern sorgt auch für einen tiefen Schlaf, weil es nachts in Melatonin umgewandelt wird.

Gute Nacht!

Ihr Schlafzimmer sollte der ruhigste Raum in der Wohnung und nicht zugleich Ihr Büro und/oder Fernsehzimmer sein. Guter Schlaf hat viel mit Geborgenheit und Behaglichkeit zu tun. Ihr Bett sollte also bequem und groß genug sein, achten Sie bei der Matratze und Bettwäsche auf gute Qualität und natürliche Materialien. Die Matratze muss den Körper vor allem in den Tiefschlafphasen, in denen die Muskulatur erschlafft, gut stützen. Lüften Sie Ihr Schlafzimmer vor dem Schlafengehen. Schlafmediziner empfehlen eine nächtliche Raumtemperatur von 16 bis 23 Grad. Und das Schlafzimmer sollte gut abgedunkelt sein: Lichteinfall von außen kann beim Durchschlafen stören.

KLEINE AUSZEITEN IM ALLTAG

Schon ein paar kurze Entspannungsübungen helfen Ihnen, wenn Sie sich erschöpft und ausgebrannt fühlen. Sie tragen außerdem dazu bei, den entgleisten Stoffwechsel auszubalancieren und den Spiegel des Stresshormons (und Dickmachers) Cortisol zu senken – und bringen Sie so wieder entspannt ins Hier und Jetzt.

Mini-Akupressur

Bei Stress legen Sie den Daumen Ihrer rechten Hand auf die weiche Stelle zwischen Ihrem linken Daumen und Zeigefinger. Drücken Sie zehn Sekunden lang und lassen Sie dann zwei Sekunden locker. Wiederholen Sie dieses Wechselspiel eine Minute lang. Dann ist die andere Hand dran. Oder Sie setzen sich auf einen Stuhl und legen beide Hände locker auf die Knie. Wo die Ringfinger jetzt liegen, finden Sie den Punkt »Göttlicher Gleichmut«. Streichen Sie ihn mit den Fingern fünf Minuten lang leicht nach unten aus.

Kurzurlaub: Farben atmen

Visualisieren Sie Ihren Atem, um abzuschalten und auf andere Gedanken zu kommen: Legen Sie sich hin oder nehmen Sie eine entspannte Sitzhaltung ein. Schließen Sie die Augen und stellen Sie sich Ihren Atem als eine Wohlfühlfarbe oder eine kostbare Substanz vor: etwa als Strom aus blauem oder rotem Licht, der Sie je nach Farbe erfrischt oder wärmt. Ihr Atem kann auch wie das Meer sein, das in gleichmäßigen Wellen anrollt und sich wieder zurückzieht. Stellen Sie sich vor, dass Ihr Atem mit jedem Atemzug in jede Zelle Ihres Körpers strömt und dort seine heilende Wirkung entfaltet.

Ins Gleichgewicht pendeln

Stellen Sie sich hüftbreit hin und lassen Sie die Arme an den Seiten locker hängen. Der Blick ist nach vorn gerichtet. Drehen Sie nun Ihren Rumpf mit wenig Schwung nach rechts und lassen Sie die Arme mitschwingen. Dann führen Sie die Gegenbewegung nach links aus. Pendeln Sie auf diese Weise so lange hin und her, wie es Ihnen guttut.

Anspannung – Entspannung

Legen Sie sich auf den Rücken und spannen Sie beim Einatmen alle Muskeln Ihres Körpers an. Halten Sie dann kurz die Luft an und machen Sie eine Atempause. Mit einem langen Ausatmen lassen Sie alle Muskeln wieder locker. Wiederholen Sie diese Übung langsam und konzentriert fünf Mal und genießen Sie das Gefühl von wohliger Wärme und Schwere, das sich dabei einstellt. Zwei Minuten nachspüren, strecken und recken.

Mini-Yoga: der Drehsitz

Setzen Sie sich mit gestreckten Beinen auf den Boden und richten Sie den Rumpf auf. Holen Sie die rechte Ferse an den linken Oberschenkel heran und lassen Sie das Knie nach außen sinken. Das linke Bein ist nach vorn gestreckt. Breiten Sie die Arme aus, wenn Sie einatmen, und drehen Sie beim Ausatmen den Rumpf nach rechts. Stellen Sie die Fingerspitzen der rechten Hand hinter dem Gesäß auf und legen Sie die linke Hand auf das gebeugte Knie. Bleiben Sie vier Atemzüge in der Drehung. Machen Sie die Übung zur anderen Seite.

Den Stress wegatmen

Atemzüge zählen

Tiefes Ein- und Ausatmen ist die Stressbremse schlechthin: Atmen Sie durch die Nase ein und durch den Mund wieder aus. Zählen Sie dann beim Ein- und Ausatmen innerlich die Sekunden mit. Atmen Sie z. B. fünf Sekunden gleichmäßig und rhythmisch ein und fünf Sekunden aus. Schon nach wenigen Minuten sind Sie wieder im Lot.

Bewusstes Ausatmen

Eine sehr einfache Übung mit sensationell entspannender Wirkung: Dabei kommt es auf ein langes Ausatmen an. Atmen Sie grundsätzlich etwa doppelt so lange aus wie ein. Wenn Sie beispielsweise sieben Sekunden lang einatmen, atmen Sie 14 Sekunden lang aus.

Entspannung für Nacken, Schultern und Rücken

Ideal für Vielsitzer und Schreibtischtäter: Setzen Sie sich aufrecht hin und legen Sie Ihre Hände über die Ohren. Drücken Sie dann mit der linken Hand sanft gegen die linke Seite Ihres Kopfes. Mit dem Kopf drücken Sie dagegen, ohne die Position zu verändern. Atmen Sie dabei in Ihrem Rhythmus. Dann wiederholen Sie dies zur anderen Seite und auf jeder Seite insgesamt drei Mal.

MIT BEWEGUNG ERFOLGREICH AUF ABNEHMKURS

Regelmäßige körperliche Aktivität ist die Grundvoraussetzung, damit alle körperlichen Prozesse funktionieren. Dabei unterscheidet unser Körper nicht, ob wir Auto waschen, den Staubsauger schwingen, Treppen hinauf- oder hinuntersteigen oder uns auf einem Fahrradergometer verausgaben. Bewegung lässt unseren Stoffwechsel und die Hormonrhythmen rundlaufen und bringt zugleich alle Gehirnfunktionen auf Trab. Das Bedürfnis nach Bewegung steckt in unserem biologischen Urprogramm, auch wenn wir heutzutage tagsüber hauptsächlich sitzen – im Auto, im Bus, im Büro oder auf der Couch.

PERFEKTE ABNEHMHELFER: IHRE MUSKELN

Körperliche Aktivität ist nicht nur wichtig, um unsere (Stoffwechsel-)Gesundheit zu erhalten. Wer sich regelmäßig bewegt, erhöht seinen Energieverbrauch – wenn auch weniger durch die Aktivität selbst. Der unmittelbare Effekt von Radfahren, Joggen oder Krafttraining ist geringer, als oft angenommen. So verbraucht man während einer halben Stunde Radfahren gerade mal 70 Kilokalorien, beim Schwimmen 150 Kilokalorien und beim Joggen 160 Kilokalorien. Aber es gibt einen Langzeiteffekt: Jede Art von Sport, die man regelmäßig betreibt, vergrößert das Muskelgewebe im Körper. Das lässt den Grundumsatz ansteigen. Denn Muskeln besitzen im Vergleich zu Fettgewebe einen intensiveren Stoffwechsel und benötigen daher grundsätzlich mehr Energie.

AUF DIE PLÄTZE ...

Wenn Sie wenig Zeit haben, ist regelmäßiger Sport in Form von 15 bis 20 Minuten Aktivität pro Tag (z. B. Nordic Walking, Radfahren oder Joggen) die Methode der Wahl, um die Stoffwechselprozesse anzukurbeln. Wichtig: Die Sportart sollte Ihnen Spaß machen. So bleiben Sie auch dran, wenn der innere Schweinehund murrt und Sie auf die Couch locken will. Sie können aber auch schon mit ganz einfachen Maßnahmen, die sich superleicht in Ihren Alltag integrieren lassen, wichtige Pluspunkte auf Ihrem Bewegungskonto sammeln.

Los, los, auf die Beine

Wie das funktionieren kann? Fahren Sie mit dem Rad anstatt mit dem Auto zur Arbeit. Nehmen Sie die Treppe anstatt den Aufzug. Oder gehen Sie zu Fuß einkaufen. Jede körperliche Aktivität sorgt dafür, dass Ihr Körper mehr Fett verbrennt. Das bringt's in 15 Minuten:

- Treppen steigen – minus 90 Kilokalorien (bei 65 Kilogramm Körpergewicht) bis 100 Kilokalorien (bei 85 Kilogramm Körpergewicht)
- mit dem Rad zur Arbeit fahren – minus 30 bis 50 Kilokalorien
- zügig zu Fuß zum Bus gehen (10 Minuten) – minus 30 bis 40 Kilokalorien
- beim Zähneputzen in den Knien wippen (5 Minuten) – minus 25 bis 30 Kilokalorien

- Gartenarbeit – minus 50 bis 60 Kilokalorien
- leichte Gymnastik beim Fernsehen – minus 10 bis 15 Kilokalorien
- das Auto waschen – minus 30 bis 35 Kilokalorien

Sportprogramme für Einsteiger

Ideal für Sportanfänger und bei Übergewicht ist Nordic Walking. Der Bewegungsablauf ähnelt dem des klassischen Skilanglaufs, nur dass man keine Bretter unter den Füßen hat. Dabei führen Sie mit den Armen entgegengesetzt zu den Schritten Stockschwünge aus. In der Gruppe trainiert es sich leichter, suchen Sie sich darum am besten Gleichgesinnte. Erkundigen Sie sich bei Ihrem Sportverein oder der Volkshochschule: Mittlerweile werden fast überall Nordic-Walking-Kurse angeboten.

Ebenfalls ideal für Bewegungsabstinenzler: Radfahren. Dieser Breitensport ist supergesund und hat in der Natur sogar einen Erlebnisfaktor. Das alles bei einer sehr schonenden Belastung für Knie und Rücken. Da das Körpergewicht beim Radfahren zu fast 70 Prozent vom Sattel getragen wird, ist diese Sportart besonders für Einsteiger geeignet, die aus Gewichtsgründen bisher keine Lust auf Sport hatten.

tipp

GESUNDES GEHEN

Kaufen Sie sich einen Schrittzähler. Damit können Sie feststellen, wie viele Schritte Sie für die Bewältigung Ihrer Alltagsaktivitäten benötigen. Denn schon mit 10 000 Schritten pro Tag können Sie dazu beitragen, Ihren Blutdruck zu senken, und vermindern das Risiko einer Insulinresistenz und damit die Gefahr, an einem Typ-2-Diabetes zu erkranken.

Ideal für Einsteiger: Ob allein oder in der Gruppe, mit Nordic Walking bringen Sie Bewegung in Ihren Alltag.

Mini-Workout

Muskelzellen sind die natürlichen Gegner der Fettzellen, also sollten Sie sie zügig (wieder) aufbauen. Werden sie nicht gefordert, schwinden sie stetig, und das schon ab dem 25. Lebensjahr. Mit Krafttraining können Sie hier gegensteuern, das Schlank-im-Schlaf-Basisbuch bietet dazu ein umfassendes Trainingsprogramm. Hier eine kleine, effiziente Übung, die sich leicht in den Alltag einbauen lässt:

- ▸ Stellen Sie sich in einen Türrahmen und lassen Sie Ihre Arme nach unten hängen. Grätschten Sie die Beine so, dass Sie mit den Fußaußenkanten rechts und links den Türinnenrahmen berühren.
- ▸ Gehen Sie leicht in die Knie und drücken Sie Ihre Handrücken an den Rahmen. Ziehen Sie Ihren Bauchnabel nach innen. Halten Sie diese Spannung zehn Sekunden lang – wichtig ist, dass Sie dabei ruhig weiteratmen. Dann entspannen Sie die Muskulatur.
- ▸ Wiederholen Sie die Übung sechs Mal.

WAS SIE SCHON IMMER ÜBER SIS WISSEN WOLLTEN

Wie funktioniert Schlank im Schlaf? Die Antworten auf die häufigsten Fragen, die im Zusammenhang mit dem Insulin-Trennkost-Prinzip gestellt werden, finden Sie hier auf einen Blick.

Werde ich auch schon **schlank**, wenn ich immer **lang schlafe?**

(Leider) nein. Der Körper verliert zwar im Schlaf Wasser – bis zu einem halben Liter pro Nacht. Dass sich das Körpergewebe aber nachhaltig strafft, hängt damit zusammen, dass Schlank im Schlaf neben dem gesunden Schlaf auch ein spezielles Ernährungsprogramm empfiehlt. Dabei werden gezielt die Kraft der Hormone und der körpereigene Bio-Rhythmus zum Abnehmen und Halten des erreichten Wunschgewichts genutzt. Das Ernährungsprogramm – die sogenannte Insulin-Trennkost und der Verzicht auf abendliches Naschen oder Biertrinken – bewirkt, dass der Körper nachts auf Fettabbau umschaltet.

Ich muss immer **früh raus.** Was mache ich, wenn ich kein großes **Frühstück** schaffe?

Essen Sie eine Kleinigkeit, bevor Sie das Haus verlassen, etwa ein Stück Obst. Oder trinken Sie eine Tasse Kaffee mit Sojadrink, nach Belieben gesüßt. Im Büro angekommen, sollten Sie dann möglichst bald »richtig« frühstücken. Das funktioniert oft mit einem Müsli, das man in einer Lunchbox mitnimmt, besser als mit einem Brot. Übrigens: Wenn Sie abends längere Zeit konsequent auf Kohlenhydrate verzichtet haben, stellt sich der Stoffwechsel automatisch auf einen gesunden Morgenappetit ein.

Ich habe **keine Zeit**, regelmäßig **Sport** zu machen. Dann **funktioniert** Schlank im Schlaf aber nicht, oder?

Jein. Bewegung ist generell wichtig, um gesund zu bleiben. Im Grunde reichen aber ein aktiver Alltag oder die berühmten 10 000 Schritte am Tag. Da man die jedoch nicht so leicht zusammenbekommt in einem modernen Berufsalltag, in dem man allzu oft sitzt, sind zusätzliche Sporteinheiten – beispielsweise Walken, Joggen, Fahrradfahren – nötig, um sein Bewegungspensum zu erfüllen. Abnehmen kann man bei Schlank im Schlaf aber tatsächlich auch ohne Sport.

Wie kann ich mein **Gewicht im Urlaub** halten, wenn wir im Hotel und in **Restaurants** essen?

Ganz einfach: Halten Sie sich an das Drei-Mahlzeiten-Prinzip und verzichten Sie auf Snacks zwischendurch. Am Frühstücksbüfett im Hotel können Sie sich Ihre Mahlzeit problemlos nach Schlank-im-Schlaf-Kriterien zusammenstellen. Obst, Kuchen & Co. gehen entweder nach dem Frühstück oder als Dessert nach dem Mittagessen. Abends bestellen Sie am besten ein Gericht ohne kohlenhydrathaltige Beilagen oder Sie stellen sich am Büfett Ihr Abendessen entsprechend eiweißreich zusammen. Ansonsten gilt: Genießen Sie Ihren Urlaub und seien Sie aktiv! Entschleunigung ist auch ein wichtiger Faktor beim Fettabbau.

Können **Kinder** auch nach der **Schlank-im-Schlaf-Methode** essen?

Grundsätzlich ja, denn die Insulin-Trennkost ist so ausgewogen, dass es nicht zu Mangelerscheinungen kommen kann. Allerdings sollten Kinder und Jugendliche im Wachstum vier Mahlzeiten pro Tag essen. Für die Pause kommt also noch eine Mitnehmmahlzeit dazu, etwa ein Pausensandwich mit Geflügelaufschnitt oder Käse, dazu etwas Obst oder Rohkost-Sticks und Wasser. Achten Sie darauf, dass Ihre Kinder in den Essenspausen keine Süßgetränke trinken: Diese treiben den Insulinspiegel nach oben und sorgen für Heißhunger auf Süßes. Mittags gibt es dafür zum Nachtisch ein kleines Dessert. Weil Schlank im Schlaf den Körper morgens und mittags gut mit Kohlenhydraten versorgt, verschwindet auf lange Sicht der ständige Süßappetit.

Bei den Schlank-im-Schlaf-Rezepten wird nicht gerade an **Fett** gespart. Macht das nicht **dick?**

Nein, im Gegenteil: Zu wenig Fett macht dick. Ein Mangel an Fett lässt den Blutzucker rasch ansteigen, was dazu führt, dass der Insulinspiegel steigt und der Körper nicht auf seine Fettreserven zurückgreift. Die Rezepte in diesem Kochbuch zielen deshalb darauf ab, den Insulinspiegel möglichst niedrig zu halten, um den Abbau von Fettzellen zu forcieren. Verwendet werden dazu vor allem gute Fette aus pflanzlichen Lebensmitteln und fettem Seefisch.

Ich habe abends **keine Zeit** zum Kochen und möchte nur schnell einen Imbiss besorgen. **Was darf ich essen?**

Wichtig ist, dass Sie nicht zu spät essen, damit Ihre nächtliche Insulinpause bis zum Frühstück nicht zu kurz ausfällt. Holen Sie sich beispielsweise Würstchen mit Kraut, Räuchermakrele oder Hering (alles ohne Brötchen) – oder auch einen Hamburger und lassen Sie Brötchen, Ketchup und Mayo weg. In Bayern schmeckt auch ein Leberkäse mit Krautsalat. Was immer geht: Grillhähnchen, mageres Fleisch, Schinken, Corned Beef, magerer Käse, Räucherfisch, Paprikaschoten, Gurken, Tomaten oder hart gekochte Eier. Vorschläge für weitere Abendmahlzeiten to go finden Sie auf S. 102/103.

ITALIAN MEMORIAL SCULPTURE 1820–1940

A Legacy of Love

SANDRA BERRESFORD

INTRODUCTORY ESSAYS BY
JAMES STEVENS CURL
FRED S. LICHT

ADDITIONAL ARTICLES BY
FRANCESCA BREGOLI
FRANCO SBORGI

PHOTOGRAPHS BY
ROBERT W. FICHTER
ROBERT FREIDUS

FRANCES LINCOLN

Frances Lincoln Limited
4 Torriano Mews
Torriano Avenue
London NW5 2RZ
www.franceslincoln.com

First Frances Lincoln edition 2004

A catalogue record for this book is available from the British Library.

Editor: Michael Brunström
Designer: Becky Clarke
Index: Marie Lorimer
Production: Caterina Favaretto

Printed and bound in Singapore by Tien Wah Press.

ISBN 0 7112 2384 X

9 8 7 6 5 4 3 2 1

PLATE 1 (HALF TITLE PAGE) Riboni family (now Bonelli), *Joys and Sorrows* or *The Last Kiss* (1907), Michele Vedani, Cimitero Monumentale, Milan.

PLATE 2 (TITLE PAGE) Daniele and Anna Chiarella (1910), Luigi (Gigi) Orengo, Cimitero di Staglieno, Genoa.

PLATE 3 (RIGHT) Primo Zonca (1895), Giulio Monteverde, Cimitero de Verano, Rome.

CONTENTS

PREFACE ROBERT FREIDUS

My passion for Italian monumental sculpture started in 1988. I was on an ordinary sightseeing trip to Milan and, having read the intriguing comments in the *Blue Guide* on the Monumentale Cemetery, felt I had to go and see if it could possibly be as interesting as described. As soon as I walked on to the grounds I was completely hooked. As a former art dealer, with a particular interest in sculpture, this was like a heaven on earth. Everywhere I looked were the most extraordinary statues imaginable and they went on and on and on. It seemed endless and, although I spent the entire morning walking up and down, I barely saw a tenth of what was there and was able to spend enough time with very few of the monuments.

The monument that made the biggest impression that day (and one that has never left my thoughts over the ensuing years) was the one to Gaetano Besenzanica sculpted by Enrico Butti [Plate 4]. Two straining bullocks pulling a plough in front of one farm worker, and are led with great energy by a second across a piece of rocky ground. All are life-size and meticulously modelled, so that the scene simply breathes with life. Even more remarkable is the mausoleum behind the figures, which features a gigantic woman, reminiscent of the Thurber cartoon woman on the roof of a house, overlooking the workers and everyone else in Monumentale. I later discovered that the piece, though entitled *Il Lavoro*, or *Work*, had nothing to do with Signor Besenzanico's fortune, which was made as a constructor/developer. The sheer size and artistic quality of the work dazzled me then and still impresses me now. Who were the people who conceived and produced these monuments to themselves and who were the artists who turned their ideas into reality? When I returned home I tried to find some books in English about this work and the myriad others I had seen in Monumentale, but found that there was absolutely nothing available.

I returned to the Monumentale early in 1996 (after having seen the Staglieno Cemetery in Genoa the year before) and was as impressed as I had been on my first visit, if not more so. When Robert Fichter, whose work I had represented through my art gallery in New York, rang me that same year to say he was planning a trip to make photographs for a book about these cemeteries, I offered to go along. Robert had first photographed this material in 1975 while he was teaching at the Florida State University Study Center in Florence. Dr Fred Licht, who was at that time director of the Center, had seen some of the pictures Fichter had made and said: 'We should do a book on these monuments; I've written about them in the past.' So when Fichter approached Licht about getting started on the project, Licht replied with a list of cemeteries and specific monuments to be visited. In the spring the two of us went on a two-week trip to seventeen cemeteries, seeing Milan and Genoa as well as Lodi, Cremona, Piacenza, Reggio Emilia, Novara, Vercelli, Asti, Cuneo and several others, finding outstanding examples of monumental sculpture in all of them. It was a veritable feast for any sculpture lover.

The photographs taken on this visit and on two more extended trips that we took together, plus several more which I undertook on my own, form the basis for the pictorial aspect of this book.

After our second expedition, Fred decided that, for personal reasons, he would be unable to continue work on the book and, while he was still prepared to offer us his thoughts in a small introductory article, we would have to find other writers for the main part of our projected book.

In this, fortune favoured us. Joanna Barnes, a sculpture dealer I knew in London and who was one of the first people to get excited about the prospect of a book on Italian funerary sculpture, introduced me to Sandra Berresford, an expert on Italian Symbolism in general and on Leonardo Bistolfi. In expertise, writing skills and enthusiasm for the project, she was perfect for our purposes. It was helpful (most of the time) that she lived in Italy and was thus able to do the research for the book on home ground.

We also felt that there should be some explanatory history of the cemetery movement in Europe to place the spectacular cemeteries of Italy in some kind of context. I had read all of the books on cemetery, cultural, architectural and artistic history by Professor James Stevens Curl and could think of no one who could perform this task so well and it was with great trepidation that I wrote to him, without any introduction whatever and simply explained our proposed book. He couldn't have been more encouraging and readily agreed to write a short history of the cemetery movement in Europe for us.

One of the intriguing aspects regarding cemeteries in Italy is that some of the Jewish cemeteries contain works of art fully comparable to those in the Catholic and Protestant sections and have representational and figurative artwork that is not usually thought of as consistent with Jewish laws and traditions. At the very least I was curious to know why this was so. Another early supporter of the project, Vivian Ebersman, through her daughter, Rabbi Anne Ebersman, introduced me to Sharon Liberman Mintz of the Jewish Theological Seminary and she in turn led me to

PLATE 4 Gaetano Besenzanica, *Work* and the *Vital Breath of Nature* (1907–12), Enrico Butti, Cimitero Monumentale, Milan.

Gabriel Goldstein at the Yeshiva University Museum. He helpfully introduced me to Francesca Bregoli, who had all the requisite skills to work on this aspect of the subject.

Finally, there is the subject of angels, one of the great themes in all these cemeteries. While the diversity of imagery is one of the striking aspects of all Italian monumental sculpture, that of angels is particularly striking, and while some examples appear again and again in cemeteries all over Italy (with some of these exemplars making their way throughout Europe, the United States and even South America), there are hundreds, even thousands of others that seem to be unique. Franco Sborgi, at that time Director of the School of Post-Graduate Studies, Genoa University, who had already written about these iconographic types in his catalogue of the monuments in Genoa's Staglieno Cemetery, was glad to elaborate on his ideas for this book.

Two last thoughts before acknowledging those who helped to bring this book about. While the photographs of the monuments will help create a sense of the cemeteries once you have entered the gates, what can't really be shown through single images is the sense of the place as a whole, the specific atmosphere of each cemetery, the architectural and landscape setting that each of them evokes. Some, like Staglieno, are miniature botanic gardens, with beautiful walks and vistas. Almost every site has an exterior of blank walls almost always accompanied by an avenue or grouping of cypress trees, and one quickly learns to spot them as one travels through the countryside. Inside one finds a large field with a variety of monuments from simple to large to truly grandiose. The field may also be broken into a series of smaller enclosures and interior spaces as in Bologna and Genoa or one large field interspersed with mausolea as in Milan. A raised, covered porch frequently runs along inside the perimeter walls. There one usually finds the more ornate monuments and those best protected against the ravages of time and weather.

This brings me the saddest aspect of these marvellous places. One of the main reasons for producing this book is the regrettable fact that many of these sites are being 'renovated'. The plots in the fields are being resold if the families don't keep up the rent. The earlier monuments are being ripped out and modern monuments are replacing them, most frequently made of that bane of modern cemeteries everywhere: polished granite, which being very hard, is difficult and expensive to carve and thus the great tradition of Italian cemetery sculpture is being lost. Great historical value is being destroyed as the local communes realize that a cemetery is just a real estate venture. The sculptural achievement of this important period of Italian middle class culture is being lost. Fifty years from now there may well be panel discussions, as there already have been, about the destruction of these irreplaceable historical artifacts. We hope this book may bring attention to this problem and help bring this vandalism to a halt.

The number of people who assisted in the preparation of this book and without whose help it might never have come to pass is large. What united them was their faith and encouragement in the darker days when the search for a suitable publisher sometimes seemed hopeless. I would like to thank Robbie Capp; Sylvia Warren, one of our warmest supporters and an almost editor; Benedict Read; Gillian Malpass; Liliane Carter; Jerry Goldman, Scott Brightwell; Sandy Gilbert and Marc Freidus; Michaelyn Mitchell; Vastiana Belfon, Anna George, Mark Pepper, Terry Cavanagh, Philip Ward-Jackson and the people at the Conway Library and finally, John Pfahl who was instrumental in our introduction to our publishers, Frances Lincoln Ltd. It was their love and enthusiasm for the photographs and the idea of this book that kept us going when it appeared that there wasn't a publisher anywhere willing to tackle such a difficult and specialized subject. In that regard, I would also especially like to thank John Nicoll for taking a chance on a difficult and not necessarily profitable venture. To everyone else who took the time to look at the early photographs and make useful comments, thank you.

Finally both Robert Fichter and I would like to thank our wives, Nancy Smith Fichter and Ellie Packer, without whose encouragement and help, this book could never have been conceived or completed.

ROBERT FREIDUS, LONDON, 2004

PREFACE ROBERT W. FICHTER

PLATE 5 Mario and Maria Mazzone (*c.*1947), F. Vannucci, Cimitero delle Porte Sante, Florence.

The monument whose image had continued to float in my mind and motivated my beginning this project was one I had photographed in the Porte Sante Cemetery on the hill above Florence. It depicted a young couple: a woman in a gown and a young man in his military uniform gazing at each other [Plate 5]. Licht told me the story behind the monument, which was that the young man was sent off to war and did not return. The Mazzone monument had been created from two different photographs, as there was no single image of the brother and sister together. I have talked about that monument in my art classes for years as an example of photographs being used as a source for image making. Fred had pointed me to the same piece of sculpture that Bob writes about above, Butti's *Work*, saying: 'You won't believe what you will find in Milan and Genoa.'

As an undergraduate student I had studied anthropology and history. I saw the cemeteries and the monuments themselves as cultural indexes of the lives and times of both the people who had produced the sculpture and those who had commissioned the works, which should be preserved. Photography is one of the best ways to preserve information about our collective past. We visited some sites where the center fields containing the smaller monuments by artisans were in the process of being cleared and others, which would later be cleared. Cemeteries are basically just pieces of real estate and thus are open to change unless there is a collective will to maintain their integrity. These pictures were made to introduce a wider audience to this amazing manifestation of a time in the life of Italy. No where else in the world can you go to a sculptural exhibition, almost touch the art work and be so forcefully moved by the artists' and patrons' visions of commemoration. If you want to see the full range of Italian figurative sculptural expression from 1820 to 1940 you have only to visit these sites.

ROBERT W. FICHTER, TALLAHASSEE, 2004

A SHORT HISTORY OF THE CEMETERY MOVEMENT IN EUROPE JAMES STEVENS CURL

During the eighteenth century a radical change in attitudes to death took place in Western Europe. What had been in essence based on medieval Christian belief and custom became transmogrified into new notions of human mortality that might be described as pre- or proto-Romantic. The transformation has been identified by some authorities as a lurch towards secularization with regard to the disposal of the dead.

In Classical Antiquity, interment had been prohibited within built-up areas, and in certain places ancient cemeteries continued to be used well into the Middle Ages. Sometimes, however, there would be a very large burial-ground attached to a parish-church, serving not only its own but several other parishes as well. A celebrated (and infamous) example was Holy Innocents, Paris.[1] Not only did that cemetery receive approximately 10 per cent of all the French capital's dead, but it was surrounded by *charniers*, a sort of arcaded cloister, each bay of which was intended as a private chapel above the burial vault below, but which soon became a repository for bones disinterred from the ground. Thus reminders of death and decay were common in urban public spaces.

However, the true history of the modern Christian cemetery begins in Pisa in the thirteenth century, when a rectangular walled cemetery, its open ground surrounded by an arcaded cloister, was commenced in 1277 to designs by Giovanni di Simone. This cemetery, with a cloister-walk all round, is known as the *camposanto* type, and influenced developments much later. The walls were decorated (certainly by the mid-fourteenth century) with frescoes showing the Last Judgement, the Triumph of Death, and other suitable subjects. The covered cloister-walks were used for the entombment of Pisan grandees, and the open ground of the 'garth' was a burial-ground for everybody else.

There were not many cities in Italy that had sufficient space to lay out similar walled cemeteries, so in Italy and elsewhere in Europe interment in churches and churchyards was usual.

BURIAL AND RELIGION

Christians had for many centuries sought burial within churches and they often specified exactly where they wished to be entombed: this might be near the altar of a favourite saint, or in close proximity to an image (especially of the Virgin Mary).[2] There can be no doubt that the main preoccupation of clergy and laity during the late Middle Ages was the 'safe transition of their souls from this world to the next',[3] and this extended through all strata of society. Consequently anyone who could afford it would be buried in a church, in a position where it was thought that proximity to some object of devotion (an altar, cult statue, etc.), by some process of osmosis, would be beneficial to the future prospects of the soul of the person interred there.[4] Such practices may have been acceptable in small village churches, where disturbance of the floors would not have taken place on a daily basis,[5] but in populous parishes within towns or cities disruption would be more or less continuous.

Most churches in the Middle Ages had churchyards attached in which poorer parishioners could be buried. Where populations were relatively stable, most churchyards could cope with the demands for burial, and bones disinterred to make room would be stored in ossuaries or charnel-houses, of which several examples survive,[6] even in post-Reformation England, where most charnel-houses were demolished. However, the balance could easily be upset by epidemics or by expanding populations. Sixteenth-century European towns saw increases in population, so when plague struck there were often crises in the disposal of the dead, sometimes necessitating specially designated burial-grounds or 'plague pits' unattached to churches.

It is clear that burial-grounds were commonly used for purposes other than burial of the dead, such as socializing and merry-making, and even as sites for stalls on fair-days. Strong drink was often sold from booths, and in several French churchyards communal bakehouses were erected. Many and fruitless were attempts to prohibit such activities, as were efforts to prohibit burial in churches or inside the walls of towns. When the Church itself depended on relics to attract the faithful, and was able to earn a substantial income from intramural interment from those willing to pay, it is hardly surprising that medieval customs and preferences lasted as long as they did.[7]

Grander medieval tombs, therefore, are usually found inside churches, but there are some exceptions. In Italy, for example, there are the spectacular outdoor canopied monuments of the Scaliger lords of Verona [Plate 6], one of which, that of Can Signorio della

Although England (unlike Scotland) failed to grasp the nettle of burial reform, as there was no draconian legislation until the nineteenth century, overspill burial-grounds were established where there was pressing need. In the eighteenth century the parish churchyard of St Giles-in-the-Fields, for example, was overloaded, so land was acquired in 1803 adjacent to the old churchyard of St Pancras. Bunhill Fields, north of the City of London, became a burial-ground favoured by non-Anglicans from the seventeenth century, and it was unattached to any church.[30] However, all these grounds were relatively small, and could not compare with the large cemeteries that were to be established in the nineteenth century.

Cemeteries such as the rectangular, walled, neatly arranged example (1787) at Dessau in Germany grew from the reforms already in the air, but it was less offensively utilitarian than its French contemporaries, and touched by an altogether gentler attitude, fostered, perhaps, by Dessau's ruler, Prince Leopold Friedrich Franz of Anhalt-Dessau (1740–1817), a true child of the *Aufklärung*. Unlike its French counterparts, it was decently planted, and the entrance portal was ornamented with statues of the twin brothers Sleep and Death; over it stood a statue of Hope with her anchor flanked by two draped urns. An inscription announced that 'Death is not Death: it is only an ennobling of mortal Nature' [Plate 8].[31]

Also rectangular and walled was the Clifton Burying Ground, Belfast (1797), established by the General Board of the Belfast Charitable Society behind its building (Clifton House) in advance of the closure of the the old Corporation Church graveyard in the High Street (1798). Sale of burial plots began immediately, not only to raise money for the Society but to enable the wall to be constructed to protect the graveyard and its dead and to permit wall monuments to be fixed to it. Thus the plots around the perimeter of the ground (as at other cemeteries on the Continent) were regarded as the most desirable, and were consequently able to command higher prices. A flourishing anatomy school at the Academical Institution made security of the ground important, for 'body-snatching' was rife.[32]

By the end of the eighteenth century, cemeteries were being laid out all over Europe, but most were quite limited in size, and some (especially those around Paris) were depressingly utilitarian. In the creation of the landscaped cemetery various strands came together, not the least important of which was a new tenderness towards the dead. How did this come about?

YOUNG'S *NIGHT THOUGHTS* AND THE GROWTH OF TENDERNESS

Among the most curious aspects of the many threads that were to be drawn together to become the cemetery movement were the literary influences. The most significant published works as catalysts of reform of burial customs were those of the 'Graveyard Poets': Thomas Gray (1716–71), Robert Blair (1699–1746) and Edward Young (1683–1765). Gray's *Elegy* (published 1750) emphasized death as the leveller, while Blair's *Grave* (1743) celebrated the solitude and horrors of the tomb, the anguish of bereavement and the frightening, ever-present realities of death. Young's *Night Thoughts* (1742–50), however, was by far the most important, for from the time of its publication it was acclaimed as a masterpiece and translated into every European language. It was a powerful stimulus in Europe, and for more than a century was the most influential, widely praised and well-known poem in the English language. Even more importantly, it was also a 'seminal work' in the 'secular cult of sepulchral melancholy'.[33]

PLATE 8 Entrance portal, Dessau Cemetery.

In its progress through Europe 'Youngism' went through a transformation of emphasis in different languages. Pierre Prime Félicien Le Tourneur (1737–88) freely adapted and translated Young's work as *Les Nuits de Young* (1769)[34] so that it became essentially an evocation of the poet's solitary grief as he wandered among the tombs.[35] *Night Thoughts* was translated into German by Johann Arnold Ebert (1723–95) and published in 1751/2. Young's poem had a considerable influence on the *Sturm und Drang* movement of the German *Aufklärung*,[36] and was admired by many literary figures including Friedrich Gottlieb Klopstock (1724–1803); Gotthold Ephraim Lessing (1729–81), who regarded *Night Thoughts* as a great work of the Sublime; Johann Gottfried Herder (1744–1803), the decisive influence on Goethe; and the great man himself, Johann Wolfgang von Goethe (1749–1832), who used *Night Thoughts* as his English reader. So numerous were the German imitations of *Nachtgedanken* that the authors were called 'Younglings' (a jest on

Jüngling, meaning a youth, young man, or stripling). In even the most cursory reading of Goethe's *Die Wahlverwandschaften* (1809)[37] and *Die Leiden des jungen Werthers* (1774)[38] it is obvious that they were both influenced by Young's work.

The famous episode of 'Narcissa's Burial' in *Night III* of Young's poem captured the European imagination and created a vogue for burial in gardens that was the single most powerful factor in the nascent movement to civilize burial of the dead. The story was based on true events. 'Narcissa' was Elizabeth Lee (*c.*1718–36), who married (1735) Young's friend Henry Temple (*c.*1703–40).[39] The Temples, with Young and his wife, travelled to France in 1736 in search of an agreeable climate to alleviate the effects of young Elizabeth's consumption. However, the girl died, and was interred in the burial-ground of the Hôtel Dieu in Lyons at eleven at night.[40] Young dramatized this, emphasizing the gloom and horror of a burial in the darkness in a grave stealthily dug, and probably already occupied (which explains Young's term 'a stolen grave').

Even more tellingly, Young described the French as 'Strangers to Kindness' with eyes that 'let fall Inhuman Tears' as they 'deny'd a Grave' to Narcissa. They were fast held in 'blind *Infallibility*'s embrace', and 'Deny'd the Charity of Dust, to spread O'er Dust! a charity their Dogs' enjoyed. 'Half-execration', Young wrote, 'mingled with' his prayers, as he

> Sore grudg'd the Savage land her Sacred Dust,
> Stampt the curst Soil; and with Humanity,
> (Deny'd Narcissa) wisht them All a Grave.[41]

Young's savage denunciation of the heartless, bigoted, 'Papist' French, who had denied the young 'heretic' Englishwoman what they gladly gave to their dogs, made, perhaps, more memorable by the lugubrious illustration published by Le Tourneur (and liberally copied thereafter in numerous editions), had an enormous impact throughout Europe, and led many (in positions to lead opinion) to demonstrate their open-mindedness, tender sensibilities, and lack of bigotry by erecting tombs in their own gardens. Young's impact on European consciences and sensibilities was greatest at precisely the same time in which utilitarian extra-mural cemeteries were being established as a result of French examples.

THE ARCADIAN IDEAL

Nicolas Poussin (1594–1665), in the second version of his painting of the *Et in Arcadia Ego* theme (*c.*1635–6), depicted shepherds in an Arcadian landscape studying the inscription on a simple, rather severe Classical tomb. The shadow of one of the shepherds cast on the tomb alludes to the Spirit, or Classical *manes*, and the inscription was interpreted to mean either 'and I was once an inhabitant of Arcady' or that, even there, in Arcadia, 'I' (meaning Death) was ever-present. Poussin's vision is of extreme importance, for in it overt references to death (skulls, bones, animated skeletons, etc.), which had been features of Baroque and earlier art, were expunged. A gentle melancholy pervaded the lovely scene, and all references to the familiar horrors of decay, bones, decomposition, and dank, unwholesome graveyards were banished. Here was the peaceful, beautiful ideal, a place fit for reflection and memories, where death was civilized.[42]

English writers such as Abraham Cowley (1618–67) had expressed desires to be buried in gardens, away from pain and noise, where the beauties of landscape evoked paradise.[43] There were many other English gentlemen in the seventeenth century who sought the Arcadian ideal long before their more famous eighteenth-century followers. Alexander Pope (1688–1744) created a landscape of 'memory and meditation' at Twickenham (1719–44) containing an obelisk set in groves of cypresses (as a memorial to his mother) which was much admired and publicized, notably by C.C.L. Hirschfeld (1742–92), who gave credit to England for introducing memorials such as urns, columns, and buildings into gardens.[44]

One of the most significant English figures in the curious transformation of the garden was the poet William Shenstone (1714–63), whose elegiac compositions, lamenting lost youth, friendships, lives or loves, disseminated the notion of memorials set in evocative landscapes. Professor Etlin has written that in Shenstone's works the 'connection between the elegiac sentiment and the landscape could not be made more explicit',[45] especially as Shenstone intended that his *Elegies* should be illustrated with scenes from his own garden at the Leasowes, Halesowen, Worcestershire, which was designed to invoke Virgilian Arcady. For example, in Virgil's fifth *Eclogue*, the building of a monument to Daphnis is mentioned, and this is alluded to in the illustration of a funerary urn set in a grove used as a vignette by Robert Dodsley (1703–64)[46] in his edition of Shenstone's writings (1764). Furthermore, Shenstone celebrated his friends in what was essentially a garden of remembrance. Shenstone's creation (of which very little survives) proved to be an exemplar, and so the urn, the marker, and the memorial became essential ornaments of the garden, part of an eighteenth-century attempt to evoke elegiac sentiments and Classical Antiquity in northern Europe. However, Shenstone transformed the *et in Arcadia ego* phrase so that it signified the dead who had once known the pleasures of a charming landscape. Thus the spirits of the dead remained in the Garden of Allusion, and through death the living passed into an evocation of Arcadia, the land of perpetual Spring.[47]

In the celebrated gardens at Stowe, Buckinghamshire, these ideas were carried further by the commemoration not only of individuals but also of virtues and ideas. In the Elysian Fields at Stowe attempts were made to recreate a landscape of agreeable Virgilian groves, sweetly-watered meadows, and still, mirror-like lakes. William Kent (*c*.1685–1748) set the elegiac tone with his Temple of British Worthies (1733), and the numerous monuments erected in the gently-contoured landscape commemorated national figures. Stowe was of great importance because it showed how ideas and commemoration could be contained in a pastoral setting that evoked Arcady and Elysium. Hirschfeld perceived Stowe as a powerful exemplar for future developments, inspiring noble thoughts through mnemonic triggers, and linking Classical Antiquity to the recent past, the present, and the future. As more and more Continental visitors began to admire such innovative English landscapes, a potent series of themes began to merge and blossom anew.

TRANSFORMATIONS

Young's *Night Thoughts* proved to be a significant influence on the Swiss poet Salomon Gessner (1730–88), whose *Idylls* came out in 1756, with a French edition appearing 1762.[48] This pastoral poetry enjoyed sensational international success, and Gessner's work was admired by Hirschfeld and many others for whom it greatly surpassed comparable works of Antiquity. Continental landowners, keen to lay out their estates in the English manner, were also profoundly influenced by Gessner's work, which was said to inspire virtuous behaviour through sensibility.

Gessner described tombs set on charming, gentle landscapes, arguing that these could be significant catalysts in promoting tender feelings towards the dead and the living, and thereby improve the general tone of society. The *Idylls* helped to promote the idea of the visit to the tomb of a loved one, and tombs set in landscapes began to be regarded as essential elements in visions of Arcadia, for they were places where the living could weep moderate tears, decorously recall the dead to mind, reflect, remember, and keep those who had gone before 'alive' in some way in both thought and spirit. In Gessner's happy world, graves were surrounded with sweet honeysuckle, shaded by willows, and embraced by fresh green ivies; there, in his Arcady, the living could pour libations, meditate, and recall their dead in ways that might suggest their continuing presence. Gessnerian tombs were therefore evocative 'markers' between two worlds, either of which, as Young had suggested, could be more 'real' than the other. The living could derive inspiration, happiness, serenity, and moral uplift, and even improve their sensibilities by visits to them.

Gessner's work has to be considered in the context of disposal of the dead at the time. Insanitary, malodorous, overcrowded, pestilential, and ugly burial-grounds were not places to be visited at all, and to bury loved ones in such horrible spots was something to be avoided if at all possible. A mourner brave enough to venture into an urban burial-ground to stand by a new grave would be hard pressed to summon up improving or tender thoughts: a heaving stomach, horrors, and despair were more likely to be his lot. And even when the French pioneered the new extra-mural burial places, visits would have been hardly more edifying.

THE TOMB AND THE GARDEN

In 1773–8, a *Bois des Tombeaux*, where pyramids, pedestals, and urns were set picturesquely among the trees of the Parc Monceau, Paris, was created for the Anglophile Louis-Philippe-Joseph (1747–93),[49] Duc de Chartres and Grand Master of the Freemasonic Grand Orient of France, by Louis Carrogis.[50] It was one of the first 'naturalistic' French gardens. The presence of tomb-like *fabriques*[51] in a garden led Nicolas-Thérèse-Benoist, Comte Frochot (1757–1828), to propose later that the *Parc* should be converted into a public cemetery where

PLATE 9 Tomb of J.-J.Rousseau (+1778), Ermenonville.

real tombs would embellish it further, augmenting the cenotaphs in the *Bois des Tombeaux*. Although the proposal was not realized, it was a pointer to the future.

At Ermenonville, René-Louis, Marquis de Girardin (1735–1808) and eminent Freemason, created an *Elysée* modelled on the Leasowes (which he had visited in the 1760s) and on the famous description of Julie's garden in *La Nouvelle Héloïse*, the popular novel by Jean-Jacques Rousseau (1712–78).[52] Rousseau had been born a Protestant, and therefore would have been regarded as a heretic in the France of the *ancien régime*. When Rousseau died, Girardin had his body buried in the centre of a small island in the *Elysée* lake, and there, surrounded by poplars, a temporary memorial, consisting of a Classical pedestal surmounted by an urn, was erected [Plate 9].

This celebrated burial was widely reported, and a view of the *Île des Peupliers* was published. Soon afterwards Hubert Robert (1733–1808) designed a permanent stone tomb in the form of an Antique sarcophagus, which again was recorded in illustrations and became familiar throughout Europe.[53] Hirschfeld waxed lyrical about it, finding nothing disagreeable or morbid about Rousseau's burial-place, for the poet appeared to be 'sleeping' on the island: indeed, Hirschfeld saluted Rousseau's grave as an exemplar of a new type of burial in gardens. This influential tomb, however, was more than just a memorable image. It evoked *English* gardens and was certainly influenced by the Leasowes and Stowe; it was a monument to Nature, Friendship, and Truth; and it made a political statement about Girardin's open-mindedness and lack of bigotry in burying a 'heretic' in his own garden. The Marquis was thus responding in an open, dramatic, and practical way to the 'Narcissa' episode in Young's *Night Thoughts*. Soon the *Élysée* became much visited by tourists.

Stanislas-Cécile-Xavier-Louis, Comte de Girardin, Vicomte d'Ermenonville (1762–1827), author of the official guidebook to the gardens,[54] suggested that the park at Ermenonville could easily have provided Gessner with many appropriate settings for his *Idylls*. Moreover, the abstractions at Stowe were elaborated upon by

PLATE 10 Tomb of Court de Gébelin, Franconville-la-Garenne.

celebrating ideas such as Humanity, Justice, Light, Nature, Physics, and Satire by means of monuments to individuals associated with these (for example, Sir Isaac Newton [1642–1727] for Light, and Voltaire [1694–1778] for Satire). There were many other cenotaphs and memorials to sundry persons, including a truncated pyramid commemorating Theocritus (early third century BC), Virgil (70–19 BC), James Thomson (1700–48), and Gessner – the four poets who had been most influential in the eighteenth-century celebration of sweet images of Nature. Near by was a monument inscribed in English to Shenstone's memory.[55] Ermenonville was an influential garden, recognized as such by many commentators, including Hirschfeld,[56] who also lauded other tombs in gardens.[57]

Perceptions were further changed by writers such as Abbé Jacques Delille (1738–1813), whose didactic poem *Les Jardins*, published in 1782,[58] rhapsodized about Poussin's vision of Arcady as an exemplar, and urged the importance of plants, trees, and water to provide appropriate and soothing settings for tombs. Bernardin de Saint-Pierre (1737–1814) proposed further transformations of the commemorative garden in his *Études de la Nature* (1784),[59] in which he suggested landscaped *élysées* as burial-places for the great and good, and public cemeteries that would be landscaped gardens, beautified, if prosperity permitted, by monuments. Bernardin denounced contemporary churchyards and burials in churches as harmful to the living, aesthetically and hygienically indefensible, and utterly disgusting. He proposed that Paris should follow the examples of Classical Antiquity, the Chinese, and the Ottoman Turks by burying its dead in the countryside in public cemeteries planted with cypresses, pines, and fruit trees, and argued that monuments erected in such settings would induce profound moral feelings and tender melancholy in the living, who would derive benefit from perambulations of the Arcadian cemeteries, whereas anybody who stumbled into the foetid and revolting churchyards (or even overspill burial-grounds) could only experience horror, disgust, and an assault on all sentimental feelings. Bernardin's garden-cemetery was to have its own chapel for funeral services (ideally treated as a Classical temple) and the landscaped park (or *élysée*) would be beautified by means of columns, obelisks, pyramids, urns, statues, pedestals, domed buildings, temples, and sculpture of all sorts, made of varieties of stone in order to ensure varied colouring. Overcrowding of monuments would be avoided, and the established principles of English Picturesque landscape-design would be applied to the new cemeteries. Trees and shrubs would be many and varied, and planted with care to achieve the best visual effects.[60]

Many of these principles and ideas were drawn together in the entry on cemeteries in the *Encylopédie Méthodique* of 1788 contributed by Antoine-Chrysostôme Quatremère de Quincy (1755–1849), architectural theorist, Freemason, and key figure in the formation of the first landscaped cemeteries.[61] However, important though literary influences undoubtedly were, so too were the first realized gardens that looked forward to the Elysian cemeteries of the future. Among the most important of these was the extraordinary and evocative elegiac garden at Franconville-la-Garenne, created in the 1780s by Claude-Camille-François, Comte d'Albon (1753–89), several views of which were drawn by the Comtesse d'Albon and published.[62] This charming Picturesque garden contained numerous *fabriques*, including a Pantheon-like temple (a common motif in Freemasonic iconography),[63] an obelisk, a temple of the Muses, a *Bosquet de l'Amitié*,[64] a cascade, a Temple of the Dawn, a Primitive Hut,[65] a Priapus, an Isle, a Chinese Kiosk, a *Rocher*,[66] a fountain, a statue of Pan, a Devil's Bridge, an Asylum of Shepherds,[67] a column, and a Pyramid.[68] Not only were such wide-ranging allusions[69] to many styles, ideas, and civilizations intended to be mnemonic, but the

Vittorio Emmanuele were granted sculptural tomb decorations. Even the publicity-minded Paganini is commemorated only by a modest bust in the cemetery of Parma. This strange law that seems to govern the commissions of sepulchral monuments is all the more startling when one considers that it is this same age that built retrospective tombs to cultural heroes of the past: Dante, Torquato Tasso and Palladio all received elaborate sculptural tombs at the same time that nineteenth-century heroes such as Leopardi, Verdi and Cavour were buried under simple slabs.

The Savoy dynasty also took great care to raise funerary monuments to its long-departed ancestors, who had either never received sculptural tombs or whose tombs had been destroyed during the revolutionary upheavals. The abbey at Hautecombe and the elaborate tombs of the Cappella della Santissima Sindone were commissioned at the same time that more recently deceased members of the Savoy were buried in a startlingly modest manner. It is only after the identification with the upper middle classes had proceeded for some time that Princess Maria Vittoria d'Aosta at Superga [Plate 16] was given a tomb that is far more related to bourgeois monuments than to the tradition of dynastic tombs. But even this statue was destined to remain an isolated exception.

The phenomenon of funerary sculpture does not involve the entire Italian peninsula. It is prevalent primarily in the politically and socially progressive north. In the south, though equally large sums were usually lavished on dignified burial, the mode of sepulture is almost exclusively architectural. Even in the north there are some regions that preferred architectural burial. These regions were almost always agricultural in economy, but the reverse is not always true, since there are some agricultural regions that preferred the new fashion of sculptural burial monuments (Cesena, for instance). Though there is no positive proof yet, it would seem that architectural tombs were preferred by the more orthodox Catholic communities because they responded to the deep-felt need to be buried (and ultimately to be resuscitated) in the presence of the Holy Sacrament. Since burial in churches was forbidden by the 1804 Edict of St Cloud, the tendency in these more religious and traditional regions was to bring the church into the cemetery by means of small chapels with consecrated altars. The few exceptions to the rule that we have, such as the Cemetery of the Orsoline in Palermo, are all of relatively recent foundation – that is, after these provinces were flooded by a new administrative élite imported from Piemonte.

Most important of all, naturally, were the new form and the new content that sculptural monuments were given from the very beginnings of the nineteenth century onwards. The series began with the unprecedented monument to Maria Cristina by Canova [Plate 17], which illustrates the uncertainties and hesitancies that will trouble the genre from that time on.

This is the marble model that can be found in the Church of the Augustinians in Vienna, commissioned in 1798 during Canova's journey to Vienna and afterwards inaugurated in 1805. The monument is a solid pyramid-shaped structure whose middle

PLATE 17 Maria Cristina of Austria (1799–1805), Antonio Canova, Augustinenkirche, Vienna.

PLATE 18 Countess Sofia Zamoyska (1837–44), Lorenzo Bartolini, Santa Croce, Florence.

shows a half-closed door representing the transition from the earthly to the afterlife. The higher part represents the profile of Maria Cristina, princess of the Austrian imperial house, portrayed inside a medallion. The frame represents a snake biting its tail (a symbol of eternity), the frame holds up the medallion. At the foot of the pyramid the lion (a symbol of strength) and the funerary spirit (a metaphor of the human spirit) are weakening their vitality: they are therefore the symbol of life which slowly shuffles away. On the other side of the door, a dignified and slow procession proceeds towards the passing away: Virtue, preceded by two handmaids, carries the urn of ashes inside a sarcophagus; Charity arrives with a child and a blind and unsteady old man.

Unlike all former funeral monuments, this tomb addresses neither the visitor to the grave nor God. Instead, Canova chose to depict a procession that is about to enter the tomb and therefore will disappear from view within another moment. Both innovations are significant: first, the introduction of temporality suggested by means of an action which will end within a foreseeable span of time; and second, the hermetic nature of the monument, which no longer depends on communicating to the visitor but turns away from him towards an unknown and unknowable darkness. One other element is noteworthy: the deceased no longer participates in the action of the monument. If we compare it to Pigalle's tomb of the Maréchal de Saxe, the difference is dramatically obvious. Whereas Maurice de Saxe is still a heroic presence conjured up with full-bodied vitality before our eyes, Princess Maria Cristina is present only as a small medallion portrait. It may be objected that earlier Baroque funerary monuments represented the deceased as medallion portraits, but those Baroque tombs were always tombs in which the medallion is the center of attention and in which there is no other overt action.

It is Canova, then, who first introduced the idea of finite time in the place of intimations of eternity, and it is he again who completely secularized the subject. Even the identities of the various allegorical figures were a matter of indifference to him, as appears from the artist's correspondence with the princess's widower. One other aspect of funerary art must be taken into consideration at this point, and that is the gradual dissociation of the tomb from the Church. Canova had already taken this step visually by composing his first funerary monument in contradiction to its architectural surroundings in his first great commission, the tomb of Clement XIV (1783–7). Instead of incorporating the dynamics and the rhythmic decorative scheme of SS. Apostoli into the composition of his papal tomb, as had always been the case with Baroque tombs, Canova deliberately went against the grain of the architectural setting. But this visual separation of the tomb from sacred surroundings is only a mild beginning.

With the Edict of St Cloud prohibiting burial in city churches a totally new concept, partially based on Protestant country cemeteries, made its entrance: the *cimitero monumentale*, an architecturally defined field in which statues could be set without constraint. For the most part, these cemeteries, though they always incorporated a funeral church or chapel, were civic establishments no longer fully in control of the church. Only in Rome, where the papacy had every reason to abolish all vestiges of the Napoleonic era, did burial in churches continue on a grand scale. The forward-looking industrial cities of the north opted for the new mode of burial. Within the territories governed by the Church only Emilia and Romagna, two provinces always noted for their rebellious and forward-looking nature, followed the northern, industrialized example.

Within the cemetery, all sorts of possibilities opened up that could not have occurred within the Church. There is, to begin with, the totally new iconography of a secular kind. In form and composition it also became possible to indulge in scenes of extreme realism which would have been totally incongruous within the architectural setting of a church. The cemetery afforded both artist and sponsor a no-man's-land in which all the rules of ecclesiastic or academic traditions were suspended.

Funerary sculpture is the primary concern of the deceased's family. Especially in the later years of the nineteenth century, the commissioning family made use of this new freedom from Beaux-Arts convention by turning more and more to craftsmen or to specialists in funerary sculpture and away from artists who had stylistic and ideological notions of their own to express. Funerary sculpture became the most direct visual expression of middle-class taste. Considerations of style, of individuality of expression and of aesthetics were subjugated

PLATE 19 Marchioness Maria Vettori Guerrini Placidi (1881), Ulisse Cambi, Cimitero delle Porte Sante, Florence.

to the taste and the will of the commissioner. The funeral monument became the true folk art of the dominant bourgeoisie. It lived beyond the bounds of current academic criteria, it was not meant to be contemplated as an aesthetic fact, and it served a specific function as most objects of folk art do.

Unfortunately within the last twenty years a number of monuments of primary importance have been destroyed (a half dozen in the cemetery of Milan alone), vandalized or stolen. This patrimony is extremely vulnerable. However, measures have been introduced both to conserve the monuments and to exploit the cemeteries as tourist attractions. Italian scholars and enthusiasts have an done an enormous amount of work on the classification of single monuments and entire cemeteries and have now started to produce monographs on nineteenth- and early twentieth-century sculptors (see Bibliography, pages 229–31).

The importance of this art is seized more easily when it is looked at first from an iconographical point of view. Here the social, political, economic and psychological ramifications become immediately evident. Nowhere can we study the gradual atrophy of allegory better than here. As a corollary, nowhere can we study the struggle for the expression of new, contemporary themes in a more concrete fashion. Baudelaire's ideal of an art that presents modern man in his everyday setting, going about his everyday business, dressed in street clothes, devoid of noble poses or the moral values that pertain to a bygone age – all that is realized here as fully as it is in the drawings of Constantin Guys. Only in the case of funerary art are we able to take in a far greater range of sentiments and can count on a far greater seriousness of motivation.

The new themes that are given expression in these funeral monuments are enormously varied. It is only with the intention of furnishing a preliminary structure of categorization that I propose the following classifications.

PLATE 20 Marchioness Maria Vettori Guerrini Placidi (1881), Ulisse Cambi, Cimitero delle Porte Sante, Florence.

The most obvious and effective expression of this theme comes, astonishingly, in works that ostensibly seem to be dedicated to the deep Christian faith of the deceased. Bartolini's monument to Countess Zamoyska [Plate 18] illustrates this phenomenon with unusual clarity. The tondo relief of the Madonna above the countess is stylistically and functionally totally different from the appearance of the Madonna and Child theme in earlier tombs such as Rossellino's Bruni tomb (1876) or Desiderio's tomb of Marsuppini, both within a few steps of the Zamoyska sepulchre. Stylistically, the Madonna relief is deliberately copied from a Quattrocento relief by Rossellino and differentiates itself strongly from the sober realism of the rest of the monument. Functionally, too, the Madonna has lost her power as an active presence who participates in the drama of the deceased's salvation. She exists only as a pious decoration in the Countess' bedchamber.

PLATE 21 Maggi-Via family (1859), Giovanni Battista Lombardi, Cimitero Vantiniano, Brescia.

MONUMENTS TO SUCCESS

This is perhaps the most fascinating of the categories because of its richly varied implications. Achievement becomes the goal of nineteenth-century existence; terrestrial and temporal blessings are now celebrated instead of being presented as timeless qualities which endure after death. Salvation in heaven, the overriding concern of humanity in the face of death, is replaced by success on earth.

At first, these monuments still seem to have some superficial relationship to earlier tombs representing Christian virtue. Charity, for instance, is the point of the Vettori tomb in Florence by Ulisse Cambi [Plates 19, 20] and of the Maggi-Via tomb by G.B. Lombardi at Brescia [Plates 21, 57, 60]. In the former we see the deceased mourned by orphans and beggars who have come to the tomb of their benefactress. There remains at least a vestige of an earlier tradition by means of which Christ's commandment to care for widows and orphans is still visible. In the latter, the concept of charity as a sacrament is reduced to a bald transaction of money changing hands. The counting out of coins into the palms of the hungry and destitute is portrayed with astringent reportorial accuracy that no longer has to do with the high ideals of Christian charity.

Still more self-confident in its assertion of materialistic values is the strange Peroni tomb by Donato Barcaglia [Plates 22, 222] in Gravedona. Here a youth is shown, seated on bales of merchandise ready for shipment, while Fortuna, assuming the same stance and the same gesture as St John at the Baptism of Christ, baptizes him with a rain of golden coins. On closer inspection, both the bales are seen to be crawling with some sort of vermin. This is not a gruesome memento mori in the manner of medieval tombs, which frequently show corpses being eaten by worms: instead the little bugs are simply silkworms emblematic of the deceased's success in

PLATE 22 Paolo Peroni (detail), Donato Barcaglia, Cimitero Urbano, Gravedona.

PLATE 23 Dr Pietro Lazzati (1871), Vincenzo Vela, Cimitero Monumentale, Milan.

the silk trade, which was the foundation of all prosperity in the region around Como.

The final turn away from charity as a timeless Christian virtue to assure salvation is illustrated by two tombs dedicated to physicians. The more conventional of the two is the tomb of a fashionable obstetrician, Dr Lazzati in Milan [Plate 23]. The doctor's portrait bust has an endearing touch of domesticity about it, showing the doctor with a rug thrown over his shoulders. The apartments going up in Milan's fashionable quarters during the last half of the nineteenth century were elegant, high-ceilinged and consequently ill heated and drafty, and Dr Lazzati must have found it more comfortable to receive his patients with his shoulders well protected against the chill. Below the bust, reliefs represent the doctor at his daily work delivering babies. The style is dry and documentary. The rooms and their furnishings are just as important as the action. Any poetic or religious interpretation of the doctor's work is avoided. Less middle-class in tone and also a little more expressive in style is the tomb of Dr Pacchiotti in Turin [Plate 24]. Civic and slightly Socialist sentiments have taken over from the laconic style evident in the tomb of the Milanese obstetrician. Dr Pacchiotti bends over the wounded body of a man who is clearly characterized by his dress as a poor labourer. Equally touching and much better known is the statue of Caterina Campodonica, a nut and biscuit vendor, by Lorenzo Orengo in Genoa's Staglieno Cemetery [Plates 25, 192, 204]. Here we stand at the opposite end of the two doctors' social circumstances. The Ciambellaia is a proletarian who is represented in all her dignity and in all her aspiration to middle-class respectability. The neatly ironed pinafore, the carefully combed hair all speak of the desire on the part of a poor woman of the people to lend dignity to her terrestrial existence in a monument that shows her as she was on earth, without a hint at more substantial rewards in the life to come.

Surely the most eccentric monument of the 'success' type is the Minghetti tomb [Plate 26] in Bologna's most prestigious cemetery, the camposanto of the Certosa. The various sculptural materials, marble, bronze and stucco, are all well represented in the cemetery but glazed ceramic in the manner of Luca della Robbia was used in this one instance alone. The reason for this unusual choice of material may well be deduced from the source of Signor Minghetti's wealth. He was the prosperous purveyor of beautifully wrought and glazed sanitary furnishings for the bathrooms of the ambitious upper middle classes of the expanding city and obviously took great pride in his products. Not only does the glazed ceramic of the tomb glorify Minghetti's trade: it also serves as a kind of advertising. If this ceramic is beautiful and enduring enough for a sepulchre meant to last until the Last Trumpet, it is surely good enough for even the most exigent household.

Success was the overruling passion of the times and a vast number of sculptures in Italian cemeteries speak of it more eloquently and more honestly than do the novels of Flaubert or Trollope. In the literature of the time, the theme of success as the driving force behind nineteenth-century society was almost always either satirized outright or else approached obliquely. The sculptures, inspired by the success of the men and women buried beneath them, speak of success as a valid ideal and in so doing hold an objective mirror to the period and to the social class to which they belong.

THE CULT OF THE SURVIVOR

In the modern world there is one ultimate form of success which was rendered even more dramatically universal by Darwin: the success of survival. The cynical proverb (does it date from these times?) 'Chi muore giace. Chi vive si da pace' (roughly: He who dies lies there

PLATE 24 Dr Giacinto Pacchiotti (1893–6), Luigi Contratti, Cimiterio Monumentale, Turin.

PLATE 25 Caterina Campodonico (1881), Lorenzo Orengo, Cimitero di Staglieno, Genoa.

PLATE 26 Angelo Minghetti (1890–92), Alessandro Massarenti, Cimitero della Certosa, Bologna.

quietly. He who survives consoles himself) is the most succinct summation of the new attitude which was beginning to set in. In a society ruled by iron laws of survival of the fittest (translated into the precepts of the middle classes, the fittest is automatically thought of as the financially most successful), the deceased cannot possibly retain his heroic position in his tomb. Since he is no longer a producer of profit, he gradually but inexorably disappears and his place is triumphantly usurped by the survivors who become far more interesting to the artist, the family of the deceased and all other visitors to the cemetery. The process of making the deceased disappear is slow. It is introduced at first by recourse to the age-old tradition of substituting a bust for the whole body. From Canova onwards a novelty is introduced: the bust is accompanied by one or more surviving friends or kin. This addition becomes increasingly important because it implies two new and timely ideas about death and commemoration. First, it implies that the bust is not a representation of the deceased seen directly but is instead the tomb itself to which the surviving friends have come. The friends and the bust therefore belong to eminently different spheres of reality. Second, equally important, is the implication of time. The friends or the widow will eventually go home again, having contemplated the cherished tomb. The action is not atemporal as it is in Baroque tombs in which the Virtues are an integral part of the tomb and will guarantee the soul's admission to paradise.

In this connection it would be of special interest to study the great number of funerary monuments in which the widow and not the deceased play the central role. In this respect one must naturally take into consideration the fact that the nineteenth century saw the gradual emergence of the widow as a social and an economic force to be reckoned with. Professor H.W. Janson has pointed out that before the introduction of aseptic methods of obstetrics, it was common for most men to survive two or more wives. With the drastically diminished rate of puerperal mortality, the proportions abruptly reversed themselves. It now was the widow who was in the majority while the widower became something of a rarity. This sudden predominance of the widow was immediately reflected in social mores. Rather than resign herself to withdrawn dowagerhood as she had before, the widow, by means of the impressive logic involved in the accumulation of capital and investments, grew constantly in stature. To prevent the dispersal of the family's wealth, it was she who administered the family's fortune. Our modern career woman is the direct offspring of the nineteenth-century widow.

The number of tombs that ring the changes on the theme of 'the pious widow mourning at the husband's grave' is impressive. Most of these tombs conform to a type that finds its finest expression in the Mazzuchelli tomb by Miglioretti [Plate 27]. The husband is nothing more than a portrait bust set so high on its column that we can hardly make out its features. Our interest is captured almost exclusively by the figure of his widow kneeling below, sunk in deep prayer yet mindful of the highly decorous disposition of her dress. She radiates a self-confident vivacity which turns our thoughts from the dead and consequently uninteresting husband to admiration for the graceful widow. The deceased is represented but has so relinquished his dominant position that he has become a negligible element of the overall composition.

PLATE 27 Giovanni Mazzuchelli (1877), Pasquale Miglioretti, Cimitero Monumentale, Milan.

A good example of this is the Raggio tomb by Rivalta [Plate 267]. What we have here is rather like the last act of a clumsily staged play. The assembled family of the deceased, all dressed in their Sunday best, stand about expressing their mournful emotions with various degrees of intensity while the corpse, which one would expect to be the focal point of all these outbursts of grief, is quite forgotten.

Nowhere is the triumph of survival expressed more imperiously than in the Izar tomb by Felice Bialetti in Milan [Plates 28, 350]. Two brothers, who died young, are discovered kissing each other in the tomb. Their clasped hands are stretched forth into the world of the living where they are grasped by their mother, who sits bolt upright outside her sons' tomb. For all its strangeness, the mixture of piety and homoerotic tenderness is utterly convincing. Obviously both the artist and his client were not aware of the subconscious urges implicit in the scene. The invincible power of the mother, one of the steady principles of Italian life, is here presented with poignancy and with an uncanny authority that haunts one's memory.

The growing, if unconscious, conviction that the dead are to be suppressed at the same time that ostensibly they are to be celebrated is one of the essential contradictions of the late-nineteenth-century Italian funerary sculpture that lends these images their expressive tension. Ultimately, the dead are not only subdued or minimized but also represented as sinister and potentially evil.

This reversal of Christian values, which no longer allows the veneration of death but inspires repugnance, finds its most lugubrious expression in the Marchesini tomb by Auteri-Pomar [Plate 29]. Two siblings, Bianca and Emma Marchesini, fell ill of scarlet fever. One of them died, and within a week the other cousin died as well. This simple event is turned into a devious tale of the menace that the dead exercise over the living. One of the little girls, wrapped in her shroud, appears as a wraith among the flowers of her fresh tomb, and calls to the other, luring her to the grave. This is perhaps the first instance in which the deceased is represented as a potential source of evil instead of being an object of veneration. Death in the advancing nineteenth century had become a social liability. If euphemisms and circumlocutions became popular during this epoch, it was due not entirely to the greater sensibility of the period, but rather to a distinct will to suppress the unhygienic, unproductive corpse, which inhibits us from living at full intensity. Goethe, at the very beginning of this period, had already summed up this sentiment, which is distinctly different from that pervading all previous ages: 'Memento mori gibt's genug!/Mag sie nicht hererzahlen/Warum solt'ich im Lebensflug/Dich mit der Grenze qualen?' (There are enough memento mori all around us. Why list them all? Why should I torment you with the limits of life while you are in life's full flight?)

PLATE 28 Federico Izar and family, *Faith* (1904), Felice Bialetti Cimitero Monumentale, Milan.

PLATE 29 Emma and Bianca Marchesini (1874), Michele Auteri-Pomar, Cimitero Delle Porte Sante, Florence.

THE SUBSTITUTION OF PRE-EXISTING OBJECTS FOR FUNERARY SCULPTURE

Once the effigy of the deceased was thus reduced in importance, the whole enterprise of elaborate tombs for the commemoration of the dead became questionable. Already in the 1880s and 1890s there were instances of photographic images being inserted into ready-made tombstones, on which only name and date needed to be filled in – a practice derived in all probability from the increasing bureaucratic custom of printing blank forms instead of drawing up prose documents for official transactions. Still, the desire for a monument that would adequately express the respectability of the family remained tenacious. Real sculptural monuments continued in vogue well into the twentieth century.

When it became apparent that no particular sanctity was attached to the corpse, two possibilities remained open for those who nevertheless wished to commemorate the dead. Either they could turn to a work of art that could be admired and enjoyed for its own sake without overt reference to death, or they could substitute a kind of 'ready-made', an object which in itself had no funerary significance but summoned up the remembrance of the deceased by sheer association. The first of these possibilities was responsible for the popularity of such skilled and highly original artists as Bistolfi, who were less concerned with the individual to be commemorated than with an aesthetically detached and beautifully stylized artistic idiom quite different from the soberly realistic and astringently factual sculpture of the preceding decades. The popularity of Bistolfi's funeral monuments such as *The Sphinx* at Cuneo [Plates 30, 90] is explained partly by his great talent and partly by the coincidence of his maturity with a definitely gallicizing trend in Italian middle-class culture towards the end of the century. In France the idea of placing works of art on top of graves irrespective of whether these works of art had anything to do with the deceased who was to be celebrated had been developed since early in the century and was gaining new ground with Maillol and Brancusi. In this line of development the artist was no longer required to represent the deceased or the survivors but was free to invent pseudo-allegorical compositions only tenuously associated with the themes of death, mourning and transfiguration. Brancusi's *Kiss* (1908) is probably the most famous of

PLATE 30 Pansa family, *The Sphinx* (1890–92), Leonardo Bistolfi, Cimitero Urbano, Cuneo.

such sculptures which exist as independent works of art as well as tombs. In Italy, The Sphinx by Bistolfi (mentioned above) is by far the most beautiful example of sculpture that broke away from its celebratory obligations and exists as an aesthetic statement in its own right.

The second approach, that of the 'ready-made', was first adumbrated in the steadily growing custom of acquiring cheap monuments from catalogue houses. That is to say, the tomb pre-exists the demise of the individual. His survivors need only choose a type of monument that comes closest to expressing some general and vague idea about his life and death. More fascinating for our own investigations is a much more wilful and prophetic exploitation of the new situation in which traditional, narrative monuments become more and more obsolete: the use of sculptures that initially have nothing to do with funerary intentions.

More crass, of lesser artistic quality, but infinitely more widespread, was the use of a small sculpture of a plump child kneeling as if in prayer [Plate 31], which was first carved as a garden ornament and as such gained enormous popularity. The artist, probably at the suggestion of an enterprising sculpture distributor, ultimately marketed it for funerary purposes and there is hardly a cemetery in Italy that does not have one of the many replicas that were commercially produced and sold by mail-order catalogue. More touching in its lyricism is the tomb of a Mr Thaxter in the cemetery of the Allori in Florence [Plate 32]. Thaxter was a wealthy Bostonian endowed with considerable gifts as a sculptor who was brought to Florence by his family because he suffered from tuberculosis. The anonymous designer of his tomb (perhaps Thaxter himself) lifted an unfinished piece of work from Thaxter's studio, added to it a few sculptor's tools carefully carved in marble, and arrived at a very touching memento mori closely related to the popular poetic idea of 'death staying the artist's hand'.

PLATE 31 Angelina Malfatti (1877), Clemente Borelli, Cimitero Urbano, Lucca (after Luigi Pampaloni's *Samuel* or *Prayer*).

The most moving and most drastic use of the 'ready-made' as funerary ornament was conceived at the very end of the epoch we are discussing. It comes during the last months of the First World War, a turning point in history that put an effective end to all the ideals, standards and hopes of the nineteenth century. At Redipuglia, after one of the bloodiest and longest battles ever fought by men, it became evident to the survivors (for the most part illiterate conscripts who had never heard of Duchamp's 'ready-mades') that the old rhetoric of patriotic monuments or the tearful testimony of personal grief were inadequate to express the horror of what had happened. Instead of composing sculptural groups, it was decided to commemorate the men and the events of Colle Sant' Elia by scattering the mute remnants of military existence over the battlefield. A canteen, perhaps the last relic of a man blown to bits by a grenade; the shattered debris of a radio-receiving set pointing to the death of the telegrapher; pliers that tell of sappers who nightly crawled into no-man's-land to cut an attack path through the labyrinth of barbed wire – these are the funerary monuments that befit anonymous soldiers.

PLATE 32 Edward Russel Thaxter (*c.*1881), E.R. Thaxter (attrib.), Cimitero Evangelico agli Allori, Florence.

The Middle Ages expressed their mute wonder at the awesome grandeur of God by turning to objects that were somehow associated with the presence of divine power. Our age has its own relic-cult inspired by the equally awesome recognition of God's absence.

INTRODUCTION

'Sol chi non lascia eredità d'affetti poca gioja ha dell'urna.'
Ugo Foscolo, *Dei Sepolcri* (1807).[1]

In nineteenth-century Italy, there was no such thing as a 'funeral sculptor'; the artists who created funeral monuments also made public celebratory sculpture and practised portraiture and genre in varying degrees. This was true even of the leading Symbolist sculptor Leonardo Bistolfi, who was termed by his contemporaries the 'Poet of Death'. Practically all sculptors, on the other hand, produced one or more funeral monument, since this genre was a major source of income. Created by leading sculptors of the day, in line with a tradition that stemmed from Arnolfo di Cambio to Donatello, on to Michelangelo and finally to Canova, funeral monuments in the nineteenth century were exhibited on a par with other kinds of sculpture in local, national and some of the most prestigious international exhibitions of the day. New monuments were often reviewed in local newspapers (especially in issues published around All Saints' Day, the 'Day of the Dead') and in the fast-expanding specialized artistic press. There was never any question, at least up to the turn of the century with the advent of what almost might be termed mass production and the growing rivalry between art schools and academies, that this was an 'inferior' genre. Even in recent years, though less frequently, major modern sculptors, such as Manzu and Pomodoro, have contributed their works to Italian cemeteries. Any volume attempting to describe the evolution of nineteenth-century Italian sculpture would be incomplete without taking into account the very considerable part to be found in cemeteries.

Unfortunately, the balance of interest has been unfairly weighted in favour of public celebratory sculpture and, for market reasons, small genre and decorative works. There are practical considerations, too, because funeral sculpture is distributed throughout Italy, occasionally in some very remote places, making works very difficult to locate, while some still await discovery. A not-so-practical reason is the modern-day antipathy towards the whole subject of death.

This book proposes to give the general but interested reader a broad understanding of the development of funeral art in central and northern Italian cemeteries from the Neoclassical to the Art Deco periods. This will include an introduction to the major sculptors of this period and their relative importance in the Italian and European art worlds overall. It is difficult to appreciate these wonderful works of art without a sense of who their patrons were and how and where they wished to be remembered. It is impossible to give a complete history of the growth of cemeteries in one volume, so certain ones have been selected to best illustrate certain periods and styles. Bologna, for example, was chosen for its late Neoclassical works but this, of course, does not mean that fine Realist or Liberty pieces are not to be found there. Nor that other cemeteries, such as Modena or Verona do not possess fine Neoclassical sculpture. It is equally true that funeral monuments continued to be located in churches throughout the late Neoclassical and Purist periods but this, again, was beyond the possibilities of this book.

Funeral sculpture is easily approachable but not so easily understood. These are complex works of art and, to fully appreciate them, they should be studied within their artistic and sociological context. A visit to the cemetery allows us to reconstruct, from inscriptions and/or local archives, not only accurate historical data but also the often fascinating stories of the people buried there. This is particularly important in Symbolist funeral sculpture, where the iconography can be hard to decipher. Robert Fichter and Bob Freidus, the photographers, have taken photographs in over ninety cemeteries. The author was only sometimes able to follow them but, as a general rule it was decided to use as many photographs and as much information as possible, collated directly or indirectly, even where details were occasionally uncertain, since the only way to contribute to the preservation of these monuments is to record them.

The book provides an outline, through examples in the cemeteries, of stylistic developments in sculpture from Neoclassicism to Art Deco and the changing role of the sculptor. This was constructed from the photographic material provided, which has subsequently been identified and documented: partly from the photographers' notes and the author's own visits to some of the cemeteries and partly by consulting the vast amount of research carried out by art and architectural historians (Italian for the most part) over the past twenty years. An annotated essential bibliography on cemeteries and the sculptors is provided to allow further investigation. While the photographic archive, of over 14,000 images, is impressive, the photographers did not set out to systematically cover specific periods or sculptors with a comprehensive scholarly book in mind, so there are bound to be lacunae. With the sheer amount of sculpture, this would have been impossible anyway. Scholars may regret that the importance of certain figures, like Lorenzo Bartolini, Giovanni Duprè or Vincenzo Vela does not fully emerge or may object to the absence of some of Vela's talented followers from Valsesia in Turin, or the lovely Romantic sculptures from the Romantic Cloister adjoining Santa Croce in Florence. Since these were not documented photographically there seemed no point, in an already richly illustrated book, to do more than refer to their catalytic roles. On the other hand, these key works tend to have been published elsewhere anyway. Here, more importance has been given to the sculpture from the second half of the nineteenth century, when funeral sculpture really came into its own, and which has been accorded hitherto little attention, at least in English-language publications. Before this period, sculpture on a grand scale was still more for the élite. Consequently, the majority of our images come from the Realist period (when the middle class was anxious to leave its mark on the world), the Liberty (which reflected the boom in the decorative arts) and the Symbolist period (where better than the cemetery to express ideas about life and death?). Given that none of the sculptors is a household name in the English-speaking world, this also meant providing a minimum of biographical information and brief reference, too, to their civic careers and considerable successes.

The cemeteries help us to learn more of the philosophy of life of the succeeding generations that passed through them. Realist sculpture, for example, expresses a confidence which suddenly fails when orthodox beliefs were challenged in the 1890s and Symbolist doubt and anxiety set in. For this reason, we chose to follow certain iconographic themes through the chosen periods. It must be said that we have included relatively little religious iconography not because it is not in the cemeteries, because it is, but because it tends to be standardized and generally less artistically interesting. While some of the chosen themes, such as 'The Bed' occur in each period, others, such as 'The Ethos of Work' or 'Woman' are particularly representative of one period, here respectively of Realism and Symbolism. This thematic structure also provided the opportunity to illustrate a wider range of monuments, for the photographers have truly explored a vast amount of material, which could only partially be covered here.

Italian cemeteries are an invaluable source of history: national, local, sociological and artistic. The development of the Risorgimento in particular can be traced through the monuments in the cemeteries of Genoa, Milan, Turin and Rome. Each cemetery is a reflection of local character and reality and the dynamics of creativity are often determined by this. Milan's Monumentale can be ostentatious and hyperbolic while Turin generally has the sense of decorum and reserve of the Piedmontese; Staglieno, on the other hand, is the perfect mirror of the aspirations of the rising Genoese middle class.

Burial places have become an invaluable source of social history and faithful mirrors of the societies that created them. Many nineteenth-century Italian cemeteries would not have been created at all were it not for the urgent need for mass burial caused by cholera epidemics. We can, for example, derive demographic information or details of the history of medicine from the frequency of infant mortality or death in childbirth and we are able to witness the terrible toll of young lives reaped by war or by the Spanish flu epidemic of 1918.

All the arts are present in the cemeteries. Even literature is there, since not only was it customary for poems to be composed and published in the local press on the Day of the Dead, but quotations from major poets (Dante, Petrarch, Pascoli, Carducci, d'Annunzio) may occur on the monuments themselves. These may be unpublished gems like Giovanni Pascoli's ambiguous lines for Noemi Farnesi (1901, Lucca).[2] The cemetery structure itself is an important testimony of town planning, landscaping and architecture. From the Neoclassical period onwards, collaboration between architect and sculptor was necessarily close and enduring: from the rapport between architect Rodolfo Vantini and sculptors in Brescia and Federico Cannonici and sculptors in Ferrara, in the late Neoclassical period, to that of architect Ernesto Pirovano and sculptor Ernesto Bazzaro in the Liberty period. We find painting, mosaics, ceramics, ornamental stucco and, especially in the Liberty period, fine examples of the decorative arts. Not only can we experience a complete history of architectural styles but these were very often imaginatively and exuberantly recreated by Liberty architects.

Each cemetery is a microcosm of the city at large and monuments were erected with this in mind and with respect one to another: pivotal areas or those near entrances have higher status; certain monuments had to be of a given size to balance others and one monument may have a pendant on the other side of a cemetery. Both architecturally and artistically, individual cemeteries are distinguished by types. Thus Lombard Romanesque architecture is often revisited in Milan, while the sculpture in Perugia or Siena may re-elaborate local Quattrocento models. Filippo Lippi is recalled in Spello; Agostino di Duccio in Rimini. The local economy is reflected in particular themes (agriculture in Ferrara and Verona; nascent industry in Milan) or in a decorative motif (the olive in Lucca, maritime references in Genoa, Livorno and Viareggio). Bas-reliefs of trees growing into Gothic vaults are only really found in Mantua. Pisa's Suburban Cemetery developed a peculiar type of right-angled corner monument. Rome's Verano Cemetery has the unique portraits, painted on lava stone, by Filippo Severati, who took the secret of their execution with him to the grave in 1892. Stunning bronzes are to be found in Lucca and Florence because of the proximity of excellent foundries. Busts are preferred in Florence's Porte Sante because of the restricted amount of space on its terraced slopes. The presence of major works by one outstanding sculptor (Bistolfi in Genoa and Milan, Vela in Turin, Butti in Milan) could determine the production of local artists for many years to come. Raffaello Romanelli's Celli Monument in Lucca seems to have influenced several younger sculptors there.

PLATE 33 Noemi Giuliani Farnesi (1901), Adolfo Farnesi, Cimitero Urbano, Lucca.

Lucca, by the way, is a jewel of a cemetery, strongly recommended for 'cemetery novices', not only because it includes all styles but because it is easily negotiable in half a day, though it merits a longer visit. Larger cemeteries require more time but the visitor is guaranteed to be amazed by the sensuous eroticism in Genoa's Staglieno and bowled over by the sheer size, quality and exuberance of Milan's Monumentale. Many of the smaller cemeteries have no guidebook so visits, in any case, will be voyages of discovery but something of worth will always be found. Finally, reference has been made to the numerous gipsoteche (collections of plaster models and casts) which have been restored or created in recent years so that the work of individual sculptors can explored. These house collections not only of casts of funeral monuments but also maquettes and models on which the sculptor often worked directly. While a visit to a gipsoteca avoids a lot of tiring footwork, it is not recommended as a substitute for the cemetery experience.

Some important pieces have already been removed from cemeteries to museums but ideally it should be possible to preserve the sculpture without taking it out of context. It is not yet too late to conserve both the cemeteries and their funeral sculpture as works of art and historical testimony without depriving them of their spiritual role of contemplation and consolation. Funeral sculpture is, after all, none other than a series of brave attempts to come to terms with death and loss. If the cemetery ceases to be the place of memorial to our common destiny, it will die. It would be a pity to renounce our 'Legacy of Love'.

FROM NEOCLASSICISM TO PURISM

PLATE 34 Ercole Bevilacqua Aldobrandini (1827), Alessandro Franceschi, Cimitero della Certosa, Ferrara.

PLATE 35 Count Paolo Tosio (*c.*1842), Gaetano Matteo Monti, Cimitero Vantiniano, Brescia.

THE INHERITANCE OF CANOVA

When Antonio Canova died in 1822 his studio in Rome was large and flourishing, his international stature unequalled and he was recognized as the greatest sculptor since Michelangelo and Bernini.[1] Canova's collection of works, housed in the Pantheon-inspired Tempietto at Possagno, where his body is buried, was assembled in his own lifetime (1819) and made available not only finished works but *maquettes* (small wax or clay models) and plaster models for the scrutiny of future generations. His influence was to continue to dominate Italian sculpture through his associates and followers for at least another two decades, and traces of the style he perfected, Neoclassicism, were to be found even after the mid-nineteenth century. He produced many mythological statues and groups, portraits and bas-reliefs, increasing the prestige of sculpture and ultimately freeing it from the restrictions of pre-established location and purpose.[2] However, his reputation had primarily been established through a series of funeral and commemorative sculptures, including the monument to Pope Clement XIV (SS. Apostoli, Rome, 1783–7), the monument to Clement XIII (1783–92, St Peter's, Rome) and that to Maria Cristina of Austria (1799–1805, Augustinian Church, Vienna) [Plate 17]. In these three tombs we find compositional, iconographical and stylistic elements that were to become standard in subsequent Neoclassical funeral sculpture: the towering compositions (arranged by Canova in asymmetrical groups) and the allegorical figures, such as the lion of Resurrection, the *genius* with extinguished downturned torch and the *pleureuse* (female mourner). Grief is distilled in controlled gestures, emotion is contained but not absent. Stylistically, the Classical is evoked as an ideal but not in any dry, archaeological sense. As Professor Licht has observed, in the tomb for Maria Cristina d'Austria the observer is shut out from this very private procession of grief in which the deceased, unlike the popes, has a diminished presence, being seen just in the portrait cameo. Only later, with Realism, did Italian funeral sculpture engage the audience and the deceased, once again, became the protagonist.

Such grandiose monuments, however, were not within reach of everyone, and it was Canova's bas-reliefs that came to be especially influential in the funeral art of the 1820s and beyond. Two examples, one from an artist active in Bologna and Ferrara, the other from one active in Lombardy, with fifteen years between them, show just how diffused and long lasting the model was. The monument to Ercole Bevilacqua Aldobrandini (1827) [Plate 34] is typical: the tablet tapers towards the semicircular top, with half-palmettes at the corners. It has an egg-and-dart motif border with a military swag (a reference to the deceased's role in the Italian Legions) and here, where elsewhere a *clypeus* (portrait medallion) might occur, is a moth, a popular Neoclassical symbol of resurrection through metamorphosis. To the left, the *pleureuse*, representing Friendship, sits on an Empire-style chair, leaning towards the bust of Ercole, 'expert in botany, drawing, music and the arts, benefactor of artists', who is being garlanded by a winged *genius*, representing Gratitude, while his achievements are recorded in the long epitaph. The sculptor Alessandro Franceschi (Monasico 1789–Bologna 1834), a pupil of the 'Bolognese Canova' Giacomo de Maria, has crystallized grief in measured gestures and seemly *pietas* (the reverence required in Antiquity for one's forebears). This same Canova-inspired model was still in use fifteen years later, around 1842, in the monument to Count Paolo Tosio, another patron of the arts, in the Vantiniano Cemetery in Brescia [Plate 35]. It is by Gaetano Matteo Monti (Ravenna 1776–Milan 1847), who trained in Bologna and Rome and then moved to Milan to work on two ongoing major sculpture projects, the Duomo and the Arco della Pace.

PLATE 36 Vittorio Alfieri (1804–10), Antonio Canova, Santa Croce, Florence.

The Monument to Vittorio Alfieri and the Moral Significance of Commemorative Sculpture

From the point of view of the history of Italian funeral sculpture, however, Canova's famous monument to Vittorio Alfieri (1804–10) [Plate 36] was undoubtedly of the greatest impact. Not only did it establish the prototype for the public commemorative or funeral monument, it also connected sculpture with the idea of a resurgent united Italy.[3] It shows a sarcophagus with profile portrait in *clypeus* accompanied by an allegorical figure, here the first sculptural personification of Italy, who mourns the death of the poet or, as was soon suggested, Italy's own sad fate. The viewer is presented with a Classical exaltation of *exemplum virtutis* (a high example to be imitated, here in the person of Alfieri) and, at the same time, a reference to his belief that a new national identity could emerge though the emulation of Italy's glorious past. The Franciscan Basilica of Santa Croce, where the monument to Alfieri joined illustrious Renaissance, Mannerist and late-eighteenth-century precedents, notably Spinazzi's monument to Machiavelli, was soon to become the Pantheon of Florence, termed by Mme. de Staël, 'perhaps the most brilliant assembly of the dead in Europe'.[4]

Canova's sculpture was in perfect harmony with the contemporary ideas of Ippolito Pindemonte (1753–1827) and proto-Romantic poet Ugo Foscolo (1778–1827). In 1806, Napoleon's Edict of St Cloud (1804), forbidding burial inside churches and within city walls, became law.[5] In 1805–6, Pindemonte wrote a poem *I Cimiteri,* not a little inspired by the English 'Graveyard Poets' (see pages 15–16), in which he lamented the lack of dignified, individual burial, of tombs, epigraphs and plants in the cemetery of his native Verona and its isolation from the world of the living.[6] The following year, in reply (having previously referred with fervour to the monuments in Santa Croce in his *Last Letters of Jacopo Ortis,* 1798), Ugo Foscolo mentioned them again in his poem *Sepolcri*, dedicated to Pindemonte, in which he suggests that they inspired Alfieri's hopes for the Risorgimento of Italy.[7] Unlike the Graveyard Poets Gray and Harvey, who were principally concerned with the Christian acceptance of death, Foscolo insisted on the political role of the cemetery. He underlined its importance not only in conserving affection for the individual (*eredità d'affetti* or the 'legacy of love') but also, primarily, as a repository of collective memory. The commemoration of great men would inspire the young to noble action and bring glory to the city where they were buried.[8] Pindemonte replied to Foscolo in his own *Sepolcri* (1807), asserting Man's right to dignified, Christian burial as it brought comfort to the bereaved, was the object of an Antique cult, and was to serve as an example for the living.[9]

The cemeteries that grew up in Italy over the subsequent years were built in full consciousness of their civic role as repositories of local and national history. The literary and artistic cult of famous 'Italians' (i.e. representative of an Italy not yet united) was an important element of the Romantic Risorgimento ideal. Commemoration of those judged meritorious was initially reserved to pantheons (also known as *famedios*) but soon the entire cemetery area was considered appropriate for such a purpose by the bereaved and local authorities alike.

The Exemplary Role of the Pantheons in Santa Croce, Florence, and the Camposanto, Pisa

In the wake of the monument to Alfieri, Santa Croce was to see a succession of new monuments, some more ostensibly public than others but all of them prominent in this most visible of pantheons, especially during the period 1865–70, when Florence was Italy's capital.[10] It remained a constant point of reference for developments in civic and funeral sculpture throughout Italy, furnishing a fundamental collection of models ranging from the Neoclassical to the Neo-Renaissance to the Realist. Over the nineteenth century, this catalogue of types served as a continual source of inspiration to funerary sculptors, allowing them to demonstrate different possibilities to their clients. These would then be used, suitably modified of course, for the bourgeoisie. For example, an allegory of *Medicine* to mourn a doctor, of *Industry* to mourn an engineer; the widow instead of a *pleureuse*, the angel to replace the *genius*. Never wishing to be second to Florence, Pisa also assembled an impressive collection of sculpture in the nineteenth century, again ranging in style from the Neoclassical to the Real, to add to the antiquities displayed around the thirteenth-century Camposanto, archetype for many nineteenth-century cemeteries (see page 10).[11]

POST-CANOVAN SCULPTURE

Neoclassicism in the Academies

Neoclassicism dominated an 'Italy' that did not yet exist as such, as the style penetrated the academies of all the leading states to a certain extent, although its principal axis lay between the academies of Rome (San Luca) and Milan (Brera). Established academies in Bologna, Carrara, Genoa (Ligustica), Ferrara, Turin (Albertina), Venice and elsewhere all had their local protagonists of Neoclassicism, some of whom, like Adamo Tadolini (Bologna 1788–Rome 1868) or Rinaldo Rinaldi (Padua 1793–Rome 1873) had actually worked in Canova's studio; others, like Cincinnato Baruzzi (Imola 1790–Bologna 1878) had had more superficial contact. It is probably fair to say that the majority of funeral sculptors in Italy before 1850 went through some stage of Neoclassicism or Classically-influenced style. The artistic situation was surprisingly fluid and, although a sculptor may have been based in Rome or Milan, this did not prevent him from executing works for the cemeteries that were beginning to expand in the north of Italy, notably Bologna, Ferrara, Modena and Brescia. A sculptor's preparation was long and arduous and it was common, moreover, for them to train in more than one centre, often specializing in Rome where the Canovian tradition proved hardiest. Major academies drew many leading sculptors into teaching and they, in turn, would select the best students to work in their studios.

From Thorwaldsen to Tenerani

Sculpture from 1820 to 1840 did not solely develop from Canova; nor, indeed, was it *only* Neoclassical. The art of Canova was not, in the final analysis, as approachable as that of his major contemporary rival Bertel Thorwaldsen (Copenhagen 1770–Rome 1844), whose Neoclassicism is more rigorous, with its studious application of the canons of ideal beauty and symmetry. After Canova, Thorwaldsen was the leading international sculptor of his day and he taught for many years at the San Luca Academy in Rome, becoming its President in 1827. He is also credited with having introduced a new attention towards Renaissance models, particularly Verrocchio, which was to be taken up by his protégés: Luigi Bienaimé (Carrara 1795–Rome 1878) and Pietro Tenerani (Torano 1789–Carrara 1869).[12]

Tenerani, like Bienaimé, remained in Rome, where he taught the life class at the Academy and kept a prosperous studio with his brother Giuseppe. In the period immediately following Canova's death, Tenerani executed a series of fine Neoclassical mythological works, of which the *Fainting Psyche* (1822, GNAM, Rome) is probably the best known. After associating with the Nazarenes, however, he began to introduce elements of Realism, especially in portraiture, that were to culminate in his seated statue of Pellegrino Rossi (1854, Carrara), with, according to his heir, Duprè, 'no example or pre-occupation other than Nature'.

Purism, in the strict sense of the art practised by those associated with the Purist Manifesto (written in 1842 by Angelo Bianchini) and the Nazarenes in the 1840s, was initially more important for Italian painting than sculpture where Neoclassicism, as we have seen, was still tenaciously embedded. In Rome, Tenerani signed the manifesto, alongside Overbeck and Tommaso Minardi, and was to become the leading Purist sculptor, directing a generation of followers away from Neoclassicsm towards the Real. Purists sought models for a moral and Christian art in the Primitives and in the artists of the Quattrocento, rather than in the aesthetic perfection of Raphael and his followers. This brought about changes in both style and content. In the first place, Neo-Gothic architecture crept somewhat tentatively into some cemeteries, although it was much resisted in others where only the Neoclassical was deemed suitable. Sculptural compositions became simpler. There was a move away from mythology towards more appropriate allegorical figures, often associated with the deceased's profession or moral worth. Angels and *putti* now began to replace *genii*. Female features both softened and became less uniformly idealized. Eventually, and we see this in Tenerani's own work, the desire to express emotions led to individualized portraiture and figures beginning to appear in contemporary dress.

Somewhat confusingly, the term Purism is often used to stand for what might more appropriately be termed Romanticism. Both turned to the Quattrocento for inspiration because that period was considered more spiritual, but the latter had broader ambitions, encompassing history and associating art with the Nationalist ideals that were sweeping across Europe. Some twenty years after Francesco Hayez (Venice 1791–Milan 1882) had introduced Romanticism to Milanese painting, sculptors began to turn away from the Ideal towards Nature and Quattrocento sources. The two phenomena were not unrelated: not by chance was Donatello highly regarded. Renewed interest in the Renaissance was closely associated with the re-launching of local crafts and the creation of copies and fakes for the international art markets, and is found in the works of Florentine sculptors Giovanni Bastianini (Fiesole 1830–68) and Odoardo Fantacchiotti (Rome 1809–Florence 1877) [Plate 177].

Post-Canovian sculpture could be analysed through the various academies and their interaction. Such was the symbiosis between local academy and cemetery, however, that it is equally, perhaps even more, enlightening to follow the changes in sculpture from late Neoclassicism, through Purism to Realism,

PLATE 37 Marquis Massimiliano Malvezzi Angelelli, *Pallas and the Genius of Glory* (1827–*c.*1833) Lorenzo Bartolini, Cimitero della Certosa, Bologna.

within the context of the cemeteries that were built or expanded following Napoleon's Edict of St Cloud in 1804. With the creation of new cemeteries, sculptors were given an unprecedented opportunity to demonstrate their capabilities.

DEVELOPMENTS FROM THE NEOCLASSICAL IN THE CEMETERIES

Bologna: The Cemetery

The Carthusian monastery and church, known as the Certosa, dedicated to St Jerome of Casara, was built in the 1340s and 1350s and enlarged in the 1560s and 1570s.[13] Over the years, it had gathered a rich artistic treasury to add to its ancient Etruscan origins. The monastery was suppressed in 1797. For reasons of public hygiene, it was decided to convert the complex into Bologna's chief cemetery in 1801, even before Napoleon's Edict of St Cloud enforced burial outside the city walls. It was soon to become a focal point of public works and, throughout the nineteenth century, professionals and artisans centred their activities on it.[14] Awareness rapidly increased of the representative civic role that both the cemetery and the works of art it contained were destined to play: it was documented, illustrated and, of course, visited (by Byron in 1819, Leopardi in 1826) while guides were employed to show visitors around. Important Bolognese citizens buried there were honoured first in the older cloisters, then in the Pantheon, a large elliptical room with Corinthian columns, completed by Giuseppe Tubertini (1759–1831) in 1828.

PLATE 38 Girolamo Legnani (*c.*1805), Giuseppe Tadolini and Petronio Ricci, Cimitero della Certosa, Bologna.

Initially, burial took place in the central Renaissance cloister but work soon began to adapt the already existing buildings and, successively, to construct others. Building was financed by the civic authorities, by donations and by the sale of plots. The dominating style was Neoclassical, with all three Classical orders being freely used alongside Roman coffered barrel vaults, arches and exedras. It soon expanded, however, into a grandiose labyrinthine complex, which, from the start, could boast its own sculptural decoration. Soon, too, the practice of placing major monuments at crucial points was established. One of the first was Lorenzo Bartolini's *Pallas and the Genius of Glory* (*c.*1827–33) [Plate 37], which was placed at the intersection of the main nave and transept in 1854. One of the earliest examples of a 'ready-made' monument, it was originally destined for Elisa Bacciochi but was rejected and bought in 1852 (for 10,000 francs and a team of horses), by the University Professor Massimiliano Malvezzi Angelelli and used as his own monument.

For the first fifteen years of its life as a cemetery, the Certosa was decorated principally according to local tradition with fresco, stucco and terracotta; tombs were often the result of a complex collaboration between architect, painter and decorator in *scagliola* (gypsum bound with glue, used to imitate marble). The gallery around the sixteenth-century cloister was soon reserved for nobles and those professionals (lawyers, doctors, university professors, etc.) who had brought renown to their profession and thus to Bologna. Commoners' tombs were in the ground, separated into compartments according to sex and age.

In the oldest part of the Certosa there are two kinds of niches with painted tombs: those of outside scenes with sarcophagi (whether Etruscan, Roman, Paleo-Christian or Gothic), urns and pyramids, to form a kind of 'cemetery within a cemetery', or those painted as if alongside a road of tombs, like those of the Via Appia Antica. The deceased may be represented in a *clypeus* or on a herm (a bust on a pillar) but tombs will certainly be surrounded by mourning *genii*, *pleureuses* or allegorical figures (Minerva or Mercury for Commerce or figures associated with the deceased's profession). The whole catalogue of Neoclassical iconography of death was there, readily available for later sculptors: downturned, extinguished torches, winged *clepsydrae* (hourglasses), the soul represented by a butterfly, the anchor of hope, dolphins of faith, lions of resurrection, obelisks and pyramids of eternity, or broken pillars or ruins, symbols of transience, as well as elements representing the activity of the living, such as the jurist's scales of justice. These were often accompanied by Masonic symbols, such as the slide rule and compass, the astrolabe, the *uroburus* (a serpent biting its tail, symbol of eternity) and the Hermetic *caduceus* (a rod with entwined snakes, symbol of prosperity and peace). Napoleon's conquests in Egypt also left their mark as in the tomb for Girolamo Legnani by Giuseppe Tadolini and Petronio Ricci [Plate 38]. There was remarkably little reference to the resurrection in Christ.

Bologna: The Sculpture

Painting and sculpture in the Certosa were supervised by the Academy and, after 1815, designs for monuments were submitted for approval to a committee, formed of academicians. Its walls were painted by leading Academy members and its monuments executed by Professors of Sculpture at the Academy: Giacomo de Maria (Bologna 1762–1838), then Cincinnato Baruzzi, later succeeded by Salvino Salvini (1861–93). Ercole Gasparini, one of the chief architects of the Certosa conversion, was Professor of Architecture at the Academy (from 1815). Painting, cheaper than stone sculpture, though less enduring, initially dominated, while sculpture per se consisted at first of monuments moved from suppressed churches. Several of the early monuments in the Certosa were executed in stucco and have suffered the consequences of time.

PLATE 39 Marquis Marescotti-Berselli (1845), Carlo Chelli, Cimitero della Certosa, Bologna.

With the arrival of the Canovian apologist Pietro Giordani as Secretary of the Bolognese Academy, came the strong incentive to produce more enduring monuments in marble, a more 'appropriate' material in which to 'immortalize the virtues of the dead in order to speak to the living'.[15] If, previously, it had been the architect who really designed the tomb, now sculptors came into their own. For subsequent decades, moreover, the committee of approval maintained that only Greek, Roman and Neo-Renaissance styles were admissible. The Canovian model was strong in Bologna and there was consequently constant resistance to the Neo-Gothic then rapidly gaining popularity elsewhere.

Giacomo de Maria was the first to respond to Giordani's solicitation. The descendent of a noble family and son of a well known orchestra conductor, he studied under Domenico Piò at the Bolognese Academy, winning the Marsili-Aldrovandi Prize aged sixteen and the Marsili sculpture prize aged twenty. He then studied under Andrea Bergondi at the Academy in Rome between 1787 and 1788 but also came under the influence of a youthful but already renowned Canova. He brought Neoclassicism to Bologna on his return in 1789, when his *Art Crowned by Genius* (Pinacoteca Nazionale, Bologna) won him the prestigious Curlandese Prize and his appointment as Professor of Sculpture at the Academy. He held this post until 1831, influencing a generation of pupils, among whom were Massimiliano Putti, Alessandro Franceschi and Adamo Tadolini.

De Maria's principal funeral sculpture is in the Carthusian cemeteries of Bologna and Ferrara. In line with Giordani, his was the first important marble monument to be erected in the Bolognese Certosa, where previously either painted tombs or more ephemeral *scagliola* monuments had prevailed. The Caprara Monument [Plates 40, 41, 42] was commissioned around 1817 by Vittoria Caprara (portrayed in cameo to the left) to commemorate her uncle, Ludovico (in cameo on the right), and her parents Bianca and Carlo (in a double profile portrait in cameo on the tomb itself). Her father was Minister of the Kingdom of Italy and a supporter of Napoleon, and thus an example of civic virtue, honoured in the prestigious Old Cloister of the new cemetery, although he had died in Milan in 1816. The monument is Canovian both in plan and detail: the figure of Religion, seated on the Lion of Resurrection, crowning the monument, was inspired by Canova's

PLATES 40, 41, 42 Ludovico Antonio, Bianca and Carlo Caprara (*c.*1817), Giacomo de Maria, Cimitero della Certosa, Bologna.

monument to Pope Clement XIII, while the *pleureuse* carrying the urn in filial piety, accompanied by a winged '*genius* of death' with cypress branch, derives from the famous monument to Maria Cristina of Austria [Plate 17]. The method of execution, on a 1:1 scale from model to marble, also followed Canova. The composition is balanced on the right by the seated figure of Eternity, holding a *uroburus*, the first of a series of veiled statues that were to characterize the Bolognese cemetery. De Maria was looking back to the Baroque tradition of Venetian Antonio Corradini (the San Severo Chapel in Naples), or the Florentine-based Innocenzo Spinazzi.

The idea of the veil was to be taken up by de Maria's pupil Giovanni Putti (Bologna 1777–1847). After executing the dramatic *pleureuses* on the then main gates of the cemetery in 1809, he worked in Milan where, influenced by the Canovian Camillo Pacetti, he worked on the Duomo and the Arco della Pace. On his return to Bologna in 1818, he executed religious statues for San Luca and San Giuseppe dei Cappuccini but was principally renowned for his funeral sculpture in the Certosa. The Barbieri Mattioli Monument (*c.*1817) [Plate 43] shows the deceased, Isabella, in a portrait medallion on the sarcophagus with a heavily mantled figure representing Religion or Faith to the left. Above is Charity (a lovely group with three small children, similar to that crowning his Uttini Monument of 1818) and to the right is perhaps Hope (or Prudence, as on the Uttini Monument, for the figure has no attributes). As in his monument to Carolina Baldi Comi, now Ottani (1815/16), on which the mourner has the features of the widower and the *genius* is moved to tears, in his monument to physician and anatomist Gaetano Gaspare Uttini [Plates 44, 45], Putti introduced a more human element by giving the figure on the right, representing Anatomy, the features of the deceased. The exuberant drapery recalls the Baroque or even Classical Roman precedents.

Putti's Ferreris Monument of 1819 [Plates 46, 47] is complex in structure. An elaborately draped female, probably representing Religion, sits on a boat-shaped sarcophagus bearing the family coat of arms and resting on two rather worried looking lions. To the left there is an allegorical female figure (with no attributes, perhaps Eternity) and on the right, a seated figure of the winged Chronus, hourglass in his right hand and scythe in his left: an element of funeral iconography that was to remain popular up to the end of the nineteenth century.

While Putti remained within the Bolognese Neoclassical tradition, still strongly linked to the Baroque, it was his introduction of allegorical portraiture and hints at sentiment that were to indicate the way forward. However, the Neoclassical tradition, whether after Canova (de Maria and Putti) or after Thorwaldsen (Tenerani and Chelli) remained strong in Bologna, even up to the 1860s. Carlo Chelli (1807–1877) trained in Rome with Carlo Finelli (Carrara 1782–1853). The monument to Marquis Marescotti-Berselli (1845) [Plate 39] shows the engineer in cameo below with a Classically draped allegorical figure above. Chelli was active in Bologna from around this time, returning to Rome in 1857.

Although elements of Realism had begun to creep into works at the Certosa, for example in Putti's 'portrait' of Uttini and the contemporary dress of de Maria's Cella Tinti Monument (1825), there was strong resistance to Purist innovation on the part of the Academy. Nearby Ferrara was to prove more receptive.

PLATE 43 Barbieri Mattioli (*c.*1817), Giovanni Putti, Cimitero della Certosa, Bologna.

PLATE 44 Gaetano Gaspare Uttini (1818), Giovanni Putti, Cimitero della Certosa, Bologna.

PLATE 45 Gaetano Gaspare Uttini (1818), Giovanni Putti, Cimitero della Certosa, Bologna (detail of *Anatomy*).

PLATE 46 Ferreris (1819), Giovanni Putti, Cimitero della Certosa, Bologna.

PLATE 47 Ferreris (1819), Giovanni Putti, Cimitero della Certosa, Bologna.

PLATE 48 Façade of the Tempietto, *Seraphims* (*c*.1873) Ambrogio Zuffi, Cimitero della Certosa, Ferrara.

Ferrara: The Cemetery

The Carthusian Monastery of St Christopher, built in Ferrara from the mid-fourteenth century, was suppressed in 1801. The Municipal Authorities, having forbidden burial in churches, decided to use it as the main cemetery and it was officially inaugurated as such in 1813. The Governor in Ferrara was Girolamo Cicognara (cousin of Leopoldo, the Canovian apologist), who hoped that the new cemetery would become a place in which 'to render clear and illustrious the memory of the most worthy of the City, or families, all those who had acquired the right to public esteem and private gratitude by honouring their ashes with some external sign of decorum . . . and thus offer a living history of the Virtues and deeds of [our] Ancestors'.[16]

As at Bologna, the original cloister was first used for burial and important tombs from suppressed churches were transferred there, later to provide models for the Renaissance Revival in the 1840s and 1850s.[17] The first monuments were placed in correspondence with the arches around the original cloister. The cemetery soon became a tourist attraction: Byron, again, was there in 1817. A preliminary list of sculpture was published in 1819, although the first official guidebook was only issued in 1855 (preceded a year earlier by a collection of lithographs of the most famous tombs). A room for 'illustrious men' was created in 1829/30 and contains Neoclassical monuments to Ferrara's leading citizens: the famous archaeologist and scholar Leopoldo Cicognara (1767–1834) was buried there, a prestigious bust by Canova on his tomb. Originally, it had been intended to set aside specific areas for particular professions but only that for engineers was created, an interesting early testimony of identification of the deceased with a profession.

Demand rapidly exceeded supply and a second cloister was designed and built by Ferdinando Canonici (1780–1873), the principal architect, who also created several chapels and monuments. His project, published in 1851, listed existing monuments and implicitly called for the bare niches to be embellished with sculpture.[18] He also encouraged the decoration of the cemetery itself in the 1850s and 1860s: Ambrogio Zuffi (Ferrara 1833–1922), pupil of Giuseppe Ferrari, then of Tenerani in Rome, carved three seraphims [Plate 48] for the temple at the entrance.

Ferrara: The Sculpture

For around a decade after its official opening in 1813, the Bolognese tradition of painted tombs was imitated in Ferrara. Soon, however, in the wake of Canova, sculpture began to be encouraged, though subject to committee approval. Some of Italy's leading Neoclassical sculptors sent work from Bologna, Rome and elsewhere to the Certosa, which undoubtedly enjoyed its greatest fame in the earlier part of the nineteenth century. By 1863, as a contemporary observed, the Certosa Cemetery had become a 'Sanctuary of the Arts', with 'superb works' by Canova, Tenerani, Bartolini, Finelli, Tadolini and others.[19]

Initially, sculptural monuments in the Neoclassical style were executed by direct followers of Canova, several of whom had trained under de Maria in Bologna and who retained a strong Neoclassical stamp as evidenced in Alessandro Franceschi's Bevilacqua Aldobrandini relief [Plate 34]. However, the majority of the sculpture from the first half of the nineteenth century came to be dominated by Pietro Tenerani and his pupils and associates (Giuseppe Ferrari, Ambrogio Zuffi, Stefano Galletti and Angelo Conti).[20] Tenerani was in close contact with the architect Ferdinando Canonici whose presence dominated the cemetery for more than fifty years and whose own tomb there is surmounted by an Angel of Judgement from the Tenerani studio.

A pupil of de Maria, Giuseppe Ferrari (Ferrara 1804–64) was to work alongside Pietro Tenerani in Rome from 1830 and taught at the Ferrara Art School after his return in 1844.

Among Ferrari's many works for the Ferrarese Certosa is his high relief for the Zaffarini Mazzanti Monument [Plate 49] showing an allegorical figure of Agriculture, seated on a plough, a tablet and wreath of ears of corn in her right hand, her left resting on a cornucopia. The softened gestures, drapery and, above all, expression, similar to that of Hospitality on his monument to Maria Rossi Scutellari (1836), all indicate the mediation of Purism.

In January 1838, Lorenzo Bartolini's marble high relief for Pietro Recchi (now referred to as Francesco Mayr) arrived in Ferrara [Plate 50].[21] Based on his highly successful statue *Trust in God* (1835, Poldi Pezzoli Museum, Milan), it shows a young woman, kneeling in prayer, her hands clasping a rosary, with her legs draped but bare-breasted, causing some local criticism at the time. As we shall see, this was one of the first works in which Bartolini sought to apply his idea that, rather than search for a pre-established ideal, it was better for sculptors to observe the real in order to better recognize where true beauty lay (see 'From Purism to Romantic Realism', pages 50–53).

Camillo Torreggiani (Ferrara 1819–96) trained under Luigi Pampaloni in Florence and was to remain in touch with the Bartolini-dominated Florentine artistic circle until his final return to Ferrara around 1860. He executed many funeral monuments in the Certosa between 1852 and 1888, including decorative sculpture for the cemetery itself. While the format of his Monti Monument [Plate 51] is Neoclassical, the modelling, particularly in the expression of the *pleureuse*'s face, shows Purist influence. The *uroburus* on the large urn is symbolic of eternity, the stork (which figures in Giuseppe Ferarri's aforementioned monument to Maria Rossi Scutellari) represents *pietas*. Legend has it that these birds, moved by pity, devoured the snakes that emerged from the Nile during the Plagues of Egypt.[22]

Torreggiani worked in conjunction with architect Canonici on the monument to Vincenzo Santini and Barbara Lippi [Plate 52]. Two sculptors, Angelo Conti (Ferrara 1812–76, a pupil of de Maria but also of Thorwaldsen and Tenerani in Rome) and Giuseppe Beretta (Ferrara 1813–83, head of a family of marble carvers who were to work in the Certosa until 1976) were also involved. Commissioned in 1852, it shows Antonio Santini kneeling at the foot of a truncated column, bearing the portrait profiles of his parents, with a cross above. His contemporary dress is almost concealed by his cloak which acts as toga, as he kneels before a Classically attired female figure. This figure originally had the features of Antonio's sister, Carlotta, but was converted in 1879 by Torreggiani to an allegory of Agriculture (by adding the cornucopia), after brother and sister quarrelled.[23] The figure of Christ blessing, hand on globe, in the tympanum above, combined with Renaissance elements of architecture, is typical of Purism. If the latter was slow to die out (Vincenzo Consani's relief for Lilia Magnoni Monti [Plate 53] dates to 1885), by 1850, Realism in the form of contemporary dress and expression of sentiment had begun to make its way into the funeral sculpture of Ferrara and was to be developed there by Luigi Legnani (Ferrara 1851–1910), a pupil of Angelo Conti who specialized in the elaborate mourning toilettes of widows.

PLATE 49 Zaffarini Mazzanti (*ante* 1864), Giuseppe Ferrari, Cimitero della Certosa, Ferrara.

PLATE 50 Francesco Mayr (formerly Pietro Recchi), *Trust in God* or *Faith* (1838), Lorenze Bartolini, Cimitero della Certosa, Ferrara.

PLATE 51 Monti (now Zeni), Camillo Torreggiani, Cimitero della Certosa, Ferrara.

PLATE 52 Vincenzo Santini and Barbara Lippi (1852), Camillo Torreggiani (and Giovanni Beretta), Cimitero della Certosa, Ferrara.

Brescia: The Cemetery

While Ferrara and Bologna converted their respective certose into cemeteries, Brescia was the first to plan a completely new one.[24] The architectural solution adopted by Brescia made it the archetype of many new cemeteries, in which there is no attempt to introduce elements of Romantic landscape. In 1808, only four years after Napoleon's Edict of St Cloud, the Municipal Authorities of Brescia selected an area outside Porta Milano for use as a burial site. The area was walled around but, at first, it seemed more of a depository than a cemetery and even the proposal, in 1810, to build a chapel there was rejected because it was held that 'contact between the living and the dead should be avoided'.[25] Ideas, however, changed rapidly, and in 1815 the first stone of a chapel was laid opposite the main entrance and an *ad hoc* committee was formed to oversee cemetery funding, construction and propriety of burial. The architect charged with its design was Rodolfo Vantini (1792–1856), who was to remain head architect for forty years and to influence further construction since his designs were available and in part carried out after his death.

The cemetery, which rightly takes his name, is unique in the uniformity of material – white Botticino marble, later used on the monument to Vittorio Emanuele II (the Vittoriano in Rome) – and the conformity of its strictly symmetrical, Neoclassical architecture – Greek Revival with some later Roman and Neo-Cinquecento elements. These include the entrance façade with its Doric temple, its peristyle flanked by two lions (by the Bolognese Democrito Gandolfi); the Chapel of St Michael, modelled on Canova's temple at Possagno, inspired, in turn, by the Pantheon; the staircase flanked by two *dolenti* (female grievers) in white marble (by Gandolfi, 1832/33) and the dominating 200-foot-high lighthouse on its circular Doric colonnaded base, inspired by the Lighthouse of Alexandria and erected from *c.*1850–64 as a monument to all the dead.[26] Vantini's own monument, a seated figure with a drawing board in his lap, was executed in 1858 by Giovanni Seleroni (see page 48) and placed at the heart.

The cemetery was funded partly by the municipal authorities and partly by the sale of individual plots. Different kinds of burial were offered. The rich reserved for themselves family tombs in the two wings of the façade (and in the later covered galleries) and erected some magnificent monuments, reminiscent of the patrician tombs in churches no longer available, and then, after 1819, there were the *columbariae* (burial vaults with walled tombs in the perimeter walls), based on those at Bologna's Certosa. Those less well off were buried in the open spaces and their single tombs marked with a simple iron cross and standardized inscriptions (soon illegible). After 1835, these became compartments with inscriptions on a shared *cippus* (inscribed pilaster). After 1843, however, with the rise of the middle classes came demand for greater individualization in burial and permission was given for individual headstones. Projects for monuments were submitted for approval to a committee, composed of members of the Brescian Athenaeum, and epitaphs were approved by the Prefect.[27]

The Vantiniano evolved into a 'city of the dead', intended to function as an example of civic pride, alongside the city of the living. Apart from an act of homage to the dead, a visit to the cemetery served a didactic purpose for the tombs of Brescia's meritorious citizens functioned as *exempla virtutis.*

From 1826 to 1842, in fact, the Brescian authorities paid for the construction of a small octagonal pavilion at the east end of the entrance in which to house the remains of, and inscribed tablets dedicated to, its illustrious citizens. This room contains the first group of important Neoclassical monuments in the cemetery, all from the 1830s, 1840s and 1850s. Some bore the architectural stamp of Rodolfo Vantini, who collaborated on other monuments elsewhere in the cemetery (Gaudenzio de Pagave, Cesare Arici, Giovanni Battista Bossini).

Some were financed by the civic authorities like that to Governor Luigi Maggi (*Brescia Recommending Maggi to Posterity*, 1858), which was executed by Innocenzo Fraccaroli after winning a public competition.

A tradition soon set in of donating funds towards the execution of monuments in the cemetery that would increase its prestige. Cemetery or civic benefactors like the successful miniaturist Giovanni Battista Gigola or patron of the arts Camillo Brozzoni, for example, were respectively given monuments by Giovanni Battista Lombardi in 1857–64 and Abbondio Sangiorgio in 1865.[28] Civic pride was evoked, too, in the monument by Luigi Pagani (Bergamo 1839–Milan 1904) to courageous Brescians who died in the 1849 rebellion and at the Battles of Solferino and San Martino in 1859 [Plate 54]; to all intents and purposes a public monument, it was made possible by a generous private donation and again commissioned as result of a public competition, in 1877.[29]

PLATE 53 Lilia Magnoni Monti (1885), Vincenzo Consani, Cimitero della Certosa, Ferrara.

Brescia: The Sculpture

The earliest memorial tablets followed Canova's scheme: a rectangular tablet, arched or pointed at the top with a truncated, centrally facing palmette at each corner, containing a profile portrait in *clypeus,* with an allegorical bas-relief or inscription carved below. Vantini recommended such tablets as appropriate for his Neoclassical architecture and the style was remarkably enduring as we have seen in Gaetano Matteo Monti's tablet for Count Ottaviano Tosio [Plate 35].

However, with the growing desire for individualization after 1840, the Vantiniano was to witness the rapid evolution of styles from Neoclassicism, through Purism and Romanticism to the Realism of the 1860s, each style giving progressively greater emphasis to the role of the deceased and/or the mourning relatives. The Maffei-Erizzo Monument (1848), by a leading Milanese sculptor and Brera academician Abbondio Sangiorgio (Milan 1798–1879), is a case in point. Although reminiscent in some ways of Canova's *Penitent Magdalen* (1794, Museo Sant' Agostino, Genoa), it reflects the sentiment then to be found in the earlier painting of the Lombard Romantic School, especially that of his close friend Francesco Hayez. The widow, Margherita Erizzo (perhaps representing Charity, since her 'generous heart' is recorded on the inscription on her own sarcophagus), kneels on the steps of the niche, like an actress in the theatre, her melancholy gaze tilted upwards towards the urn of her husband, Nicola. The child at her side holds a purse in the left hand while the right touches Margherita's heart [Plate 55].

PLATE 54 Monument to Courageous Brescians (1879), Luigi Pagani, Cimitero Vantiniano, Brescia.

The two principal early protagonists of the sculptural evolution in the Vantiniano, however, were Giovanni Battista Lombardi (Rezzato 1822–Brescia 1880) and Giovanni Seleroni (Cremona, active *c.*1840–80). The former trained under Rodolfo Vantini and then at the Brera Academy under Vincenzo Vela's older brother, Lorenzo. In 1852, Lombardi and his brother Giovita, (Rezzato 1835–Rome 1876) set up a sculpture studio in Rome whence they sent numerous works to the Brescian cemetery. Obviously, his native area was a natural source for commissions both funeral and public. Giovanni Battista Lombardi was responsible for the monument to the Ten Day Revolt of 1849, erected in Brescia in 1864, the public equivalent of Pagani's monument in the Vantiniano. One of his finest works for the Vantiniano, is the beautiful veiled widow of the Dossi-Rampinelli-Spalenza Monument (1856), a young woman hesitantly listening at the barely open door of the sepulchre [Plates 59, 313]. If the idea is Canovian (and the veil, of course, has Neoclassical and earlier precedents), here the viewer is invited to observe and participate in her subdued spectacle of grief and the scene is at once full of drama and pathos. Similar sentiment is to be found on the figure of Painting for the abovementioned Cigola Monument and in the sweet, seated

PLATE 55 Maffei-Erizzo family (1848), Abbondio Sangiorgio, Cimitero Vantiniano, Brescia.

PLATE 57 Pitozzi-Baggi Family, *Melancholy* (1861), Giovanni Battista Lombardi, Cimitero Vantiniano, Brescia.

PLATE 58 Maggi-Via family (1859), Giovanni Battista Lombardi, Cimitero Vantiniano, Brescia.

PLATE 59 Balucanti family (1861), Giovanni Seleroni, Cimitero Vantiniano, Brescia (detail).

PLATE 56 Dossi-Rampinelli-Spalenza (1856), Giovanni Battista Lombardi, Cimitero Vantiniano, Brescia.

Melancholy (formerly surrounded by medallions portraying Agostino Pitozzi and his two daughters), commissioned by the bereaved widow and mother Rachele Pitozzi-Baggi (1861) [Plate 57].

Lombardi's sculptural group for the Maggi-Via family (1859) [Plates 21, 58, 60], however, demonstrates a marked turn towards Realism both in its insistence on detail and the handling of subject matter: the expiation of wealth, as a rather stern aristocrat gives charity to a dignified but poor mother and child. The figures are in contemporary dress, with some concessions to the academic tradition in the bare torso of the kneeling beggar and the toga-like cloak of the protagonist (see 'Charity, Philanthropy and Civic Duty', pages 137–41).

Seleroni, a Cremonese sculptor, trained at the Brera Academy and had worked, like so many of the leading sculptors of the time, on Milan Cathedral from 1857 to 1870. His first work for the Vantiniano, the tomb for Emilio Longo (*c.*1847–50), with a kneeling, grieving Angel, carved in marble bas-relief within a Classical architectural setting, won him many Brescian clients and he later received the prestigious commission for a statue to Rodolfo Vantiniano himself (1858). Monuments for a group of related Brescian families followed: the Federici (*c.*1855–60), the Bellotti (1858) and the Balucanti (1861) show Seleroni moving away from his Neoclassical/Purist origins (in the *Mourning Angel* of the first), towards greater Realism (in the head, dress and handkerchief of Amalia Balucanti mourning Bernardo Bellotti in the second), to the Realist group of the third. While the Balucanti family monument retains the Neoclassical *cippus* with *clypeus* containing portrait profiles of the deceased couple, surmounted by a garlanded urn, the mourners are in contemporary dress and their grief is sensitively displayed. As in Lombardi's Dossi-Rampinelli-Spalenza Monument, there is a veiled female mourner, but, here, Seleroni has the woman crush up the brocade-edged veil against her face so that we cannot see it [Plate 59]. By this time, however, the combination of sentiment and realist detail place Seleroni's work fully in the mainstream of Realism.

PLATE 60 (RIGHT) Maggi-Via family (1859), Giovanni Battista Lombardi, Cimitero Vantiniano, Brescia (detail).

FROM PURISM TO ROMANTIC REALISM

The introduction of sentiment, combined with an exponentially increasing attention to realistic detail, was to change sculpture radically in the Romantic period. We see elements of both these trends in funeral sculpture from the 1840s onwards. Much credit for this goes to Lorenzo Bartolini (Savignano 1777–Florence 1850) who, in a climate of hot aesthetic debate, is said to have revolutionized Italian sculpture by preferring the 'natural beauty' of the Renaissance to the 'ideal beauty' of the Greeks. In 1815, he moved from Carrara, where he taught at the Academy, to Florence, where he received many commissions: *The Teaching of Brotherly Love* (1824) in the Palazzo Pitti, a series of monuments in the prestigious Pantheon of Santa Croce (see page 38) and the monument to Prince Niccolò Demidoff, completed by Pasquale Romanelli after his death. In spite of his international reputation, Bartolini was only to succeed officially to the Sculpture Chair at the Academy in 1839. On arrival there, he immediately caused scandal by having students draw from a hunchback model in the life class (the subject was to be a bas-relief of Aesop meditating on a fable). His belief was that only through close observation of Nature would they be able to select the truly beautiful. In fact, he wished to train the eye in observation rather than completely reject accepted sculptural canons.

PLATE 61 Count Teodoro Mastiani-Brunacci, *The Inconsolable/Inconsolate* (1843), Lorenzo Bartolini, Camposanto, Pisa.

Bartolini's monument to Count Teodoro Mastiani-Brunacci (1843) [Plate 61] is still tied to the Canovian tradition; known as *The Inconsolable* or *The Inconsolate*, the female figure, with her dramatic fixed stare, was an important precedent for many a single female mourner, whether allegory or real widow. As we have seen, Bartolini first introduced Naturalism to funeral sculpture with his *Trust in God* for Pietro Recchi [Plate 50]. Although the body of the adolescent girl is supple and the expression is softened, reflecting the purity of religious sentiment, it is still an interim work. By contrast, his monument to Countess Sofia Zamoyska [Plate 18] in Santa Croce, completed only three years later, is a stunning combination of Quattrocento references, Realist details and immortalized emotion and was to be of enormous importance for the development of funeral sculpture all over the north of Italy.

Giovanni Duprè (Siena 1817–Florence 1882) almost immediately responded to Bartolini's example in 1842 by producing his *Dying Abel*, considered so astoundingly realistic that the artist had to disprove the accusation of having cast it from life. The following year, his *Cain* countered critics' assertion that he would never, in any case, be able to produce a similar upright figure. The marble statues are in the Hermitage; the bronzes in the GAM Palazzo Pitti in Florence. Rather than pursue such dramatic Realism, however, Duprè directed his attention to religious art, of which he was to become the leading exponent of his day. If, in the first half of the nineteenth century, the leading light *inside* Santa Croce was Lorenzo Bartolini, *outside* the Basilica, Giovanni Duprè and his pupils Emilio Zocchi and Tito Sarrocchi completed the sculptural decoration for the façade designed by the architect Niccolo Matas (1857–63).[1] The colossal statue of Dante by Enrico Pazzi, another pupil of Duprè, was inaugurated in 1865. Duprè's *Triumph of the Cross* and *Grieving Madonna* for Santa Croce, and his *Deposition* [Plate 62] in Siena Misericordia won him the poet Aleardo Aleardi's praise as his 'ideal artist: ancient form and modern feeling, a Christian soul with a Greek chisel'. In the latter, the realistically rendered semi-nude Christ, his lower limbs rigid from the cross, rests against a Berninian grieving Madonna. Acclaimed at the Paris Exhibition of 1867, where it won an honorary Gold Medal, it was installed the following year in the Bichi Ruspoli Chapel in the Misericordia Cemetery. The bas-relief panels below, depicting Faith, Hope and Charity, show the influence of the Sienese Quattrocento, notably Jacopo della Quercia; the *Deposition* itself reflects the one by Tenerani (*c.*1835–46) in San Giovanni in Laterano in Rome.

PLATE 62 Bichi Ruspoli Chapel, *The Deposition* (1863–8), Giovanni Duprè, Camposanto Monumentale della Misericordia, Siena.

Shortly after completing the *Deposition*, Duprè began work on his monument to the astronomer Ottaviano Mossotti (1867) [Plate 63] in Pisa's prestigious Camposanto. The single figure, lying on a voluted sarcophagus, carved in translucent pure white marble is one of the most beautiful and sensual pieces of nineteenth century Italian sculpture, and later sculptors, notably Giulio Monteverde and Giacomo Ginotti, cannot have been ignorant of her charm. Her allegorical role is deliberately understated and we remain enthralled by her sensuous curves and dreamy gaze. Other masterpieces of funeral sculpture by Duprè are in the cemeteries of Bologna, Verona, and Florence in the Porte Sante Cemetery and the Church of San Lorenzo.[2]

By the time Duprè was commissioned to produce the prestigious monument to Cavour in Turin (1873), which was fiercely criticized for its Classical garb and outdated allegory, a new rising star had appeared. This was Vincenzo Vela (1820–95) who had, himself, been influenced by Bartolini's first version of *Trust in God*, seen at the Brera Exhibition of 1837.

Bartolini influenced not only Duprè and Vela but at least two generations of sculptors. While the first generation was still rooted stylistically in Neoclassicism, the second merged elements of Purism and Realism, though in a generally milder form than in the work of either Vela or Duprè. Representative of the first generation is Luigi Pampaloni (Florence 1791–1847), who worked as Bartolini's studio assistant and who executed important monuments in Santa Croce and its cloister and elsewhere in Florence. Representative of the second, is Pietro Magni (Milan 1817–77), a pupil of Abbondio Sangiorgio at the Brera Academy where he, himself, was to teach from 1860 to 1876. Creator of works for the Cathedral and several important public monuments (such as that to Leonardo in Milan, 1872), Magni's *Seated Reader* (1856, Museo Bottacin, Padua, and other replicas) with its Quattrocentesque melancholic air and Realist detail was an extremely popular piece (it was much admired at the Paris Exhibition of 1867) and influenced funeral sculpture in the 1860s.[3] His *Resurrected Christ* (1870) for the Brambilla Chapel is in Milan's Monumentale Cemetery.

The 'Romantic Cloister' of Santa Croce

The fact that Florence already had an *extra moenia* cemetery (Trespiano, founded in 1784) did not deter the wealthy from rejecting it for more prestigious burial. There was neither enough room, nor were the deceased always famous enough (for requests were submitted to a committee), to be buried inside Santa Croce itself, so, in the 1830s, burial was extended into the adjacent south-lying cloister, which came to be known as the 'Cloister of the Dead' or the 'Romantic Cloister'.[4]

PLATE 63 Ottaviano Fabrizio Mossotti, *Astronomy* (*c.*1863–7), Giovanni Duprè, Camposanto, Pisa.

PLATE 64 *Tobias Burying the Dead* (1873), Tito Sarrocchi, Pozzesi Chapel (now Pannocchieschi d'Elci), Camposanto Monumentale della Misericordia, Siena.

PLATE 65 *The Vision of Ezekial* (1879), Tito Sarrocchi, Placidi Chapel, Camposanto Monumentale della Misericordia, Siena.

It shelters some of the finest Romantic funeral sculpture, principally from the 1830s and 1840s and fairly recently restored, by sculptors all more or less in Bartolini's sphere. Although it contains some quite stunning early examples of Realism, it is principally in the sentiment expressed, the suavity of female grace, the new pathos in handling dead or bereaved children, that sculptors like the aforementioned Pampaloni, Luigi Bienaimé and Pietro Freccia (Castelnuovo Magra 1814–Florence 1856) pointed the way forward. Thus, a second, more intimate, catalogue of funeral iconography grew up, and was readily consulted by sculptors and clients, alongside the Florentine pantheon.

In the 1850s, the cemetery came increasingly under attack as a threat to public hygiene but, in spite of this, burial continued there and it was only with the development of the cemetery at San Miniato (Porte Sante) that Santa Croce at last ceded its role as Florence's privileged burial ground.[5]

The Misericordia Cemetery in Siena: Duprè and Sarrocchi

The Misericordia Cemetery was built for the Arciconfraternità della Misericordia, a private burial association, between 1835 and 1843, based on the designs of Lorenzo Doveri (1799–1866).[6] It was, and still is, considered Siena's most prestigious place of burial, although, because of the need to provide non-Catholic burial, a communal cemetery was built outside the Porta Laterina and expanded from the mid-1870s. The Misericordia is square in plan with galleries on three sides in a mixture of Greek and Roman styles. From 1872, it was expanded by Giuseppe Partini (1842–95), then architect of the Opera del Duomo. By 1875, work had progressed well, such that the thirty chapels already completed were praised by contemporaries as honouring the city with their 'genial masterpieces'. Partini was to be responsible for the architecture of several of the chapels, including, in 1878, the Bandini Piccolomini Chapel at the entrance to the new wing. The 1880s saw the erection and embellishment of the Pollini, Sergardo-Biringucci, Raffo, Pasquale Franci, Clementini Piccolomini and de Metz Chapels (completed in 1893, housing Sarrocchi's *Angel of the Resurrection*). Leading Sienese painters and sculptors of the day collaborated with Partini and other architects to make each chapel a precious work of art and there can be no doubt that the aristocratic and upper middle-class families of Siena competed with each other to possess the finest. The chapels, like the frescoes that decorate them are generally either in Quattrocento or Neo-Brunelleschian style. The frescoes, by members of the Sienese School (Amos Cassioli, Cesare Maccari, Pietro Aldi and the 'Pre-Raphaelite' Alessandro Franchi) demonstrate close attention to the Sienese art of the past.

PLATE 66 Campori Family, *The Three Maries at the Tomb* (1886), Tito Sarrocchi, Cimitero di San Cataldo, Modena.

The artistic situation in Siena was unique to that city: a bastion of tradition, and local tradition at that, it remained a kind of oasis within the context of the second half of the nineteenth century. The Purist Luigi Mussini (1813–88), influenced by the Nazarenes and then by Ingres, had been appointed to the Chair of Painting at Siena Academy in 1851 and was succeeded on his death by his pupil Alessandro Franchi (1838–1914). The continuing work in the Cathedral and in the Palazzo Pubblico, both with restoration and new projects, provided excellent opportunities for apprenticeship and plenty of work for the local artistic community. The booming antiquarian market encouraged the reproduction of styles, particularly the 'Primitive' and Early Gothic.

a sloping, irregular wooded area, where elaborate private chapels were built (notably Gothic 'churches' by Resasco and Luigi Rovelli). The prestige of Staglieno was enormously increased by the burial of Giuseppe Mazzini there in 1872, amid great pomp and circumstance. Many Mazzinians, several of Garibaldi's 'Thousand' and other patriots were buried in the 'Boschetto dei Mille' near Mazzini's sculpture-free tomb. From the 1860s, many leading Genoese sculptors were commissioned to richly embellish the cemetery.[35] Elements of urban landscaping were added to make the cemetery a more pleasant place to visit and visited it was: by the famous (Mark Twain, Nietzsche, Guy de Maupassant) and, for a day out, by the citizens of Genoa. As the cemetery expanded in the 1870s and 1880s, and the number of monuments increased, guided tours were provided and guidebooks and selected photographs were published. Some monuments, such as the Campodonico [Plates 25, 192, 204], were to become true tourist attractions. The local press followed events at Staglieno regularly and, around All Saints' Day in November, new monuments were reviewed as if at the opening of an art exhibition and specially composed 'Graveyard Poetry' was published.

PLATE 79 Pigni family (1877), Odoardo Tabacchi, Cimitero Monumentale, Milan.

Staglieno came to offer so rich an opportunity for sculpture that the majority of sculptors active there in the second part of the nineteenth century and beyond devoted most of their energies to the funeral genre rather than attempt a difficult career in the field of public celebratory monuments. Many executed more than fifty monuments. Achille Canessa, who must have had an enormous atelier, an incredible 220 or so. This was a characteristic of Staglieno. Moreover, alongside the sculptors, room remained for flourishing studios that produced works on the borderline between sculpture and craft, like those of Calegari and Ricchino. Such was Staglieno's status that leading artists from other parts of Italy, notably Piedmont, were pleased to have their work represented there (among these, Bistolfi, Buzzi-Reschini, Luigi de Paoli, Carlo Fait, Ettore Ferrari, Rubino, Sarrocchi, Tabacchi, Ximenes and Arnaldo Zocchi). Staglieno sculptors also exported their works to Europe and especially to South America.[36]

For the first fifteen years or so, sculpture at Staglieno was influenced by the Ligustica Academy and followed the precepts of Neoclassicism as witnessed in the work of Giuseppe Gaggini. The latter was succeeded, both at the Academy and at Staglieno by Santo Varni (Genoa 1807–85), creator of more than forty funeral monuments [Plate 416]. He was followed by G.B. Cevasco, who gradually introduced elements of Purist Romanticism to Staglieno and who was himself influenced by the Realism of the 1870s [Plates 293, 427].

PLATE 80 Giacomo Carpanetto (1886), Giovanni Scanzi, Cimitero di Staglieno, Genoa.

PLATE 81 Rossi family (1878), Giuseppe Benetti, Cimitero di Staglieno, Genoa (detail).

Although rich in sculpture from other periods, Staglieno has become particularly associated with Realism. In fact, with the advent of Realism around 1850, sculpture became the perfect vehicle for the Positivist and materialistic values of the rising Genoese middle classes. From Santo Varni's school at the Ligustica Academy, there emerged up a number of Realist sculptors: Giuseppe Benetti (Genoa 1825–1914), Domenico Carli (Sanremo 1828/9–Serra Riccò 1912); Federico Fabiani (Genoa 1835–1914); Giacomo Moreno (b. Ceriale 1835); Lorenzo Orengo (Genoa 1838–1909); Antonio Rota (Genoa 1842–1917); Santo Saccomanno (Genoa 1833–1914); Giovanni Scanzi (Genoa 1840–1915); Giovanni Battista Villa (Genoa 1832–99) and many others, who now concentrated their artistic output principally on Staglieno and other Ligurian cemeteries which were soon to follow the Staglieno model.[37] Their clientele came from the Genoese professional, industrial and entrepreneurial classes who seemed to have very clear ideas about their funeral monuments.[38]

Augusto Rivalta and Vincenzo Vela, among the leading sculptors to introduce Realism to Genoa, were not largely represented at Staglieno. The former (Alessandria or Genoa 1835–Florence 1925) trained at the Ligustica Academy, then with Costoli and Duprè and later frequented the Naturalist painters, the *Macchiaioli* in Florence. Having participated in the Risorgimento struggle, he won numerous public commissions: Garibaldi (in Sampierdarena, Livorno, Chiavari and the equestrian statue in Genoa), Vittorio Emanuele II (the equestrian statue in Livorno, considered his masterpiece); Cavour (in Florence and Novara) and Ricasoli (in Florence). In 1874, he was appointed Professor of Drawing and Sculpture at the Florentine Academy and a generation of Realist sculptors trained under him there. Rivalta's seven or eight works at Staglieno were highly influential, particularly the Raggio Monument (1872) [Plate 267] and the G.C. Drago Monument (1884). In Genoa itself, Rivalta's standing statue of Raffaele Rubattino (Piazza Caricamento, 1870s) showing the founder of the first shipping line in Genoa in a natural pose, hand in pocket, and Vela's seated statue of Cavour in the Exchange provided models for the funeral portraits in Staglieno.[39] Figures were now clad in contemporary dress, portrayed in realistic settings and often accompanied by some tangible sign of work or achievements. Maritime references were, of course, appropriate, Giovanni Scanzi's monument for Giacomo Carpanetto (1886) [Plate 80] being the best known. Most important of all, works by the Staglieno Realist School now called for an emotive response on the part of the viewer. Whereas Canova directs emotion inwards, away from the viewer in his monument to Maria Cristina of Austria [Plate 17], Giuseppe Benetti invites our involvement and compassion in the Canova-inspired Rossi Monument (1878) [Plate 81]. On the one hand, a kind of analytical descriptive Realism triumphed, epitomized by the work of Lorenzo Orengo, whose extraordinary technical skill was displayed in minutely detailed costumes and portraits [Plates 25, 82, 192, 204]. On the other hand, Realism involved a new way of looking at death: at the same time more dispassionate but less mitigated by religion, more human but without glossing over the consequences for the bereaved as in the monument to Rivara (1896) by Giovanni Battista Villa [Plate 83].

Another authoritative presence at Staglieno, Giulio Monteverde (Bistagno 1837–Rome 1917) has only five works there but two of these, the angel on the monument to Francesco Oneto (1882) [Plates 315, 437] and *Eternal Drama* for the Celle Monument (1891–3) [Plate 368], were important for Symbolist developments. Having trained with Bistolfi's father, Giovanni, then under Santo Varni and G.B. Cevasco at the Ligustica Academy, he set up his studio in Rome and rapidly made a reputation for himself with a series of Realist sculptures, all privately purchased for considerable sums and which, on exhibition in Italy and abroad, won him fame and recognition.[40] Many civic commissions followed, both in Italy and South America. Monteverde was to take an active part in politics and public administration of the Fine Arts and was nominated honorary Senator. He is best remembered, however, for these works in Staglieno, and for a series of stupendous marble monuments for cemeteries in central and northern Italy: Sada, Turin (1876) [Plates 77, 314]; Bruni, Milan (1876) [Plates 382, 383, 384]; and Massari, Bologna (1878) [Plate 183].

PLATE 82 Teresa Rizzo Pescia (1897), Lorenzo Orengo, Cimitero di Staglieno, Genoa.

Porte Sante Cemetery, Florence

The problem in Florence of finding a monumental cemetery to replace the overcrowded Santa Croce and its adjoining cloister obviously became more urgent during the period that Florence functioned as Italy's capital, from 1865 to 1870. The Church of San Miniato had long been used for prestigious burials. It is in a panoramic position, overlooking Florence and reachable on foot from the city and it was held in great affection by the Florentines.[41] Grand Duke Ferdinando III entrusted the Monastery, suppressed under Napoleon in 1804, to an *opera pia* (charitable institution), later presided over by Count Piero Masetti. In 1844, the Count obtained approval of Niccolò Matas's designs to erect a monumental cemetery around the church: money from burial was to be used to restore it and the adjacent monastery. Work was only seriously undertaken, however, after the cholera epidemic of 1854. In that year, Grand Duke Pietro Leopoldo yet again banned burial *intra moenia* (within the walls) and designated San Miniato (Porte Sante) Cemetery for 'exceptional burials'.

Matas's project used the old fortifications (which had been designed by Michelangelo for Cosimo de'Medici) and a colonnade to blend the cemetery with the surrounding countryside for, although San Miniato corresponds neither to the camposanto model nor to the landscaped Père-Lachaise type, architects were sensitive to its interaction with the surrounding landscape. Staglieno, then in full swing, and the cypress-wooded English Cemetery at Porta a' Pinti in Florence, would have played a part in this. In 1855, Matas was succeeded by Gaetano Baccani (d. 1862) but work was slow to progress. In 1858, the first regulations governing burial were issued: different kinds of burial were offered at different prices: the further from the church, the cheaper; *columbariae* (small chapels) and private mausolea were the most expensive since the site did not allow for many. Towards the close of the 1850s, sculptor Francesco Mattei produced a standard-type gravestone, based on the marble *intaglio* floor of the church, for burial in the ground around the church. In a climate of indecision as to whether to cede the cemetery to the municipal authorities (which only finally occurred in 1911) to build a major monumental cemetery around the Certosa at Galluzzo or to expand Trespiano, only the areas immediately outside the church and to the south-west of it were used, expanding south to the raised area known as the Montagnola, but no further.[42] Burial was still occurring inside in the 1860s and beyond, in spite of yet another edict by Mayor Baron Ricasoli. These excessive tombs were only removed from the church and crypt in the 1930s.

In 1864, the architect Mariano Falcini, who had taken over from Baccani in 1863, devised a new ambitious project, based on that of Matas, which would have involved the whole fortress area, even beyond the fortifications, and which foresaw cutting into Michelangelo's bastion walls in order to create a monumental entrance. It was not implemented but, in the 1870s and 1880s, during the transformation of the area by Giuseppe Poggi and the creation of Viale dei Colli, a monumental staircase was created connecting the city and the new Piazzale Michelangelo, below San Miniato. The planned monumental entrance to the cemetery was only completed in the

PLATE 83 Rivara family (1896), Giovanni Battista Villa, Cimitero di Staglieno, Genoa (detail).

PLATE 84 Camille Laschembachpp and Rosalie Guntmausthal (1871), Ulisse Cambi, Cimitero delle Porte Sante, Florence.

1920s. In 1876, once the idea for a cemetery at Galluzzo had been abandoned, a second project was devised to complete the Porte Sante. It included a non-Catholic area (though Jewish and Protestant cemeteries were already functioning respectively at Porta San Frediano and Porta a' Pinti), a pantheon and proposed various burial solutions for the different social orders: individual chapels for the wealthy; *loculi* and chapels for the middle classes, burial in the ground and especially on the slopes to the south for ordinary folk.[43] This scheme was only partially implemented. There is, for example, no pantheon as such at the Porte Sante; the famous, including many artists and sculptors, are dotted about all over the cemetery.[44] A first guide book was published in 1865 and, as elsewhere, the development of the cemetery and its sculpture were followed locally with interest. The photographers Broggi and the Alinari brothers had images of monuments in their archives, suggesting a certain market for, and corresponding diffusion of types considered particularly appealing.

The 'mix' of sculpture at the Porte Sante is peculiar to this cemetery and was probably determined by lack of space, for the plots are small and are not conducive to large-scale monumental sculpture. There are proportionally few mausolea, which constitute, nonetheless, an interesting array of eclectic architecture, several in imitation Florentine Gothic; they are not generally rich in exuberant Liberty statuary or decoration.[45] There are few non-Tuscan artists (such as Monteverde or the Palermitan Domenico Trentacoste)[46] but, on the whole, leading sculptors from Tuscany are represented. Many were engaged on the major public works undertaken in the 1860s and 1870s, both in Florence and elsewhere and the greatest of them, Duprè, died in 1882. In the 1880s, there was a greater market for genre works while that for replicas or 'reinvented' Renaissance pieces remained stable. Sculptors active in Santa Croce also worked in the cemetery: Antonio Bortone, Odoardo Fantacchiotti, Enrico Pazzi, Pio Fedi and Michele Auteri-Pomar, who created the Marchesini Monument (1874) [Plate 29]. There are two fine pieces by Ulisse Cambi (Florence 1807–95), who trained in Tenerani's atelier and taught at the Florentine Academy: the Laschembachpp and Guntmausthal angel (1871) [Plate 84] and the Realist representation of Charity for the Vettori-Guerrini Monument (1881) [Plates 19, 20]. Members of the Florentine Academy also worked there: Vincenzo Consani (who taught from 1867); Emilio Zocchi (who taught from 1869); Augusto Rivalta (from 1874); Raffaello Pagliaccetti (who took over from Duprè); Dante Sodini, who taught at the Academy from 1892 is one of the most prolific, with mostly portrait busts.[47]

In general, it is in the field of portraiture that the Porte Sante excels, both in number and quality, aided in this by the proximity of the Tuscan marble quarries and studios and the presence of expert artistic foundries. The master in this field was Raffaello Romanelli (Florence 1856–1928), who trained under his father Pasquale (Florence 1812–87) and with Rivalta at the Academy (where he taught from 1892).[48] He executed public monuments for the squares of Florence (to Cellini and to Cosimo Ridolfi). In Siena, he erected a fine equestrian monument to Garibaldi, a monument to the students who hell at Curtatone, as wellas, in Rome, a colossal equestrian monument to Carlo Alberto. He won the prestigious (unusual) *International* Competition to execute the monument to

PLATE 85 Elisabeth Boott (1888), Frank Duveneck, Cimitero Evangelico agli Allori, Florence.

PLATE 96 Erminia Cairati Vogt, *The Dream* (1900), Leonardo Bistolfi, Cimitero Monumentale, Milan.

PLATE 97 Senator Tito Orsini, *The Cross* (1899–1907), Leonardo Bistolfi, Cimitero di Staglieno, Genoa.

of practically identical figures representing Memories, who undulate across the background in graduated relief, animating it with their rhythmic cadences. Durio is given marginal importance but is portrayed in a 'hollowed-out' medallion that was to become extremely popular in Symbolist funeral portraiture [Plate 219]. Widely publicized, it won the Artists' Prize at the Turin Triennale of 1896.

In the Erminia Cairati Vogt Monument, *The Dream* (1900, Milan) [Plate 96], human form is now dissolved in a vortex of drapery: only the beautiful face emerges from the overhanging shroud. Many an earlier monument showed beautiful women dead 'as if asleep', often in bed, but here all earthly references have disappeared: the dream-like state lies somewhere undefined between sleep and death. In his monument to Segantini, *Beauty freed from Matter* (1899–1906, Saint Moritz), originally a funeral, then a public monument, a beautiful female nude half emerges from the 'Alp' of white marble. The time had come to look back to Michelangelo and his *Slaves*.

The year 1907 marked a turning point in Bistolfi's career: the monument to Tito Orsini [Plate 97] was unveiled in Genoa. Commissioned by the Senator's daughter around 1899, it was probably the single most influential funeral monument in Italy in the first decades of the twentieth century. Over 10 feet high and 6½ feet wide, it groups together eleven figures in marble high relief, beneath the almost oppressive outline of the cross, the only religious point of reference. From left to right, they represent: Philosophy (or 'the Thinker'); Filial Love (the aged mother consoled by her son); Youth (the female casting flowers); Childhood (two

PLATE 98 Giorgio Toscanini and family (1909–11), Leonardo Bistolfi, Cimitero Monumentale, Milan (detail).

PLATE 99 Hess family (*c.*1920–25), Leonardo Bistolfi, Cimitero Monumentale, Turin.

PLATE 100 Guglielmo Folchi (*c.*1925), Leonardo Bistolfi, Cimitero Maggiore, Padua.

children who look astounded at the kneeling Grief); Motherhood (looking lovingly at her child, 'almost aware of the destiny of pain with which she nurses young life'); behind her, Faith, looking up at the cross; and finally Work, holding a spade and looking outwards, away from the cross. Although there are no overt references to Socialism, Bistolfi, himself, said his cross symbolized 'social justice' and it was read in this light by the contemporary Socialist press.[11]

The plaster model of *The Cross* was the star piece of Bistolfi's one-man show at the Venice Biennale in 1905 where it was highly acclaimed.[12] One of the few voices of dissent was that of the avant-garde critic Vittorio Pica, who described it as 'an able but somewhat laboured sculptural anthology, from Michelangelo to Rodin'. Although Pica may have underestimated the influence of Jacopo della Quercia and Donatello, that of Rodin is undeniable.[13] The Belgian Jules van Biesbroeck's *To Our Dead* (a section of which was shown at the Biennale of 1903) may also be pertinent, particularly given the artists' common Socialist background and admiration of Meunier.

Figuratively speaking, *The Cross* is a work of transition, as the female figures may still be defined as Liberty. The males, on the other hand, are reminiscent of Michelangelo, transmuted through Rodin. They correspond to a new tendency in Italian art to centre expression on, or restrict it to, the human body, principally the male nude. Certainly, as anyone who has visited Italy's northern cemeteries will recognize, the work is a nucleus of Bistolfi's own future funeral iconography and, by extension, that of his numerous followers.

As time went on, Bistolfi's female figures in relief never lost the sinuous, decorative lines of the Liberty style, much less their triumphant sexuality, as we can observe in the monument to the Aliora, *The Oasis* (*c.*1909–13, Casale Monferrato) [Plate 324]. In the Toscanini Mausoleum in Milan, originally for the conductor's little son, Giorgio (1909–*c.*1911) [Plate 98] and the later, still more abstract, Hess Monument in Turin (1920–25) [Plate 99], with its Deco symmetry, the decorative reliefs are extremely flat, more 'drawn' than sculpted in the marble, and reveal a sensitive observation of the Austrian Secession. This brief stylistic episode was also immediately imitated. Female figures in the round, however, became heavier, more Michelangelesque, while friezes in which the human figure dominates, in the wake of Rodin and the late-Renaissance Revival in Italian Decadent culture, became increasingly complex and contorted, in line with much of the rest of early-twentieth-century official figurative art in Italy: from G.A. Sartorio's painted frieze for Montecitorio to Angelo Zanelli's sculptural frieze for the Vittoriano.

The expressive language of his funeral monuments, like the figures representing Grief [Plate 101], Poetry and Love on the Hofmann Monument in Turin (1921–5), is comparable to that of the major public commissions on which he was engaged over the same period, especially the vast monument to Carducci in Bologna (1908–28). After the war, several war memorials were also commissioned from Bistolfi and the style in which they were executed was fundamentally the same as that of his funeral monuments: the Folchi Monument (*c.*1925, Padua) [Plate 100] testifies that his sculptural language (and, as we shall see, also that of the 'Bistolfians') was substantially identical in the various genres.[14] His last masterpiece, the Classically elegant bronze mourner of the Omedé Ricciardi Monument (1928, Asti) [Plates 102, 239] echoes the theatrical presence of one of his finest pieces, *Life Following Death* for the Abegg Monument in Zurich (1912–13).[15] Indeed, one of the elements that has always been underestimated in this sculptor's art is his 'modern', dramatic, at times dynamic groupings of figures (Carducci) and their relation to the architectural-sculptural whole (Hofmann).

Underlying Bistolfi's entire *oeuvre*, and a major part of his legacy, was an idealized vision of woman: both sacred (the incarnation of love, redemption, beauty and the ideal) and profane, (the incarnation of mystery and carnality). Woman was to dominate his long career: from the Pansa *Sphinx* of 1890 [Plates 30, 90] to the Tina di Lorenzo of around 1930 in Milan [Plate 103]. The earlier, 'Pre-Raphaelite' type, exemplified in the Durio Memories [Plate 95], has finely drawn, uniform features, heavily lidded eyes, a swanlike neck and flowing hair, long-fingered hands, 'often agitated and contracted by the remains of passion', delicately in-turned wrists, gracefully curved limbs and fluttering drapery.[16] After around 1905, his female types turn into increasingly weighty matriarchs whose expressions and gestures became ecstatic and at times theatrical [Plates 101, 324]. However late the period, Bistolfi's figures retain an implicit sensuality but their underlying eroticism is never exaggerated; he neither loses his inherent sense of decorative line (in relief) nor, indeed, his firm grasp of anatomy (in the figures in the round). The same cannot be said of all 'Bistolfians'.

PLATE 101 Hofmann family, 'Grief' from *Grief, Poetry, Love* (*c.*1921–5), Leonardo Bistolfi, Cimitero Monumentale, Turin.

PLATE 102 Vincenzo and Emma Omedé Ricciardi (1928), Leonardo Bistolfi (and Giuseppe Brigoni?), Cimitero Urbano, Asti.

PLATE 103 Tina di Lorenzo (*c.*1930), Leonardo Bistofli, Cimitero Monumentale, Milan (detail).

SYMBOLISM AND LIBERTY STYLE

PLATE 104 Pietro Bertetti (1897), Celestino Fumagalli, Cimitero Monumentale, Turin.

PLATE 105 Sebastiano Grandis, *The Beauty of Death* (1895), Leonardo Bistolfi, Cimitero Urbano, Borgo San Dalmazzo, Cuneo (detail).

LIBERTY STYLE AND THE FUNERAL SCULPTOR

Art Nouveau in Italy is termed *Stile Floreale*, for obvious reasons, or *Stile Liberty* after Arthur Lasenby Liberty, founder of the famous store in London, whose fabrics were exported to Italy towards the close of the nineteenth century. The style expanded in Italy from around 1890 and, through illustrated periodicals and international exhibitions, grafted European models (especially from late Aestheticism and the Arts and Crafts Movement in Great Britain) on to local realities, often with excellent results, such as those achieved by the Aemilia Ars group in Bologna,[1] Gallielo Chini in Florence and many others. The most dynamic centres, however, were Milan and Turin, the latter being the host of a truly International Exhibition of Decorative Art in 1902.

Symbolism and Liberty are terms that are sometimes used interchangeably. However, Symbolism was fundamentally an idea, not a style, although this idea often found expression in the Liberty style. As a general guideline one might consider funeral sculpture 'Liberty' when it is purely decorative, without any higher aim or more profound ideal. Symbolism, inspired by literary sources, has greater ambition as well as a darker side: it wishes to say something significant about death. Thus, Celestino Fumagalli's Botticellian relief of a wingless angel on the monument to Pietro Bertetti (1897, Turin) [Plate 104] or the flower-bearing maidens of the Marino Migliori Monument in Turin [Plate 106] would be 'Liberty', whereas Bistolfi's *Beauty of Death* [Plate 105] from the Grandis Monument, though stylistically identifiable with Liberty, would be 'Symbolist'. This is, however, a necessarily arbitrary division and many funeral monuments are Symbolist in content but decorated in the Liberty style.

The Liberty style found its ideal environment in the cemetery. Were not the mausolea but miniaturized versions of the house and home, designed by leading architects of the day? The same enlightened clients (from the professional, intellectual and more radical entrepreneurial class) who now decorated their homes and offices in Liberty style (Porcheddu in Turin, Castiglioni in Milan) also gave more or less free rein to sculptors to execute their funeral monuments.[2]

With Liberty came the concept of the *gesamtkunstwerk* or 'total work of art'. In some cases, sculptors designed the mausolea in every detail: from stained glass, paving and mosaics to the carving of lettering and wrought iron, including votive lamps. Bistolfi (who even penned epitaphs) and Francesco Petroni are two artists who took particular care in every minute detail of their funeral monuments. Bistolfi's Liberty freize from the Majat Dettoni statue [Plate 107] contrasts with the still Realist portrait of the woman at her prie-Dieu above. Lamps might even be miniature sculptures in their own right like Giacomo Buzzi-Reschini's Bottani Soragna [Plate 108].

Sculptor v. Artisan

From the 1880s, there had been a growing interest in the Arts and Crafts Movement, which was reflected in the development of craft museums in major cities and the subsequent creation of vocational art institutes throughout Italy. Milan's Craft Museum and School of Art Applied to Industry were extremely dynamic, with supporters and teachers of the calibre of architects Carlo

Maciachini (architect of the Monumentale Cemetery), Camillo Boito (Royal Commissioner for Industrial Art Education) and Alfredo Melani. At the same time, the course of Ornamental Sculpture at the Brera, as in other academies in Italy, began to increase its prestige, especially during Boito's Presidency of the Academy (1897–1914). The analysis of styles was now taught in foundation courses. In architecture, there was a new interest not only in exploring styles (Eclecticism) but also the chromatic and textural qualities of materials and these were often combined, as in sculpture, with contrasting bronze and stones.

In 1892, Boito founded a periodical, *Arte Decorativa e Industriale*, which published full-scale plates of models for stone carvers and ornamental sculptors. This was followed by other specialized periodicals: *Arte Decorativa Moderna* in Turin (in conjunction with the above mentioned exhibition, from 1902), *Edilizia Moderna* in Milan (with a section on funeral architecture), *Architettura italiana* (1905), *Modelli d'Arte decorative* (1907–13) and others which proposed Liberty models and which circulated in the Art Schools.[3] The latter was published by Preiss and Bestetti (Bestetti and Tuminelli after 1910), based in Milan, who did much to promote knowledge of sculpture and funeral art in the first decades of the twentieth century. Not only did they publish monographs on Bistolfi (*c.*1911), Wildt and Canonica (1926) but also four volumes on *Arte Funeraria Italiana* (between 1907 and 1914) which, though primarily for architects, also reproduced sculpture in monographs on leading cemeteries. Similarly C. Crudo & Co. Società Italiana di Edizioni Artistiche, based in Turin, circulated Liberty models for ornamental sculpture. Publications like these, combined with practical training in ornamentation equipped artisans to execute Liberty sculpture.

As the division between sculptor and artisan became more blurred, we can discern a certain tension between these two categories since they might now be competing for work. For the first time, sculptors, such as Eugenio Pellini, Carlo Cerati and later Adolfo Wildt attended classes both at the Brera Academy and at the Institute of Applied Arts in Milan (where Pellini taught from 1892 onwards).[4] Wildt was later to protest that academies taught everything *except* how to carve marble: this could only be learnt in the studio. Sculptors now

PLATE 106 Marino Migliori (1905), anonymous, Cimitero Monumentale, Turin (detail).

PLATE 107 Annetta Majat Dettoni (*c.*1895), Leonardo Bistolfi, Cimitero Monumentale, Turin (detail).

PLATE 108 Bottani Soragna, Giacomo Buzzi-Reschini, Cimitero Monumentale, Milan.

begin to sign their works with titles such as 'Commendatore' (Domenico Carli in Staglieno) or 'Professore' (Benvenuto Pirotta in Asti, Giovanni Topi in Pisa) to distinguish themselves from 'mere' artisans. Signatures are often calligraphic, in contrast to the block letters of sculptor-artisans. The latter sometimes even carved their full address: the opportunity for advertizing was not to be foregone![5] It was not until well into the twentieth century, when cemeteries were invaded by simplified pastiches of Liberty sculpture, executed by more or less skilled masons, that there was ever any suggestion that funeral sculpture was an 'inferior' genre.

Liberty Sculptors and Liberty Architects

A whole new generation of smaller cemeteries were built or improved around the turn of the nineteenth century. The cemetery structure (entrance, chapels, porticoes, etc.) and individual mausolea and monuments were part of the Liberty architect's prospectus. Camillo Boito, chief protagonist of Eclecticism in the late nineteenth century, was himself the architect of the cemetery in Gallarate, outside Milan, which opened in 1865. Many who trained under him at the Brera Academy, such as the architect Giuseppe Sommaruga (1867–1917), were active in the field of funeral architecture. He designed, for example, the rusticated altar of the Faccanoni Mausoleum at Sarnico, Bergamo [Plate 109], as well as Luigi Faccanoni's Villa in Milan to which Bazzaro's 'scandalous' statues from Villa Castiglioni (also by Sommaruga) were removed.[6]

One of the leading Liberty architects, Raimondo d'Aronco (1857–1932), devised imaginative Art Nouveau designs for pavilions at the International Exhibition of Modern Decorative Art in Turin in 1902, which influenced architecture in the cemeteries, like Gino Coppedé's entrance and steps to the English Cemetery within the Staglieno in 1904. Coppedé (1866–1927) and architects G. Predasso and G. de Gaspari were soon after commissioned to renovate the entire cemetery, which would have radically transformed Staglieno into an imposing Otto Wagner-inspired megapolis.[7] With the onset of the First World War, plans were only very partially completed.

PLATE 109 Faccanoni Mausoleum (1907–08), Giuseppe Sommaruga architect, Sarnico.

D'Aronco competed with Sommaruga and the eventual winner, Pirovano, in the competition to design extensions to the cemetery in Mantua in 1903. The new cemetery at Borgo Angeli, designed by Romeo Rho, had been opened for burial in 1873; a municipal crematorium followed in 1887. The competition for the main entrance and a church inside was organized in 1902 and won, in 1903, by the architect Ernesto Pirovano (1866–1934). Pirovano was already engaged on the execution of Bergamo Cemetery (1897–1913), the façade of which was decorated with sculpture by Ernesto Bazzaro [Plate 110]. Although initially the majority of sculpture was executed by mason (later 'sculptor') Carlo Vitali and family, Mantua Cemetery came to be dominated by the presence of Carlo Cerati (Casalmaggiore 1865–Mantua 1948). Probably the best example of co-operation between architect and sculptor, however, is Milan's Monumentale Cemetery, during the Liberty period.

Milan: The Monumentale Cemetery

The first idea of creating a monumental cemetery for Milan, then the capital of the Lombard Venetian Kingdom, went back to 1837.[8] However, it was not until Milan was freed from Austrian domination, in 1860, that the municipal authorities began to think about actually building one, alongside other projects to embellish and render their city more functional. A competition, judged by leading technical and artistic experts, was won in 1862 by Carlo Maciachini (1818–99). Forty-five acres were set aside and work began in 1863 and was sufficiently advanced to permit the first burials in 1866. Maciachini's Greek Revival crematorium temple, the first of its kind in Italy, funded by an enlightened Protestant, Alberto Keller, was inaugurated in 1876. With the opening of a new Suburban Cemetery at Musocco, the role of the Monumentale was consecrated as the showcase of the Milanese entrepreneurial class.

PLATE 110 Façade of Bergamo Cemetery (1908–12), Ernesto Bazzaro sculptor, Ernesto Pirovano architect, Cimitero Civico, Bergamo.

The entrance to the Monumentale, set back from a wide square, is imposing [Plate 111]. At the centre of the façade (built in Lombard-Byzantine style, in distinctive red stone with white marble stripes) is the Famedio (instituted in 1869 but built in 1875–87), flanked by two L-shaped wings with raised galleries, destined to hold the monuments to the meritorious. Originally conceived as a church, its designation was changed during the course of construction. Externally, it is decorated with mosaic lunettes by Luigi Pogliaghi and has a statue of *Glory* by Lodovico Pogliaghi. Inside it features plaques to the 'worthy' and busts of the 'illustrious', carefully classified in Positivist fashion, including heroes of the Risorgimento by Enrico Butti, Giovanni Spertini and Bassano Danielli, such that its walls read like pages from the history of Milan and the Risorgimento. Some were buried there, others not. Some were buried in private tombs in the Monumentale but were awarded 'the honour of the Famedio': sculptors and Brera academicians Abbondio Sangiorgio, Benedetto Cacciatori and Pietro Magni were among these. The tombs of writer Alessandro Manzoni (1883) and statesman Carlo Cattaneo (1884) were prestigious attractions from the start.[9]

Soon the arches of the upper entrance galleries, similar to the external tombs of Santa Maria Novella in Florence, were filled with sculptures of important personages. Maciachini was himself buried there in 1899 in the family tomb he had designed in 1890. At its creation, the Milanese cemetery reflected the dominating trends at the Brera Academy (see pages 55–6).

The 1870s in Milan, were years of great artistic ferment and saw the rise of the *Scapigliati*, Romantic Realists who sought freer subjects, techniques and rendering of light and movement in their works. In sculpture, the innovative Giuseppe Grandi (Ganna, Varese 1843–94) made his mark outside the Academy. His monument to the Five Days (celebrating Milan's rebellion against Austrian rule in 1848) took him thirteen years and was hailed as a masterpiece when unveiled after his death in 1894. Revolutionary not only in its modelling but also in its dynamic ascending composition and the interaction between sculptural and architectonic elements, it was the model for many an ambitious funeral monument (the Branca Monument, for example, see page 83).

Although Grandi undertook little funeral sculpture, his *Recent Burial* for Savinia and Giuseppina Astori, exhibited at Brera in 1877, was to be of enormous influence on funeral sculpture for children (see pages 148–9).[10] His influence was felt in portraiture most notably by Medardo Rosso and Paolo Troubetzkoy, both of whom have portraits in the cemetery [Plates 213, 214].

In the meantime, Giosué Argenti had ceded the Sculpture Chair at Brera to Francesco Barzaghi, creator of the statue to Manzoni in Milan (1883). His most significant work in the Monumentale, a standing marble statue of Giuseppe Mengoni, architect of the Galleria Vittorio Emanuele II) could figure in any public square. Only the addition of his little daughter, proffering flowers (added in 1881, clearly reflecting Grandi) identifies this as a funeral piece.

Barzaghi, like others in the Milanese ambience, was not immune to the influence of Vincenzo Vela, who executed few, but significant works for the Monumentale. His monument to Pietro Lazzati [Plate 23] provided a standard celebration of the professional middle classes: a Realist portrait bust with scenes illustrating his life in bas-relief below. His Kramer Monument [Plate 198], created the following year, was a secular celebration of that family's conspicuous contribution to Milanese society.[11]

Enrico Butti, Barzaghi's successor at Brera, was one of many indebted to Vela, not least in his social commitment. Born into the stone-working community at Viggiù, near Como, Butti trained at the Brera Academy but acquired his technical skill in the ateliers of Pietro Magni, Ugo Zannoni and Barzaghi. His celebratory production was not vast, his most famous monuments being to the Battle of Legnano (1900, Legnano), which won the Premio Principe Umberto at the Milanese Triennale of 1897, and his monument to Giuseppe Verdi (1913, Milan). A major exponent both of Social Realism in the 1880s and, from around 1890, of Symbolism, he was prolific in the field of funeral sculpture, most of which was executed for Milan. His works here, whatever the period, show a strong command of technique and anatomy [Plate 394] and a curiosity to experiment in materials and styles: from the Romanesque of the Borghi Monument to the Egyptian of the Weill Schott and de Micheli [Plates 385, 386]. Equally, Butti's *ouevre* ranges widely in themes: from the religious (the Galbiati Monument *We Are Brothers* [Plate 112], an example of Christian charity) to the social (the famous Besenzanica *Work* [Plates 4, 242, 243]) to the Symbolist (in the Casati and Besenzanica monuments). Always something of an original, Butti stood apart from the all-pervasive influence of Bistolfi and his followers in the early decades of the twentieth century.

PLATE 111 Panorama of the Monumentale Cemetery façade (begun 1863), Carlo Maciachini architect, Cimitero Monumentale, Milan.

PLATE 112 (RIGHT) Galbiati family, *We Are Brothers* or *The Return of the Prodigal Son* (1885), Enrico Butti, Cimitero Monumentale, Milan.

FAMIGLIA
CALBIATI

Liberty Style in the Monumentale

In the 1890s, Milan and Turin, the two most vital art centres in Italy at the time, underwent similar developments in Social Realism, Divisionism and Liberty; artists from Piedmont often exhibited in Milan and vice versa. As with civic sculpture, though, there was a certain degree of parochialism, and sculptors who worked for the Turin Cemetery were generally Piedmontese while those who worked in Milan were Lombard, although Bistolfi, Monteverde, Rubino and the Palermitan Ximenes do have important works in both Turin and Milan. Some monuments were by expert masons (the Bonfanti brothers, for example [Plate 412] but the majority in Milan were by the leading Lombard sculptors of their day: Achille Alberti, Ernesto Bazzaro, Antonio Carminati, Domenico Ghidoni, Eugenio Pellini, Alfredo Sassi, Luigi Secchi, Michele Vedani, later joined by Adolfo Wildt and others from the Post-Liberty/ Symbolist period. These sculptors were generally interested in both Social Realism and Symbolism in the 1890s. Stylistically, they ranged between the Impressionist modelling of Grandi and his immediate heir Bazzaro, to the more academic, Realist style of Butti.

PLATE 113 Carinelli Montini, *Maquette for the 'Homage to Giuseppe Verdi'* (1906, placed 1968), Ernesto Bazzaro, Cimitero Monumentale, Milan.

Although he executed funeral monuments elsewhere in Lombardy including Cremona, Monza, Lecco, Como and Varese, Ernesto Bazzaro (Milan 1859–1937) left his mark principally in the Monumentale Cemetery, with some fifteen monuments. Public commissions, in fact, came late and even then were dependent on support from radical groups, as was the case for his best known, to Felice Cavallotti (1901–06, Milan). His *maquette* for the competition for the monument to Giuseppe Verdi in Milan in 1906 (won by Carminati but executed by Butti) was used as a 'ready-made' by the Carinelli Montini family in Milan in 1968 [Plate 113].

Bazzaro was unusual in that he did not come from a sculptural background although his father was an antique dealer and his older brother, Leonardo, a successful painter. He trained at the Brera Academy under Francesco Barzaghi and Lorenzo Vela at more or less the same time as fellow-sculptors Achille Alberti, Antonio Carminati, Leonardo Bistolfi and Medardo Rosso. Like them, he was associated with the *Scapigliati* and exhibited with the *Famiglia Artistica,* coming under the spell of Giuseppe Grandi. His first big success came with *The Widow* (1886–88, GNAM, Rome).[12] Works of the 1880s and 1890s, such as *The Invalid* and *Exhaustion* [Plate 249], reflect his humanitarian concerns.

Bazzaro's works for the Monumentale remain true to the *Scapigliati* search for movement and light, with rapid modelling and pictorial effects. They have a Liberty feel about them but are never merely decorative. His monument to Mazzinian Ermenegildo Castiglioni (1897) [Plate 114] with frolicking, light-hearted *putti*, is typical of this period. A committed radical himself, Bazzaro's funeral production was fundamentally secular, and although two of his best known works for Milan have religious subjects, this was probably required by clients: *The Raising of Lazarus* for the Squadrelli family (1911); *'Suffer the Little Children to Come Unto Me'* for the Guffanti Monument [Plates 115, 116].

His turn to Symbolism was marked by the twenty-six-foot high, towering composition in bronze for the funeral monument to the liqueur producer Stefano Branca in Milan (1897–1900). It was a miracle of equilibrium, a group of semi-nude female figures assisting a soul to fly to Heaven amid flowing funeral drapes, in which Bazzaro's debt to Grandi of the monument to the Five Days in Milan is evident. The attitude of abandonment of the swooning, bare-breasted 'soul', leaning against a smiling Liberty figure, made particularly obvious by the overwhelming size of the monument, came in for criticism in the local press and the work was removed in 1908 and replaced by Michele Vedani's more traditional *Pietà* (see page 164). If it was rare for funeral sculptures to be contested on grounds of indecency, it was still rarer for something to have been done about it. His mausoleum for Pasquale Crespi [Plates 117, 379] with its aim to express 'the emotional cycle of human life' shows a deeper commitment to literary Symbolism, and was titled after Foscolo's 'Legacy of Love'.

PLATE 114 Ermenegildo Castiglioni, *Faith, Brotherly Love, Mutual Aid* (1897), Ernesto Bazzaro, Cimitero Monumentale, Milan.

The Monumentale Cemetery in Milan contains probably the most singular, certainly the most grandiose, collection of Liberty mausolea anywhere in Italy. Many, like the buildings simultaneously being erected in Italy's cities, required sculptural ornamentation on the part of skilled carvers. From the 1890s, Milan and Turin saw a blossoming of the decorative arts in the Liberty style. The cities' façades, homes and furnishings were suddenly transformed by this Italian version of Art Nouveau and the mausolea in the cemetery, if anything, expressed an even more exuberant enthusiasm for this style. Collaboration between architect and sculptor was never so fertile, or flamboyant, as in Milan's Monumentale. Two good examples are the Casati Mausoleum [Plate 470], by sculptor Antonio Carminati and architect Gaetano Moretti, and the Reyna Mausoleum [Plate 118], by sculptor Roberto Greter and engineer de Martini.[13] The tone may well have been set by Maciachini's Lombard-Byzantine style and his decorative use of different coloured materials but subsequent architects were to let loose an unprecedented passion for Eclecticism. In sculpture, this is reflected in Butti (see above), in the Arabic detail on the Bugattian-style monument to Roberto Castelli [Plate 119] by Enrico Astorri (San Lazzaro Alberoni, Piacenza 1859–Milan 1921) or the extraordinary Chinese dragons of the Pierd'Houy Mausoleum [Plate 120] by Primo Giudici (Viggiù 1852–Lodi 1905).[14] Such exuberance of imagination was in perfect harmony with the desire not to go unnoticed – or unremembered – of their middle class clients. The sheer size of some of the mausolea is astounding, as is the richness with which they are decorated, and there can be no doubt that elements of one-upmanship came into play.

The quality of monuments was due not only to clients' affluence and ambition but also to the fact that the leading sculptors of the day considered it a major opportunity, both to display their sculptural prowess and to attract further commissions. In turn, it was not unusual for the plaster models to be exhibited at important exhibitions in Milan: Eugenio Pellini's

PLATE 115 Squadrelli family, *The Raising of Lazarus* (1911), Ernesto Bazzaro, Cimitero Monumentale, Milan.

PLATE 116 Guffanti Family, *'Suffer the Little Children to come unto Me'* (1918), Ernesto Bazzaro, Cimitero Monumentale, Milan.

PLATE 117 Paolina Sioli and Pasquale Crespi, *The Legacy of Love* (1908, 1912), Ernesto Bazzaro, Cimitero Monumentale, Milan.

PLATE 118 Anna Reyna and family, *'Those whom Heaven loves, die young'* (1907–09), Roberto Greter sculptor, de Martini architect, Cimitero Monumentale, Milan.

PLATE 119 Roberto Castelli, *Christianity* (1900, 1904), Enrico Astorri, Cimitero Monumentale, Milan.

ground-breaking Liberty angel for Giovanni Baj Maccario [Plate 121], for example, was shown at the Second Triennale of 1894.[15] Each year, as in Turin and Genoa, especially around All Saints' Day, as a contemporary commented: 'new monuments are inaugurated, lamps are lit on the tombs, ladies dress in beautiful mourning *toilettes*, innumerable wreaths are laid and an enormous crowd flows into the cemetery . . . which has become an arena of rivalry between the fattest purses and the most skilled chisels.[16]

Thus the Monumentale rapidly became a representative cross-section of the wealthy Milanese entrepreneurial class. These included the Bocconi, who were the creators of the first department store in Italy – with their sixty-five-foot high Liberty extravaganza [Plate 122]

PLATE 120 Pierd'Houy family (1900–01), Primo Giudici, Cimitero Monumentale, Milan.

PLATE 121 Giovanni Baj Maccario (1894), Eugenio Pellini, Cimitero Monumentale, Milan.

PLATE 122 Ferdinando Bocconi and family, *Hope, Grief, Motherhood, Resignation, Religion below the Cross* (1901–14), Orazio Grassoni sculptor, Giuseppe Boni architect, Cimitero Monumentale, Milan (detail).

PLATE 123 Davide Campari, *The Last Supper* (1935), Giannino Castiglioni, Cimitero Monumentale, Milan.

PLATE 124 Domenico Tealdi (1893), Carlo Musso, Cimitero Monumentale, Turin.

(executed in the Lazzerini studio in Carrara) – the chemical industrialist Carlo Erba and the timber merchant Giacomo Feltrinelli (from whom the publisher descended), who had imposing mausolea, the scientific and music publishers Sonzogno, for whom Maciachini erected a large temple, the aforementioned Branca family, of liqueur fame, and Besenzanica, a constructor-developer [Plates 4, 242, 243]. Their funeral mausolea and monuments demonstrate that not only were they aware of the promotional aspect of the cemetery but also that the rivalry among them could be beneficial to the fine arts. The same spirit pervaded the non-Catholic and Jewish sectors of the cemetery, the latter being unusually rich in representational monuments (see 'Among the Mourners of Zion and Jerusalem', pages 194–9). Giannino Castiglioni's *Last Supper* in bronze (1935) [Plate 123] for the Campari family, the aperitif producers, recalling that of Leonardo, illustrates that the tradition continued well into the twentieth century. So strong is it that, unlike many other cemeteries, even today, the Monumentale attracts important works by modern sculptors.

Liberty Sculpture in Turin Cemetery

As in Milan, Turin's commercial and industrial classes were the chief clients for monumental sculpture and mausolea in the cemetery, many of which, after 1895, were in the new Liberty style. Thus we have monuments for the Ansaldi (steel interests) [Plate 139]; Pietro Paolo Caffarel (chocolate); Dettoni (wines and liquors); Cirio (food processing); Doyen (printing); Durio (tanning) [Plates 94, 95, 219]; Adolfo Pellegrini (railways) and Dainesi Porcheddu (construction) [Plates 361, 362, 363]. Surveyors and builders commissioned particularly imposing monuments, for example Domenico Tealdi (1893) [Plate 124], with its lovely Tabacchian angel by Carlo Musso (Rivara 1863–1925).[17]

In 1902 Turin played host to the International Exhibition of Decorative Art, which not only provided a huge repertoire of Art Nouveau motifs but also generated enormous interest in the Arts and Crafts Movement. The late Aesthetic type remained popular in Italy and was reflected in the cemetery: Celestino Fumagalli's contemporary relief for the tomb of Rosa Polastri (1902–03) [Plate 125] shows a kneeling Pre-Raphaelite-type maiden tending a flame while poppies ascend behind. As in Milan, collaboration between architect and sculptor was fruitful; that between leading Liberty architect Giulio Casanova and the sculptor Edoardo Rubino produced one of the finest of all Liberty monuments: the aforementioned Porcheddu. The Riccio Mausoleum (1914–15), by the engineer Giuseppe Velati Bellini and the sculptor Gaetano Orsolini (Montegiorgio Ascoli Piceno 1884–1954), rivals many in Milan. The sphinx-like *Guardian of the Flame* [Plate 127] was cast by the Riva Foundry, which, along with those of Fumagalli and Betta, was responsible for many top quality bronzes in the cemetery. However, for reasons of space and perhaps, too, of regional character, the mausolea in Turin are fewer and less flamboyant than in Milan. Sculpture takes pride of place and, after 1890, was dominated by Symbolism and by the trio Bistolfi, Calandra and Canonica.[18]

Davide Calandra (Turin 1856–1915) trained at the Albertina Academy under Tabacchi and was to become a leading sculptor of official public monuments, especially equestrian and bronze, to the Savoy family in Turin. His, too, were the monuments to Garibaldi in Parma, to Zanardelli in Brescia and the bronze frieze in Montecitorio, the Italian House of Deputies in Rome, representing *The Apotheosis of the House of Savoy*. He executed relatively few funeral monuments but these include the remarkable Symbolist Geisser Monument [Plates 389, 390] and the Liberty style Casana Monument [Plate 126], in which all the bronze angels are variations on the same type. Pietro Canonica (Moncalieri 1869–Rome 1959) also trained under Tabacchi whose sensitivity to feminine grace he inherited. During his long, fruitful and highly successful life as sculptor and composer, Canonica executed an enormous number of portraits (including those of European Royal Families and aristocrats), celebratory monuments (in Italy and Europe) and war memorials. He was especially successful with children [Plate 284] and was renowned for the rapidity of his execution in clay. Although

PLATE 125 Rosa Polastri (1902–03), Celestino Fumagalli, Cimitero Monumentale, Turin.

PLATE 126 Casana family (1910), Davide Calandra, Cimitero Monumentale, Turin.

PLATE 127 Riccio family, *The Guardian of the Flame* (1914–15), Gaetano Orsolini sculptor; Giuseppe Velati Bellini architect, Cimitero Monumentale, Turin.

PLATE 128 Gianotti (1906), Pietro Canonica, Cimitero Monumentale, Turin.

touched by Symbolism, his works are more traditionally religious, with the notable exception of the Kuster Monument [Plate 301]. A piece by Canonica is always distinguished by solid anatomy, refined dreamy features, elongated nervous hands, and a hint of the Quattrocento; it is never merely linear or superficially decorative in the Liberty fashion and, most often, is executed with great mastery in highly polished statuary marble. In particular, Canonica developed a type of heavily draped, matriarchal, seated *pleureuse*, of which the Gianotti (1906) is representative [Plate 128].

The influence of Bistolfi, whose entire career is represented in the cemetery with major works, was fundamental for developments in Turin. Sculpture there in the period from 1895 to 1925 was dominated by the Casalese master, his direct followers and the imitators of his style. Many sculptors, like Cesare Biscarra, Edoardo Rubino, Giacomo Buzzi Reschini or Cesare Reduzzi studied under Tabacchi and Belli at the Albertina and were fine sculptors in their own right. None, however, proved completely immune to the 'Bistolfism' that swept through the cemeteries of northern Italy in these years. Cesare Biscarra (Turin 1866–1943) is a case in point: from a long line of distinguished artists, he studied with Tabacchi and Monteverde, made his reputation in portraiture and animal pieces but also executed public and funeral work. His Remmert high-relief [Plate 129] is undeniably Bistolfian: both in theme, a virginal maiden accompanied by maidens and flowers, and in specific details like the face shaded by the swirling hood (after Bistolfi's *The Dream* in Milan [Plate 96]), and yet retains a character of its own.

PLATE 129 Remmert (1922–25), Cesare Biscarra, Cimitero Monumentale, Turin (detail).

THE 'BISTOLFIANS' AND THE BISTOLFIAN STYLE

Bistolfi's influence was not limited to Turin; he dominated Italian sculpture for the first three decades of the twentieth century, both in terms of artistic style and personally: for, alongside Giulio Monteverde, Ettore Ferrari and an élite of the artistic establishment, he presided over many official sculpture juries and committees. He has been blamed for the ubiquitous domination of the contorted male nude in architectonic and official sculpture in these years (although Rodin's role was probably equally if not more important) and for its subsequent demise into Fascist rhetoric. In 1911, the authoritative critic Enrico Thovez defended Bistolfi but condemned his followers: 'Too many young sculptors believe that any knot of muscular nudes in violent poses, composed in equal parts of a bit of Michelangelo and a bit of Rodin, is suitable to commemorate any hero or express any idea.'[1] Certainly in funeral sculpture, Bistolfian iconography and style lasted well into the 1930s. The numerous monuments to the Fallen after the First World War were executed in this style, which was definitively rejected after the Second World War. In truth, ever since Soffici's famous diatribe of 1909, in which he accused Bistolfi of producing 'literary' rather than plastic art, Bistolfi and the so-called 'Bistolfians' had come under constant fire and his reputation was only partially retrieved with the re-evaluation of Liberty and Symbolism from the late 1970s onwards.

The phenomenon of 'Bistolfism' cannot be assessed without remarking on the strong influence exercised by Rodin in the early years of the twentieth century, reaching its high point in 1906 with the Sempione Exhibition in Milan and evident in works by Emilio Quadrelli, Eugenio Pellini, Eugenio Baroni, Carlo Cerati and others. Later, Adolfo Wildt, Libero Andreotti and even Arturo Martini and Umberto Boccioni fell under his spell. Bistolfi and his followers were certainly not immune, although Rodin was frequently interpreted in a 'Bistolfian' way. The two artists met in Turin in 1901 at a celebratory dinner attended by the sculptors Cesare Biscarra, Giacomo Cometti, Cesare Reduzzi and Edoardo Rubino. Rodin exhibited at the International Exhibition of Decorative Art the following year. His work had been shown at the Biennale in Venice from 1897 onwards, although his single most influential piece, especially in funeral sculpture, *The Thinker*, was not exhibited there until 1907: Carlo Cerati's *Desperation* for the Oreste Colombo Monument [Plate 149] is one of many funeral pieces related to it.

In what ways did Rodin influence contemporary Italian sculpture? Anecdotal, pictorial and floral elements now tended to disappear and the human figure, especially the male nude, resumed its central role. Sculptors imitated his way of distributing volumes around a chosen axis, although this sometimes led them to exaggerate or contort poses; they tried to emulate his play on strongly contrasting chiaroscuro, both in the single figure and in dynamic grouping; they adopted his use of

PLATE 130 Emprin family (1912–14), Celestino Fumagalli, Cimitero Monumentale, Turin.

PLATE 131 Giovanni Corradeschi (*c.*1915), Guido Bianconi, Camposanto Monumentale della Misericordia, Siena.

the contrast between polished and unfinished surfaces, though seen through the influence of Michelangelo; the innate eroticism of Rodin's female figures and passion of his mixed groups was, in many cases, filtered through Bistolfi, and found particular expression in funeral sculpture. Finally, Rodin's influence was primarily in three-dimensional or high-relief statues or groups; because of its very nature, bas-relief continued to be modelled, carved or cast, in varying degrees of *stiacciato* (extremely low relief), in linear Liberty style, transmuting into Art Deco around 1915.[2]

Who exactly were the 'Bistolfians' and what exactly is meant by the Bistolfian style? A huge number of sculptors are mentioned as having worked directly or indirectly with the master and, given the amount of sculpture commissioned, especially over the period 1905–25, in Italy and abroad, the assistants in the atelier must, indeed, have been numerous.[3] Of these, we know that Celestino Fumagalli, Guido Bianconi, Giacomo Giorgis, Angiolo del Santo and Arturo Stagliano all worked for several years in his studios, though at different times.

Celestino Fumagalli (Turin 1864–Milan 1941), with cabinet maker Giacomo Cometti, was probably the earliest of Bistolfi's direct collaborators. Fumagalli executed small genre works in the 1880s (which contemporary critics already recognized as 'Bistolfian') and Liberty decorative figures like the Bertetti and Polastri monuments [Plates 104, 125] in the1890s and early twentieth century. He specialized in bronze (running his own artistic foundry) and we may presume that this was his particular contribution to the Bistolfi Studio. He cast, for example, the important Durio Monument for Bistolfi [Plates 94, 95, 219]. In his Emprin Monument in Turin (1912–14) [Plate 130] the meaning of the bronze high-reliefs surrounding the mausoleum is, perhaps deliberately, obscure. Surmounted by a cross, like Bistolfi's Orsini Monument [Plate 97], a frieze of allegorical figures represents various aspects of humanity which have been interpreted as: Youth and Childhood; Grief; Death and Faith overcoming Grief.[4] The emphatic, dramatic gestures are rather theatrical (though some Liberty grace remains in the female figures and *putti*) and point towards the more rhetorical aspects of later 'Bistolfism'.[5]

Guido Bianconi (b. Siena 1874) trained under Sarrocchi at the Sienese Academy where he won the Lazzeretti Prize and in 1904 moved to Turin. He probably established contact with Bistolfi, perhaps even joining his studio by 1903, but he had certainly done so by 1908, although he kept on a studio in Siena for some time.[6] Bianconi became Bistolfi's modeller (translating the original idea of the *maquette* to full size models) and worked in this capacity on the major monuments executed in those years (Giorello in Montevideo, the figure of Sacrifice for the Vittoriano in Rome, the monument to Federico Rosazza at Rosazza, Carducci in Bologna and Garibaldi in Savona).[7] This left him little time for his own work. He did, however, execute several funeral monuments in his native Siena and, perhaps through Bistolfi who was on the jury, an important civic work, the monument to Carlo Alberto in Vercelli (1908). If in the Giovanni Corradeschi Monument, *Misericordia*, (*c.*1915, Siena) [Plate 131] the *leitmotif* is Bistolfian, the 'conductor' is Bianconi. Here Liberty exuberance is quelled: indeed, the three female nudes and surrounding architecture have a Classical sobriety. Once again, female sensuality is chosen to express the unfulfilled hopes of a young man and the three women have no particular symbolic reason to be there, apart from their evident grace. Bistolfi referred to Bianconi as his 'faithful and noble collaborator', his 'companion' and there is little doubt that he was a major contributor towards the realization of the former's ideas.[8] His own works show a rare mastery of technique and an individual interpretation of Bistolfian themes.

Giacomo Giorgis (Peveragno, Cuneo 1887–Turin 1959) studied at the Albertina Academy in Turin, having had three years of training in Paris at the Ecole des Beaux Arts under Rodin. He is said to have joined Bistolfi's atelier in 1905 and was certainly a collaborator by 1912.[9] He was to become a pillar of the *atelier* and completed the Master's works after his death in 1933. He exhibited regularly in Italy and, among other works, executed several war memorials on his own account. His activity as a funeral sculptor has yet to be defined but, if the monument to Isa Bluette [Plate 336] is anything to go by, he demonstrates empathy with Bistolfi's innate sensuality as well as remarkable skill.

Arturo Stagliano (Guglionesi Campobasso 1867–Turin 1936) initially studied as medallist and painter at the Art Institute in Naples, opting for sculpture after meeting Bistolfi on holidays at Anacapri (1900–04).[10] He moved to Turin in 1904 and was with Bistolfi by 1905.[11] Though operating his own studio in Turin and executing funeral monuments (Milan, Moncalieri, Casale Monferrato) and public works (Saint Anselm, 1909, Aosta) and several war memorials (Alba, Novara, Treviso and Cuneo), he was to collaborate as modeller with Bistolfi until the latter's death in 1933. Certainly, Bistolfi referred to Stagliano as his 'brother in work' and referred to 'our' works but, although some of the later sculptures bear the mark of Stagliano, the 'copyright' remains Bistolfi's. Such was, and is today, studio practice. The sheer amount of work accomplished in Bistolfi's studio presumes the collaboration of several hands.[12] It was certainly a problem to free oneself from the 'Bistolfian' epithet, even then: one contemporary critic distinguished Stagliano from Bistolfi in 'the delicate and tender dynamism and the capricious grace of certain of his figures', describing his art as 'southern . . . gay and luminous'.[13] This may be so, but one cannot help but note, alongside the evident mastery, in the Cerrano [Plate 238] and Maria Ossola monuments (Turin, 1920–21)

PLATES 132, 133 Maria Ossola, *Life and Death* (1920–21), Arturo Stagliano, Cimitero Monumentale, Turin.

[Plates 132, 133], that the matrix is that of Bistolfi. This latter monument in bronze represents Life (shivering and innocent) at the foot of Death (imposing, sensual and sphinx-like, with tense, outstretched arms and claw-like fingers).[14] The Bistolfian source in the Abegg Monument, *Life and Death* (1912–13) in Zurich and, much earlier, in the Pansa *Sphinx*, is evident [Plates 30, 90]. One of the most gifted of Bistolfi's collaborators, Stagliano's mastery of his art prevents him from falling into mere imitation and this piece, for example, is full of erotic tension.

PLATE 134 Remondini family, *The Last salute* or *'I'll wait for you!'* (1912), Edoardo Rubino, Cimitero Monumentale, Turin.

Having studied briefly at the Carrara Academy, Angiolo del Santo (La Spezia 1882–1938) approached Giovanni Scanzi in Genova to complete his training but was turned down.[15] After several attempts to make a career for himself locally, del Santo joined Bistolfi's atelier in Turin in 1909. Here, he began with small works: medals and commemorative plaques, gradually working his way up to more important pieces.[16] Like Bianconi he kept in touch with clients in his native town while, like both Bianconi and Stagliano, continuing to work independently in Turin after 1911 in his own studio. His letters home convey something of the frenetic atmosphere in the Bistolfi ateliers. He returned to La Spezia in Liguria in 1917, where he became the leading sculptor for both private and public commissions, displaying a firm technical grasp of Bistolfi's lyrical and graphic poesis. One of his best pieces is the delightful Art Deco Mary della Rosa [Plate 291], which has analogies with the neo-Mantegnesque friezes of the monuments to Francesco Cirio and Andrea Mantegna, executed for Bistolfi.[17] Less successful is his rather mannered reworking of Bistolfian types in his Rossi Monument, *Faith, Charity and Work* [Plate 254].

Edoardo Rubino, Giovanni Battista Alloati, Giacomo Buzzi-Reschini and Luigi Contratti, all established sculptors in their own right, are reported to have worked with Bistolfi and certainly his influence is reflected, in varying degrees, in their works. Edoardo Rubino (Turin 1871–Rome 1954) trained, alongside Giacomo Cometti, under Luigi Belli (decorative sculpture, 1886–89) and under Odoardo Tabacchi at the Albertina Academy in Turin (1888–91). Various sources record that he then worked (for an unspecified period) in Bistolfi's studio.[18] Presumably he was there in 1896 when he engraved the Grandis Monument [Plates 92, 93, 105], published in *La Triennale*. In these early years, Rubino concentrated on small genre works, portraits and, increasingly, on the decorative arts, producing medals, commemorative plaques and architectural friezes. He was independent from 1891, exhibiting regularly at the Turin Promotrice (until 1902) and, from 1899, at the Venice Biennale. He was associated with the dynamic Arts and Crafts Movement surrounding the Turin Exhibition (1902) and periodical *Arte Decorativa Moderna*, in which Bistolfi played a leading role; Rubino plastically interpreted Bistolfi's poster for the exhibition.

By 1900, Rubino had not yet asserted his individuality enough to be included in Primo Levi's celebration of Piedmontese sculpture: the trilogy *Bistolfi Calandra Canonica*.[19] Indeed, his career was to be partly overshadowed by theirs. Nevertheless, Rubino was to establish himself as a sculptor in his own right and, though elements of Bistolfian decorativism remain, he made his own mark in the field of commemorative and funeral sculpture, principally in Turin (the monuments to Boido [Plate 359], Remondini, Gambaro and Invernizio) but also in Milan (the monuments to Rosetti and the lovely Giuseppina Chiesa in 1930).[20] His collaboration with the Bolognese architect Giulio Casanova (1875–1961) – who brought the innovative work of Aemilia Ars to Turin in 1902 – bore fruit in the Porcheddu Monument [Plates 361, 362, 363] which marks a high point not only in their partnership but in Italian funeral sculpture as a whole.

PLATE 135 (RIGHT) Gambaro family (1916–20), Edoardo Rubino, Cimitero Monumentale, Turin.

IN TE DOMINE

PLATE 136 Dolores Quest, *The Death of the Virgin* (1907–11), Giovanni Battista Alloati, Cimitero Monumentale, Milan.

PLATE 137 Francesco Zo (1911), Materno Giribaldi, Cimitero Urbano, Asti.

PLATE 138 Vittorio de Scalzi (1909), Vittorio Lavezzari, Cimitero di Staglieno, Genoa.

In his Remondini Monument, *The Last Salute* or *I'll wait for you!* [Plate 134] (1912), he gives us a dramatized version of Bistolfi's *Grief* from the Durio Monument [Plate 94]. It recalls photographs of d'Annunzio's tragic muse, the actress Eleonora Duse. Like Bistolfi's, Rubino's figures become more ponderous in the second decade of the twentieth century. We can see this in his monument to the Gambaro family (Turin, 1916–20) [Plate 135], an imposing composition to meet with the cemetery committee's request for a group to counterbalance Reduzzi's dramatic Moriondo Franzini Monument opposite [Plate 369]. The head and torso of his Angel of Resurrection, sheltering two female figures under a huge wing and helping the central figure to raise the flame of Life and Hope, are inspired by Michelangelo's Mannerist period. The women's robes are classicizing in their simplicity; sculpture and architecture are free of decorative vegetation: only the graceful gestures of hands recall the Liberty period.

Other sculptors also inspired by Bistolfi include Giovanni Battista Alloati (Turin 1879–1964), who is said to have also worked with Canonica and Calandra [Plate 136]; Luigi Contratti (Portogruaro 1868–Turin 1923) [Plates 303, 380] and Giacomo Buzzi-Reschini (Viggiù 1881–Turin 1962) [Plates 108, 141, 347]. These sculptors all reflect Bistolfi, although their exact relations with the atelier have yet to be defined. In truth, few sculptors resisted the Bistolfian themes and motifs that penetrated the sculptural vocabulary of the majority of his contemporaries, especially in the north.

We have already seen how many Bistolfian themes became established in Italian funeral sculpture, such the 'Funeral of a Virgin, the 'Bed of Roses', the 'Beauty of Death' and so on. Sometimes the idea was employed but the stylistic interpretation was not particularly 'Bistolfian' as in Materno Giribaldi's monument to Francesco Zo (1911, Asti) [Plate 137] which is much less fluid than the Grandis Monument it evokes. Giribaldi was born in Asti in 1870 and emigrated to São Paolo, Brazil, where he died in 1935. Other sculptors were struck by a particular motif, such as the kiss [Plates 344–352] or a particular pose, like that assumed by the hierarchical *Sphinx* or the *Patria* (1906, for the Ossuary of the Battle of 1706 at Madonna di Campagna in Turin), which are cited, among many, by Vittorio Lavezzari (Genoa 1864–1938) in his monument to A. de Scalzi [Plate 138] and also on the lovely Ciardelli Chapel in Pisa [Plate 306] (see Chapter 16, Note 5). Single figures and groups from *The Cross*, in particular, come up over and over again: like the kneeling young man in Guido Baccelli's Ragghianti *Resurrection* [Plate 140] or the standing male with the female nestling against his shoulder [Plate 354]. It determined both iconography and style of the bronze Ansaldi Monument by Corrado Betta (Asti 1870–Turin 1935) [Plate 139]. Betta, who, like Fumagalli, ran his own artistic foundry, is said to have trained in Bistolfi's studio although the precise nature of this collaboration has yet to be explored.[21] The Ansaldi Monument suffered the fate of several of Bistolfi's public monuments which, commissioned prior to the War, dragged on in their execution for many years, only to appear anachronistic on their completion many years on. Betta's monument, commissioned in 1915 by the steel magnate Michele Ansaldi, originally consisted of fourteen figures representing 'Active Life

PLATE 139 Ansaldi family, *Active Life and Extinguished Life, Prayer, Industry, The Warrior, Motherhood, Poetry* (1915–35), Corrado Betta, Cimitero Monumentale, Turin.

PLATE 140 Guido Ragghianti, *The Day of the Dead* (*c.*1912), Guido Baccelli, Cimitero Urbano, Lucca.

PLATE 141 Vincenzo Ginatta (1921), Giacomo Buzzi-Reshini, Cimitero Monumentale, Turin (detail).

PLATE 142 Augusto Riguzzi, *Motherhood between Work and Mercury* (1919), Silverio Montaguti, Cimitero della Certosa, Bologna.

and Extinguished Life'; 'Prayer'; 'Industry'; 'The Warrior'; 'Motherhood' and 'Poetry' – a compendium, in other words, of late Symbolist funeral iconography.[22] The cemetery committee judged it 'old-fashioned' with its 'confused and complex composition' and insisted on it being reduced; it was only finally erected in 1935.

Stylistically, the Bistolfian female type caught many an artist's imagination: elongated necks, chins turned into the collar bone, undulating bare shoulders, flexed elbows, inverted wrists, long graceful fingers and flowing hair were easily recognized signs of 'Bistolfism'. In Buzzi-Reschini's Ginatta Monument in Turin [Plate 141] note the typical right-angled triangle formed by the neck, upper and lower arms. Later, the Bistolfian dramatic matriarch, full of *voluptas dolendi*, (as in the Abegg *Death* and the Hofmann *Grief* [Plate 101]) was evoked in many a monument: Rubino's Remondini [Plate 134] Astorri's Cagnoni in Piacenza [Plate 151] and Silverio Montaguti's Riguzzi (*Motherhood between Work and Mercury*) in Bologna [Plate 142]. In the latter, the mantle raised to form a hood, shading the face, also originates in Bistolfi [Plate 96] and almost seems to have a life of its own.[23]

Such it was that any late Liberty, heavily draped female would be termed 'Bistolfian'. We find her, for example, on the Orsi Raschi Monument in Milan, executed in 1922 by Giannino Castiglioni (Milan 1884–1922), who was shortly to become one of the innovators of funeral art in the Monumentale.[24] The fact that male and female figures became more virile was certainly due more to Rodin than Bistolfi and the Italian's juxtaposition of male and female types was an element of so-called 'Bistolfism' common to other established sculptors. It can be seen, for example, in the Peduzzi Mausoleum [Plate 143] by Enrico Cassi (the sculptor who had beaten Bistolfi in the competition for the monument to the Cairoli brothers in Pavia). 'Bistolfism' came to be identified with pretentious literary Symbolism, whether in funeral or celebrative works. The complicated frieze of bodies, with several Bistolfian groups, vaguely representative of the Resurrection, spread across Pasquale Rizzoli's Oreste Ruggeri Mausoleum in Pesaro, is by now a pastiche of the Bistolfian style [Plate 144].[25] The same may be said of the Pozzani Monument by Armando Violi [Plate 145], where the semi-nude or heavily draped pall bearers, far from supporting the weight of the coffin, (as they do in Bistolfi's Giorello), parade decoratively but without substance across our field of vision.

The last fifteen years of Bistolfi's career were weighed down by the completion of monuments conceived many years earlier. During these years, Bistolfian iconography, types and motifs permeated funeral sculpture in general: we find examples in Rome (Pietro Piraino), in Florence (Alessandro Lazzerini), Genoa (Eugenio Baroni, Edoardo de Albertis), Bologna (Silverio Monteguti, Pasquale Rizzoli) and not just in Turin (where it dominated) and Milan (where it met with more resistance). These artists took what they needed from Bistolfism but retained their own personalities; some, like Castiglioni, 'moved on' towards Art Deco and the Modern. Lesser imitators remained just that. What really dealt the style the *coup de grace*, however, was its superficial imitation by a host of mason-sculptors, many of whom were the product of the Art Institutes that were set up in competition with the academies in the early twentieth century, and who filled the cemeteries with Bistolfian pastiches. The funeral industry was also geared to this style: the numerous sculpture workshops then in Carrara, for example, were full of specialized carvers who had refined the use of the 'violin' (the instrument used for carving floral detail) to a fine art. Since, with the exception of Art Deco, the modern trend in funeral art was asserted only by recognized artists, far beyond the reach of the average pocket, the only other valid alternative remained the photograph, always less prestigious than a sculpted monument.

PLATE 143 Peduzzi family (1910–11), Enrico Cassi, Cimitero Monumentale, Milan.

PLATE 144 Oreste Ruggeri and family (*c.*1915), Pasquale Rizzoli, Cimitero Centrale, Pesaro.

PLATE 145 Pozzani family (1928), Armando Violi, Cimitero Monumentale, Milan.

ART DECO

PLATE 146 Luigi Ricciardi, anonymous, Cimitero Urbano, Asti.

Art Deco, which blossomed in northern Italy after the First World War, is in many ways a continuation and a transformation of the Liberty style. Both are decorative, both delight in contrasting materials, textures and techniques. Deco forms, however, tend to be geometric and hard-edged, and surfaces, especially bronze and marble, are smooth and polished, while symmetry is preferred to asymmetry. Generally identified with the Roaring Twenties and post-war euphoria, Art Deco's gaiety sometimes jars within the cemetery context. We have symmetrical Egyptian figures that stand at mausoleum portals like cinema usherettes, such as the Ricciardi Monument at Asti [Plate 146], or instant portraits, influenced by the much more rapid technique of photography, which capture the vitality of a joyous moment rather than reflect on the afterlife, such as the Paluello-Scapin Monument at Venice [Plates 147, 206].

PLATE 147 Paluello-Scapin family, *'Talia Gaudio Speravi – Credo Post Mortem Maiori'*, Annibale de Lotto, Cimitero di S. Michele, Venice.

PLATE 148 Tullo Morgagni (1921, 1930), Guido Micheletti sculptor, Enzo Bifoli architect, Cimitero Monumentale, Milan.

PLATE 149 Oreste Colombo, *Desperation* (1914), Carlo Cerati, Cimitero Borgo Angeli, Mantua.

References to the cinema are not gratuitous, as some of the kaleidoscopic effects in Deco monuments recall the work of Hollywood choreographer Busby Berkeley. Take, for example, the white marble handmaidens, guardians of the flame, that recede, like so many little teapots, in the monument to Tullo Morgagni, killed in an air crash in 1919 [Plate 148]. Liberty had already developed female stereotypes but here the sculptor Guido Micheletti (Carrara 1889–Genoa 1981), in conjunction with the architect Enzo Bifoli (Florence 1882–Genoa 1965), has gone one step further. Similarly, there is no variation at all, except in diminishing perspective, in the angels on Jacob's ladder, climbing to Heaven behind a figure of Desperation in the manner of Rodin [Plate 149]. Oreste Colombo was so pleased with his family monument that he gave a gold watch, in addition to the agreed fee, to the sculptor Carlo Cerati.[1] A perfectly symmetrical Deco version of the medieval tombs of Saint Denis where, however, female mourners are now identical and geometric, is found in the Sommaruga Faini Monument [Plate 150] by Giannino Castiglioni.

It should be said that there is not a great deal of pure Art Deco in the cemeteries and the majority of what there is can be found in the Monumentale in Milan. Elsewhere, both stylistically and iconographically, the Bistolfian late-Liberty model prevailed, where the drapery flows frieze-like across the surface, blurring the form. An instructive comparison might be made between the flowing Bistolfian figure of Grief for the Cagnoni Monument in Piacenza [Plate 151] by Pier Enrico Astorri (Paris 1882–Rome 1926) and the hard-edge Deco Zana Monument in Staglieno [Plate 152], by a follower of Edoardo de Albertis, Domenico Fossati (Genoa 1885–1950). Often the styles were mixed. The monument in Parma to the Director of the Chicago Opera Association, the conductor Cleofonte Campanini (1860–1919)

PLATE 150 Sommaruga Faini (1935), Giannino Castiglioni, Cimitero Monumentale, Milan.

[Plates 153] is an excellent example: the main figure, a Deco version of the traditional 'soul taking flight', rises up between organ pipes to liberate an armful of stylized swallows. Her dress is vaguely Egyptian and the shell motif on the centre panel is taken up in the decorative relief around the base. However, the high relief of Dawn [Plate 154] on the reverse of the base, with its frieze of semi-draped figures and a central mother and child with a swooning female to the right, is essentially Bistolfian.[2] It is by Giuseppe Mancini (Pietrasanta 1881–Lucca 1961).

Decidedly Deco, with its shiny surfaces and hard contours, is the soul taking flight in the Rocca Monument in Milan [Plate 155]. Here, Alfeo Bedeschi (1885–1970) has transformed the soul into a butterfly-winged Psyche, observed by a graceful kneeling handmaiden. A

PLATE 151 Cagnoni, *Grief*, Pier Enrico Astorri, Cimitero Urbano, Piacenza.

PLATE 152 Zana family, Domenico Fossati, Cimitero di Staglieno, Genoa.

PLATE 153 Cleofonte Campanini (1927), Giuseppe Mancini, Cimitero Villetta, Parma.

PLATE 154 Cleofonte Campanini, *Dawn* (1927), Giuseppe Mancini, Cimitero Villetta, Parma.

PLATE 155 Rocca (1925), Alfeo Bedeschi, Cimitero Monumentale, Milan.

PLATE 156 Giuseppe Sesana (1921–3, restructured *c.*1960), Ambrogio Bolgiani, Cimitero Monumentale, Milan.

PLATE 157 Guido Bonora, *The Three Maries at the Tomb*, anonymous, Cimitero della Certosa, Bologna.

second version of this is in the Cimitère des Rois, Geneva. On the other hand, Ambrogio Bolgiani's candid rising soul for the Sesana Mausoleum in Milan [Plate 156] is a Deco version of Bistolfi's monument to Segantini, although here the nude is more overtly erotic. In Turin, the 'soul' for Pietro Dentis [Plate 158] arises from Liberty vegetation but cuts into the skyline, shiny and symmetrical. It is by Francesco Sassi (Turin 1870–Castagnetto Po 1943), another of Tabacchi's pupils at the Albertina. Three graceful Bistolfian figures raise a hoop in a geometric mourning dance on the Trossarello Monument in Turin [Plate 159] by Alberto Giacomasso (Genoa 1887–Turin 1970). Bistolfian types were repeated in hard-edged versions such as the Guido Bonora Monument in Bologna (here the *Funeral of a Virgin* transformed into the *Three Maries at the Tomb*) [Plate 157]. The semi-circle, truncated by two vertical pilasters, was popular in Deco architecture while the perimeter wall and ironwork are as carefully designed as their Liberty predecessors.

Iconographically speaking, Deco funeral sculpture was even more secular than Liberty and religious references become rarer still. Angels, though still popular,

PLATE 158 Pietro Dentis (1926), Francesco Sassi, Cimitero Monumentale, Turin.

PLATE 159 Trossarello (1927), Alberto Giacomasso, Cimitero Monumentale, Turin.

PLATE 160 Buchignani (1927), G. Scapecchi, Cimitero Urbano, Lucca.

PLATE 161 Flora Rochat (*c.*1923), anonymous, Cimitero Evangelico agli Allori, Florence.

PLATE 162 Entella Contini (1921), Roberto Ersanilli, Cimitero di Staglieno, Genoa.

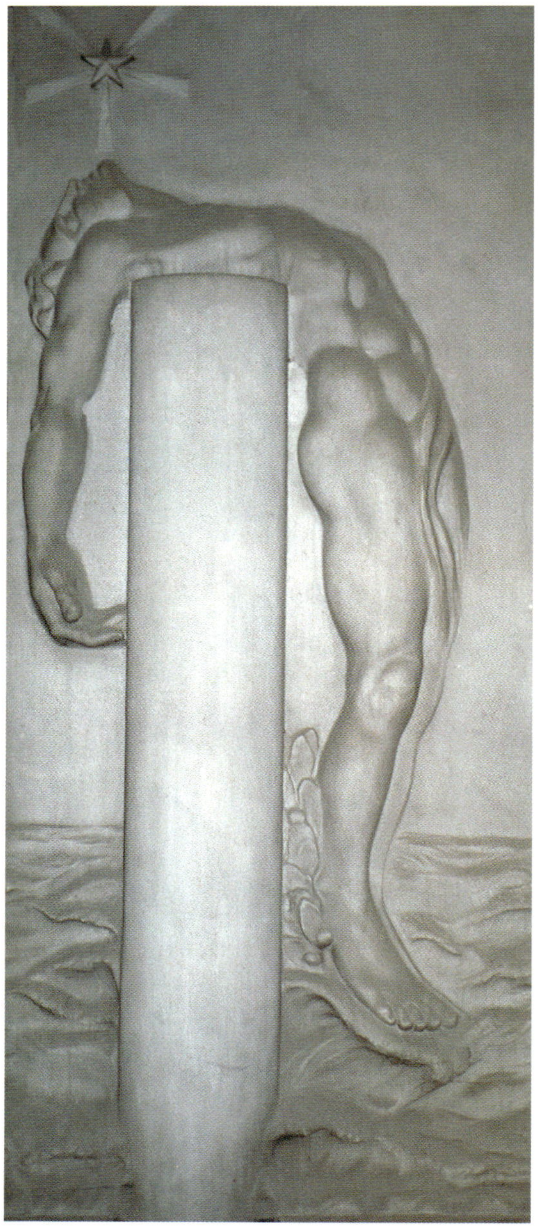

PLATE 163 Pierino Gelmi, Elsa Bifoli (and de Bernardis), Cimitero di Staglieno, Genoa.

became stylized and indifferent, such as G. Scapecchi's rather dainty marble angels, almost mirror images of each other, for the Buchignani Tomb in Lucca [Plate 160] or the small bronze angel for Flora Rochat in the Allori [Plate 161]. There is a new interest in leisure activities and sport. Children are now often portrayed engaged in their favourite sport: the Entella Contini Monument [Plate 162] by Roberto Ersanilli (Vicenza 1879–Chiavari? 1959), for example, simply portrays a little girl holding a lifebuoy, with her name embroidered on her swimsuit. Above all, there is an unprecedented interest in exciting and rapidly developing means of transport: the car, the motorbike and the airplane. Deco glorified the young heroes who piloted them.

If there remains a good deal of Symbolist eroticism in the Deco female nude (see pages 167–71), the erotic emerges now more frequently in monuments to young men. In art schools and academies, there was a return to the Classical canon that celebrated the vigorous male nude and it was, of course, the most recurrent motif of Fascist sculpture in the 1930s. Certainly Rodin's influence continued its strong hold on the male nude in the cemetery as elsewhere: Oreste Pozzi's *Life, Faith, Love I Dreamt* for the Barbieri tomb in Mantua [Plate 165] owes much to *The Thinker* but Butti, under whom he trained, and Bazzaro are equally if not more pertinent. Pozzi's sensitivity towards his materials, here a lovely grey-veined arabesque marble, is typical of Deco. The young hero Pierino Gelmi (perhaps a pilot drowned at sea?), lies 'broken backed' over a phallic pillar in Staglieno [Plate 163]. The Eros/Thanatos duality found in many war memorials emerges in this work, significantly, by a sculptress, Elsa

PLATE 164 Umberto Fabè (1941), Enrico Pancera, Cimitero Monumentale, Milan.

PLATE 165 Barbieri, *Life, Faith, Love I Dreamt* (1916), Oreste Pozzi, Cimitero Borgo Angeli, Mantua.

PLATE 166 Dante Gozzi, Righini, Cimitero San Cataldo, Modena.

Bifoli (b. Genoa 1907). In Modena, the sculptor Righini portrayed the young aviator Dante Gozzi being succoured by an angel 'ever higher . . . beyond clouds and the sun' [Plate 166]. The chromatic contrast of the smooth white marble and pinkish breccia and the refined symmetry are typical of Art Deco. Enrico Pancera (1882–1971) immortalized the young pilot Umberto Fabè in burnished bronze (1941). The athletic hero/Perseus is about to take flight and to launch the blades of a propeller, chained to the head of a Medusa whose snakes try to keep him earthbound [Plates 164, 167]. While the Medusa is tied to Symbolist iconography, the vigorous modelling and sharp edges distinguish it as a fine example of Deco. The inscription, 'he sinks not but flies, he falls not but soars' by Gabriele d'Annunzio, the poet-hero of the flight over Fiume, was repeated on many a monument to aviators.[3]

Armando Minguzzi (Imola 1884–Bologna 1940) dedicated a monument in Bologna to two motorbike champions: Olindo Raggi, who died during a race in 1926, and Amedeo Ruggeri, who died in 1932 in an attempt to break the world speed record [Plate 170]. If the theme of the sporting hero is typically Novecento, the design, central group and even the maidens on the right, a now distant echo of Bistolfi's Durio *Memories* [Plate 95], all recall Minguzzi's master, Pasquale Rizzoli, a leading Bistolfian in Bologna in the first decades of the twentieth century.

PLATE 167 Umberto Fabè (1941), Enrico Pancera, Cimitero Monumentale, Milan.

PLATE 168 Ammirato (1917), Edoardo de Albertis, Cimitero di Staglieno, Genoa.

TOWARDS THE MODERN

Art in the cemeteries continued oblivious of the Futurist revolution that occurred from the second decade of the twentieth century onwards. This is not to say that it was insensitive to all modern trends. The influence of the Vienna Secession was felt in the architecture and decorative arts of the northern cemeteries and, on occasion, in the sculpture: Bistolfi's Hess Monument [Plate 99] is a good example. In particular, the Croatian Secessionist sculptor Ivan Mestrovic (1883–1962), sustained in his early career by Bistolfi, introduced to Italy anatomical contortion and a sense of anguish common to Middle-European Expressionism.[4] This was picked up in Genoa by de Albertis and Baroni and in Milan by Wildt. Edoardo de Albertis (Genoa 1874–1950) came from the Symbolist/Liberty tradition and was talented in many fields: he was a painter, engraver, medallist and designer-decorator. He is particularly remembered for his architectonic sculpture and for a series of Winged Victories, not least the one opposite Rubino's on the Vittoriano in Rome. De Albertis's funeral sculpture in Staglieno develops from Symbolist themes to evolve into a more 'modern', geometrical style. A step towards the new Expressionism can be seen in the young nude maiden of his marble Ammirato Monument [Plate 168]. She is modestly doubled over, the emphasis being on the

PLATE 169 Lavaggi, Mario Restelli, Cimitero di Staglieno, Genoa.

PLATE 170 Olindo Raggi and Amedeo Ruggeri (1934), Armando Minguzzi, Cimitero della Certosa, Bologna.

PLATE 171 Berthe Grosse Bonnin (1921), Eugenio Baroni, Cimitero di Staglieno, Genoa.

PLATE 172 Körner, *Affection in Grief* (1929), Adolfo Wildt sculptor, Giulio Ulisse Arata architect, Cimitero Monumentale, Milan.

PLATE 173 Andrea Bernocchi, *Hell, Purgatory and Paradise* (1931–3), Giannino Castiglioni, Cimitero Monumentale, Milan.

long flowing tresses, of Liberty origin but which now serve to close the geometric contour of the figure. His later, Deco, style is reflected in the Lavaggi mourner [Plate 169] by Mario Restelli, like the aforementioned Fossati, one of de Albertis's many imitators in Staglieno.

Eugenio Baroni (Taranto 1880–Genoa 1935), who came from the same Symbolist roots as de Albertis, was an innovative presence at Staglieno although his funeral production, unlike that for war memorials, was not particularly extensive. Having learnt his art at the Ligustica Academy and having perfected it under Giovanni Scanzi, Baroni fell under the spell of Bistolfi and other Symbolists at the start of his career and then succumbed, like many others, to Rodin. His monument to Garibaldi's Thousand at Quarto, unveiled in 1915, still reflects this stylistic development. He was, however, to become the most innovative of sculptors of his generation in the Genoese sphere, moving away from the literary and decorative aspects of Symbolism/Liberty, to distil a simpler and more expressive style, not immune to the influence of Novecento artists. In his remarkably expressive monument to Berthe Grosse Bonnin [Plate 171] the theme is still Motherhood but Baroni's figure is now a self-contained 'pilaster of pain' such is the intensity of grief communicated through body language.[5] Berthe, in fact, died young in 1918, only a few years after her daughter died at birth (an event recalled by the little bonnet the mother holds in her right hand).

Adolfo Wildt (Milan 1868–1931) worked his way up from simple stone-cutter in the studios of Grandi and others to become one of the leading Milanese sculptors of the twentieth century. His *Art of Marble*, published in 1921, is a valuable source for technique and he was to emphasize the craft element of sculpture through his teaching at the Brera Academy from 1923 onwards. Wildt inherited much conceptually from Symbolism but transformed it stylistically, mediated by Mestrovic and the German and Austrian Secessions, into his own expressionist style. His Körner Monument, *Affection in Grief*, in the Monumentale [Plate 172] is his personal vision of the husband and wife *typos*: the smooth, etiolated figures in bronze 'float' on an upturned disc, away from the door of the sepulchre behind. They harmonize in a Gothic S-shape, without physical contact, visually linked by the ribbon unfurling from the man's raised left hand.

The early career of another modern sculptor, active in Milan, Giannino Castiglioni, demonstrates both his sound academic training under Butti and the all-pervading taste for Bistolfi.[6] He is best remembered for three monuments in Milan. The first, to Andrea Bernocchi [Plate 173], is a mausoleum lined with a busy marble relief of *Hell, Purgatory and Paradise*, crowded with naked figures, reminiscent of Rodin's *Gates of Hell*, with the dead Christ prone above the entrance. Another, to his brother Antonio Bernocchi, executed in conjunction with

PLATE 174 Visconti-Lessi, *Prayer* or *St. John the Baptist* (1934), Alimondo Ciampi, Cimitero di Trespiano, Florence.

the Novecento architect Alessandro Minali, consists of a towering white marble spiral of the Via Crucis [Plate 175]. The Bernocchi were cotton industrialists and patrons of the arts, financing, among other things, the venue for the Architectural Triennial Exhibition in Milan, inaugurated in 1933. The third is Castiglioni's bronze *Last Supper* for liqueur magnate Davide Campari [Plate 123], a work that won the artist the prestigious commission for the second bronze doors of Milan Cathedral. The Monumentale was clearly still an invaluable showcase for a sculptor's work.

After 1930, there was a trend towards the abstract and architectonic. Although there was proportionally less of it, major sculpture continued to appear in cemeteries. For one thing, the tradition to mark sculptors' graves with their own works continued. In Florence Trespiano, Alimondo Ciampi (San Mauro a Signa 1876–Florence 1939) executed an imploring *Prayer* or *St John the Baptist* in bronze for the Visconti-Lessi tomb [Plate 174], with a wonderful backdrop of the Tuscan landscape; his widow placed a replica of the bronze before the sculptor's own bust in a similarly spectacular setting at the Porte Sante.[7] The latter also contains the bronze *Risen Saviour* (1935) on the tomb of Libero Andreotti (Pescia 1875–Florence 1933). Bologna has Manzù's portrait of Morandi. Staglieno has works by Francesco Messina, including his early *Christ Blessing* on the main altar of the Pantheon (1923), and by Sandro Cerchi. Vado Ligure cemetery had works by Arturo Martini, which have been transferred to the local museum, an increasingly common practice. Milan is particularly rich in masterpieces of figurative funeral sculpture after 1940 by sculptors of the stature of Floriano Bodini, Pietro Cascella, Novello Finotti, Lucio Fontana, Giacomo Manzù, Arturo Martini, Fausto Melotti, Francesco Messina and others. Commemorative monuments still continue to be commissioned for cemeteries, such as that to film director Federico Fellini and his wife Giulietta Masini, by Arnaldo Pomodoro in Rimini.

PLATE 175 Antonio Bernocchi, *Via Crucis* (1936), Giannino Castiglioni, Cimitero Monumentale, Milan.

ICONOGRAPHY

THE BED

'Qui . . . amor . . . sempre con te! Le mani . . . al caldo . . . e . . . dormire.'

Luigi Illica and Giuseppe Giacosa, libretto from Puccini's *La Bohème* (1896).[1]

The bed has played a part in funeral sculpture from time immemorial, ever since consolation was sought in the idea that dying was like falling asleep: the word 'cemetery' indeed stems from the Greek word 'koimeterion', meaning a dormitory. A complete cycle takes place in the bed: from birth to reproduction to death and regeneration. It recalls both the cradle of the womb and that of the grave. There we love, there we dream. It is, as Thomas Mann put it, 'a magic shell' which 'transports us on the waves of the sea of oblivion and the Infinite.' Both bed and tomb were traditional theatres of conjugal union, as the Etruscans were well aware (evoked in the Torchio Monument in Turin [Plate 176]).

PLATE 176 Torchio, anonymous, Cimitero Monumentale, Turin.

While the theme of beds is used from Neoclassicism to Art Deco, the number of actual bed scenes in nineteenth-century sculpture is really quite small if one interprets 'bed' in its strictest sense. A far greater number show the body lying on the sarcophagus (more rarely on or in the coffin), with or without accompanying drapes. These scenes, in contrast to the intimacy of the bedroom, tend to assume a more official role: here the deceased lie in eternal memory of their former physical existence (the soul leaving the body may be portrayed in relief behind). They are generally fully clothed and there is usually some reference to their life's accomplishments, in the expectancy of public tribute and recognition.

PLATE 177 Luisa Teresa Spence (1851–8), Odoardo Fantacchiotti, Spence Chapel, Fiesole, Florence.

Some artists compromised, for example Bartolini, with his seminal Countess Sofia Zamoyska in Santa Croce (1837–44) [Plate 18]. Here the Countess is in a bed, placed on top of a sarcophagus. Bartolini's masterly rendering of the bedclothes and of the passage from life to death in her face made this a yardstick for future monuments. Many single-figure deathbed scenes were inspired by Bartolini, who was himself indebted to the great Renaissance tombs in Santa Croce. Odoardo Fantacchiotti (Rome 1809–Florence 1877), whose own

PLATE 178 Marquis Giuseppe Cattani (1889–92), Giovanni Collina Graziani, Cimitero di Brisighella (Forlì).

PLATE 179 Marchioness Elisabetta Sanese (*c.*1835), Giuseppe Bogliani, Cimitero Monumentale, Turin.

Neo-Quattrocento monument to Raffaello Morghen was erected in Santa Croce in 1844–54, was similarly inspired in his monument to Luisa Teresa Spence (1851–58, Spence Chapel, Fiesole) [Plate 177], a work successfully exhibited in London and at the National Exhibition in Florence in 1861. Fantacchiotti, who trained under Bartolini and Pampaloni, worked closely with William Blundell Spence, an important collector-dealer at a time when interest in the Early Renaissance was flourishing in Florence. Another monument of this kind is that to Marquis Giuseppe Cattani in Brisighella (near Forlì) [Plate 178] which combines the Neo-Quattrocento with a Neoclassical bas-relief below featuring a Canovian *Charity* and a group of beneficiaries, oddly garbed in both contemporary and Classical dress. Commissioned from a local artist, Giovanni Collina Graziani (1820–93), after the Marquis' death in 1889, it is deliberately archaic and may have been the sculptor's last important work.[2]

It was with the triumph of Realism from the mid-nineteenth century onwards that the bed came into its own. 'The Just' expected to expire at home, surrounded by family. The bed itself became an important furniture prop in the tragedy of dying: both it and the accompanying elaborate bed linen were carved in extraordinary detail. The bed linen would, of course, have been part of the widow's dowry, or may have been her own needlework, so it became an important symbol both of status and of the widow's devotion. The Italians are still far more obsessed with bed linen than the British: the Countess Zamoyska's family apparently disapproved of the fact that Bartolini had failed to show the sheets and starred bedcover drawn up neatly on her deathbed.

The deathbed was already part of late Neoclassical funeral iconography and, as Realism gained ground, greater importance was given to more private moments, especially moving farewells, whether between husband and wife or with the whole family assembled. The protagonist was often shown at the last breath, or as if asleep although signs of suffering, rather than peace, also began to be recorded. In his monument to Marchesa Elisabetta Sanese (d. 1835) in Turin [Plate 179] the sculptor Giuseppe Bogliani (Turin 1805–81) moves away from Neoclassicism, although the figures are Classically draped. Our attention is principally attracted by the tenderness in the gesture of the daughter, the actress Carlotta Marchionni, who lifts her mother's tired hand to her head in a final blessing.

The high-relief to Carlo Raggio by Augusto Rivalta (1872) [Plate 267] brought a breath of Realism and modern life that was to leave its mark on Staglieno. Rivalta studied with Duprè in Florence but also came close to *Macchiaioli* circles there and knew of Adriano Cecioni's work. This is a glimpse of bourgeois life in the 1870s in Italy: definitely a deathbed (there's no hint of the sarcophagus), it is set in the bedroom in a middle-class house and both the furniture (the ornate bedstead and the tasselled and studded armchair) and the family, gathered at the bedside for the final farewell, are bourgeois. The attention to dress and detail is meticulous (the hairstyles, the earrings) yet, once again, it is the sentiment that is conveyed that makes this a modern scene. The son, ship-owner and industrialist Edilio Raggio (President of the Società Italiana dei Trasporti Maritimi, soon to become the Navigazione Generale Italiana, with a powerful monopoly on shipping routes to South America) comforts a standing relative, perhaps his mother (the standard gesture of the hand is that of request for divine intercession on behalf of the deceased). While the daughter or daughter-in-law grieves in an armchair, another woman leans towards the deceased, intensely searching for any sign of life in the face, the restraining but comforting hand of another female relative on her shoulder. A second son, Armando, is at the bedside.[3] The family was well known in Genoa and there was no need for specific references to professional accomplishments. Instead, the family itself has become the repository of memory: in life, the deceased has achieved the love and respect of his family which, unlike his worldly goods, will accompany him to the beyond but also leave a mark on this earth.

PLATE 180 Raffaele Pienovi, *The Last Glance* (1873–9), Giovanni Battista Villa, Cimitero di Staglieno, Genoa.

PLATE 181 Enedina Sanna Giordano Apostoli (1876), Viktor Brodsky, Cimitero di Verano, Rome.

PLATE 182 Count Giuseppe Alliata Campiglia and son, Ruffo (1878–80), Tito Sarrocchi, Cimitero Suburbano, Pisa.

To this day, one of Staglieno's most popular monuments is that for Raffaele Pienovi (1873–9) [Plate 180], known as *The Last Glance*, by Giovanni Battista Villa (Genoa 1832–99), a leading Realist sculptor there. It shows the widow, Virginia Aprile, 'taking final leave' of her husband below the funeral pall, 'conquering the natural horror of death . . . with the force of her love'.[4] With her left hand she holds Raffaele's hand beneath the elaborate drapes.

The farewell of children at the bedside was particularly touching. The Polish sculptor Viktor Brodsky (Olexinct, Poland 1825–Rome 1904) designed a monument with the bereaved husband for Enedina Sanna Giordano Apostoli (1876, Verano, Rome) [Plate 181]. Brodsky 'pulled out all the stops' in carving the elaborate detail but also in rendering the grief of the little child, standing on tiptoe in the attempt to wake the mother by pulling on the sheets. Tito Sarrocchi, on the other hand, chose the bed as a scene for reunion between father and son in the monument that Beatrice Peverada commissioned for her husband, Count Giuseppe Alliata Campiglia and son Ruffo who died aged three in 1876, two years after his father [Plate 182]. It was inaugurated in the Pisa Suburban Cemetery in 1880. The consolatory scene shows them united in the afterlife but not joyfully, for there is infinite sadness in the young Count's face on embracing his son although the implicit pathos of the scene is well under control. The Count is raised up on his elbows on a draped sarcophagus which, however, resembles a bed.[5]

PLATE 183 Count Massari (1877–80), Giulio Monteverde (and Luigi Bolognesi), Cimitero della Certosa, Ferrara.

Although the widow continued to take pride of place at the bedside, from the end of the 1870s angels began to join, and eventually rival them. In 1877, Duke Galeazzo Massari commissioned Giulio Monteverde to commemorate his uncle, Count Massari (d. 1840) in the Ferrara Certosa [Plate 183]. The leading sculptor, based in Rome, would have welcomed the opportunity to produce something rather grand for this cemetery with its illustrious sculptural tradition. Completed in 1880, it combines both sarcophagus and bed: on the one hand, it shows the Count in his winding sheet, ceremoniously laid out on an elaborate sarcophagus, executed by Luigi Bolognesi; on the other, the Count's head rests on a pillow, propped up by a tasselled bolster, his head and shoulders bare, while a graceful custodian angel bends over him, almost as if to 'tuck him in'. The dexterity of execution of the winding sheet rivals that of Bartolini, while the portrait, given that it must have been done from a death mask, is effective. The plaster model was exhibited at the Exposition Universelle in Paris in 1878, alongside Monteverde's award-winning Jenner (GNAM, Rome) and the model for the Sada Monument in Turin [Plates 77, 314].

The Count is no longer sustained by the presence of a widow but, rather, by one of the loveliest of nineteenth-century angels: androgynous, tending towards the feminine, with a falling cascade of curls and delicate star headband, diaphanous robe with starred borders at the neck, sleeves and point of attachment of the wings. Originally the scene was more intimate still, the angel's

PLATE 185 Volontè Vezzoli, *The Last Kiss* (1889), Emilio Quadrelli, Cimitero Monumentale, Milan.

PLATE 186 Giovanni Vittadini and Amalia Beretta Vittadini (1906), G. Giudici, Cimitero Monumentale, Milan.

wings lowered towards the head of the bed. Monteverde told Giuseppe Agnelli: 'My angels never cry: all those weeping marble figures are the reason that cemeteries are so little visited: there, where the bones of one's loved ones lie, there must be something to raise the purified mind'.[6]

The Bisteghi Monument in the Bologna Certosa, completed in 1891 by Enrico Barberi (Bologna 1850–1941) [Plate 184], certainly stems from the Massari but retains a female mourner and a 'magnificent' one at that. Barberi studied at the Academy in Bologna and then in Duprè's studio in Florence (where he taught at the Istituto d'Arte and then at the Academy). However, he never broke ties with his native city, executing several public commemorative works and many funeral monuments in the Certosa of which the Bisteghi is his finest. The bed is raised and the statuary group figures dramatically in the centre of a branch of the 'Gallery of Angels', built in the 1860s and one of the areas richest in sculpture. Barberi has pushed Realism to extremes: in contrast to the rather rigid and cold (yet splendidly dressed mourner), the deceased inspires our sympathy: consumed with sickness, his hand already skeletal, on expiring, he has cast his dying glance towards the proto-Symbolist angel who, rather haughtily, appears to be staying him with the right hand and is armed with the Book of Judgment in the left. The Hyper-Realism of the Renaissance-style carved bed and the rendering of the bed linen, together with the meticulous detail of the mourner's outfit succeed in their aim to astound.

With Romanticism, an element of passion was introduced to deathbed scenes. Emilio Quadrelli's Volontè Vezzoli Monument for Milan (1889) [Plate 185], known as *The Last Kiss*, is essentially a deathbed scene but, although it may represent husband and wife, the protagonists are certainly not wealthy middle-class Milanese: the woman, in fact, is dressed in a simple sleeveless shift and she has a headscarf, tied peasant fashion around her head. The bed is extremely simple and made of wood while there appears to be hay or rushes on the floor. The work belongs to the Milanese Realist tradition but borders both on Social Realism (note the lifeless arm, consumed by illness) and Symbolism.[7] Although the protagonists of the

PLATE 187 Zaira Brivio (1893), Alberto Sassi, Cimitero Monumentale, Milan.

PLATE 188 Zaira Brivio (1893), Alberto Sassi, Cimitero Monumentale, Milan.

PLATE 184 (LEFT) Bisteghi (1891), Enrico Barberi, Cimitero della Certosa, Bologna.

PLATE 189 Isabella Airoldi Casati, *The Dream of Death* (1889–91), Enrico Butti, Cimitero Monumentale, Milan.

monument to husband and wife Giovanni Vittadini and Amalia Beretta are older, there is still much passion in their last glance [Plate 186].

With the advent of Symbolism, the deathbed became a theatre of eroticism, albeit subliminal, the passive female body now inviting a voyeuristic response from the viewer. Invalidism was seen as a natural state for woman, such that death, sickness and convalescent scenes in bed were rife in Romantic/Symbolist literature and opera, for example Verdi's *La Traviata* (first performed in 1853), inspired by Dumas Fils. Segantini's *Rose Petal* (1890), painted over a scene of *Galoping Consumption* (1885) or the Pre-Raphaelite-inspired *Death of Comalia* (1895, P.C., Milan) are comparable examples in painting.[8]

On its exhibition at the Brera Triennale in Milan in 1891 the bronze monument to Isabella Airoldi Casati (d. 1889) [Plate 189], by Enrico Butti, was hailed by the influential critic Vittore Grubicy as an example of the new 'Ideaist Art', the sculptural equivalent of Gaetano Previati's Divisionist painting *Maternity* (1891, Banca Popolare, Novara).[9] It proved a strong contender for the prestigious Premio Principe Umberto and instantly enjoyed great acclaim: it was published in the nationally circulated *Illustrazione Italiana,* showing the inauguration on 2 November 1891 in the Monumentale, a proud Butti to the left, the family grouped to the right, in full mourning.

Isabella Airoldi, the wife of Baron Gianluigi Casati, had died aged twenty-four, in 1889. Butti chose to portray her propped up on her pillows, as if asleep, her arms by her side, the cover below her naked breasts (criticized at the time) on which, like Bartolini's monument to Zamoyska, a crucifix lies. The consolatory 'dream of death' is evoked in the bronze bas-relief behind her head showing proto-Liberty smiling angels lining the steps to Paradise, awaiting the passage of souls. The underlying concept is one of the first to express 'sweet death', encompassed in a beautiful woman who passes serenely from sleep to the life beyond where a multitude of angels awaits her. There is already some of that subdued eroticism connected with adolescent girls and young women that was to become typical of Symbolist funeral sculpture: her features are idealized, her eyelids heavy, lips full, her long hair draped, Ophelia-like, over the pillow, her hands carefully positioned and joined to arms and shoulders in a lovely unbroken, sinuous line. In its wake, the bed was often chosen to commemorate young women, now lain on a bed of roses: Bistolfi's white marble monument to Fanny Lacroix (1905, Monumentale, Milan, destroyed), inspired by literary sources, had many an imitator.[10]

The Isabella Airoldi Casati Monument directly engendered Alberto Sassi's Zaira Brivio Monument in Milan [Plates 187, 188] and a late tribute by Carlo Cerati, one of Butti's pupils at the Brera Academy: the Pedrazzoli Monument in Mantua, also in marble. One imagines that it was at the request of the parents (portrayed in portrait medallion at the foot of the bed) that Alfredo Sassi (b. Milan 1869) quoted the Butti so closely only three years later. However, the mood is profoundly different. Although the relief at the head of the bed is more traditional (a Virgin seated among angels) and should promise salvation, there is far more *angst* in this version. The signs of agony have left their mark on the young face which the broadly winged and, frankly, despairing angel cannot bear to look upon. The foot of the bed is adorned with a poppy relief, evocative of sleep, while the stone enclosure reflects Butti's interest in eclectic styles. Note the technical *tour de force* of the candle smoke. The Pedrazzoli Monument (1927–8) [Plate 190], entitled *Silence for Those who Must Sleep* or *The Sleeper*, executed by Carlo Cerati in Mantua Cemetery, though a tribute to Butti, is actually closer to Sassi. The now considerably older woman is seen dying, hardly at peace, with evident signs of suffering, even though the bas-relief medallion at her head holds promise of resurrection in Christ.

Late Symbolism concentrated on types rather than individuals. Thus it was that the 'family', represented by Luigi Brizzolara (Chiavari 1868–Genoa 1937) around the bed of the Lavarello Anselmi Monument (1926) [Plate 191], have now become symbolic of the 'Ages of Man'.

PLATE 190 Pedrazzoli, *Silence for Those who Must Sleep* or *The Sleeper* (1927–8), Carlo Cerati, Cimitero Borgo Angeli, Mantua (detail).

PLATE 191 Lavarello Anselmi (1926), Luigi Brizzolara, Cimitero di Staglieno, Genoa (detail).

THE PUBLIC FUNERAL MONUMENT

The cemetery is at one and the same time a public place and a refuge for private grief. Some sculptures, especially Realist works, such as Orengo's Caterina Campodonico [Plates 25, 192, 204], openly dialogue with the viewer; others, like Luigi Belli's Antonietti in Turin [Plate 298], are introvert and withdraw their gaze. Rarely, sculpture may be shut up in a private chapel but otherwise it was perforce 'on show' and subject to the critical eye of passers-by. Moreover, public attention would have been drawn to new funerary monuments in newspaper articles published during the All Saints' period. Virtually all funeral sculptures, therefore, are of a public nature, but some are more public than others. In truth, the tradition of public (and private) financing of monuments for leading citizens or events of particular note grew up with the cemeteries themselves, most obviously within the various pantheons, in the wake of Pindemonte and Foscolo (see page 37), but also in the cemetery itself.

PLATE 192 Caterina Campodonico (1881), Lorenzo Orengo, Cimitero di Staglieno, Genoa.

Risorgimento Monuments in the Cemetery

As we have seen in the Vantiniano (see pages 46–7), the public financing of monuments to illustrious citizens soon invaded the cemetery and the inauguration of such monuments was often a public ceremony.[1] Among tributes to local *exempla virtutis*, but common to all cemeteries, were those to groups or individuals who fell in the Risorgimento struggle: Brescia has the monument to Courageous Brescians by Luigi Pagani, inaugurated in 1879 [Plate 54];[2] Bologna has a stucco lion commemorating all those who fell in the Wars of Italian Independence, by Carlo Monari (Bologna 1831–1918) [Plate 193]; Verano has the monument by Luciani Campisi (1860–1933) to Goffredo Mamoli, composer of the National Anthem, who died, aged twenty-two, on the walls of Rome in 1849. Pisa's Suburban Cemetery has Giuseppe di Ciolo's fine monument to that city's heroes who fell at Curtatone and Montanara (inaugurated 1889). The tradition continued up to and beyond the First World War with the creation of monuments to the Fallen inside cemeteries, for example Ercole Drei's monuments in Cloister VI of Bologna Cemetery.

Since it was not always possible to occupy public space in the cities with tributes to 'lesser' patriots, the cemeteries assumed this role. Turin is a case in point with, for example Vela's monuments to Provana di Collegno (1857) [Plate 292] and Baudi di Vesme (1857). The first funeral monument in Milan's Monumentale in 1867 was to Garibaldian Nicostrato Castellini, who fell in the Third War of Independence.[3] For their part, those who had fought in the campaigns that 'made Italy', particularly followers of Garibaldi and Mazzini (in spite of the latter's well known antipathy towards public monuments), did not fail to have this mentioned in their epitaphs or represented on their tombs: from Medardo Rosso's monument to Vincenzo Brusco Onnis (1888, Milan) [Plate 213] to Alessandro Lazzerini's memorial to Luigi Cocchi (1920, Trespiano) [Plate 194], in which the 'hero' (here, an industrialist in the guise of country gentleman) stands proudly by symbols of his accomplishments, reassumed in the flag (patriotism) and inscription which recalls his participation in Garibaldi's ranks and his accumulation of 'honest wealth'.[4]

It was sculptors sympathetic to Republican ideals that generally executed such monuments and, like the men they portrayed, they tended to have Masonic connections (for example Ferrari, Monteverde and Vela).[5] Ernesto Bazzaro, well known for his radical sympathies, executed the monument to Ermenegildo Castiglioni (1897, Milan) [Plate 114], a late tribute to the progressive Republican ideals of Mazzini's Giovane Italia (founded 1831) and Giovane Europa (founded 1833) political movements. A surprisingly light-spirited monument to be found in a cemetery, it is clearly a statement about the life and principles of this businessman, philanthropist and fervent Mazzinian. Putti representing 'Faith', 'Brotherly Love' and 'Mutual Aid' frolic; below them, inscribed on the national flag, the words 'God and the People'.

PLATE 193 Monument to the Fallen in the Wars of Independence, *The Martyrs of Italian Independence*, Carlo Monari, Cimitero della Certosa, Bologna.

PLATE 194 Luigi Cocchi (1920), Alessandro Lazzerini, Cimitero di Trespiano, Florence.

Risorgimento references are generally limited to flags, Garibaldian red shirts, scarves, caps, assorted weapons and medals. However, one example, in Verano, represents a campaign (Calafimi, or the conquest of Palermo) in which Senator Francesco Paternostro (1840–1913) took part, emulating the reliefs on public monuments to Risorgimento heroes throughout Italy. He wished *his* moment of glory, *his* part in history to be recorded. The extraordinary juxtaposition of the erotic *pleureuse* and bronze relief battle scene is just one of the idiosyncrasies sometimes found in Italian funeral sculpture [Plate 195]. The sculptor Ettore Ximenes (Palermo 1855–Rome 1926) trained in the South, where he befriended Vincenzo Gemito, and was to execute major Risorgimento monuments in the North (the equestrian Garibaldi in Milan (1895), Verdi in Parma and Zanardelli in Brescia) and works for the Vittoriano and Palazzo di Giustizia in Rome.

PLATE 195 Senator Francesco Paternostro (*c.*1913), Ettore Ximenes, Cimitero di Verano, Rome.

Competitions for Funeral Monuments

Some monuments were publicly funded by subscriptions: that to Giovanni Cappellari della Colomba (1869) in the Porte Sante, Florence, for example. He was an honest public servant: a tax inspector who died poor![6] In the case of benevolent philanthropists, it would be incumbent on grateful institutions to erect a worthy tribute, like that to Pacchiotti in Turin or Carminati's Casati in Milan [Plate 470]. Competitions for funeral monuments, on the lines of those held for public celebrative

PLATE 196 Benedetto Brin (1905), Cesare Reduzzi, Cimitero Monumentale, Turin.

sculpture, appear to have been rare but were not unheard of: the Bolmida, Pacchiotti and Brin monuments in Turin and the Valentini Monument in Mantua were all subject to competition [Plates 24, 196, 235]. Luigi Contratti beat Leonardo Bistolfi and others to win the Pacchiotti commission: he chose to celebrate the surgeon, university professor, senator and benefactor of schools ministering to a poor man.

The size, format and location of the monument to engineer Pietro Valentini [Plate 235] (originally in line with the main entrance to Mantua Cemetery) identify this as a public monument. Valentini's widow and heir commissioned the work from the Cremonese brothers Alessandro and Silvio Monti in 1895, after a public competition was held in which twelve sculptors took part. It was judged by a local jury of eminent citizens and artists.[7]

Benedetto Brin (1833–98) founded the Naval Academy in Livorno (where there is a public monument to him by Raffaello Romanelli) and modernized the Italian fleet; he served both as Foreign Minister and as Minister for the Navy. Below the standard portrait bust, Cesare Reduzzi (Turin 1857–1911) carved an allegory of *Man Dominating the Force of the Sea* in which a winged and helmeted angel overcomes the male nude emerging from the waves in a heroic struggle [Plate 196]. It was inaugurated in Turin Cemetery in 1905. Here too, a public competition had been held (Edoardo Rubino was among the competitors) but, in general, the family rather than any institution, erected what would otherwise have been a public monument.

The Development of the 'Public' Funeral Monument

In the vast majority of cases, the deceased himself (usually it is a man) and/or his family decided to erect a funeral monument in imitation of the celebrative public monuments that were springing up all over Italy. Such monuments arose from a strong sense of civic and national pride and were primarily secular, adopting allegorical rather than religious figures. They were required to combine a faithful portrait of the deceased with testimony, often in bas-relief, of their worth and deeds for posterity.

One of the earliest funeral monuments of this kind, but one which established a *typos* in Milan Cemetery, was that erected in 1870 by Giovanni Strazza (Milan 1818–75) to Giulio Sarti (1798–1866), a hydraulic and railway engineer and patriot [Plate 197]. It respects the Neoclassical format of seated central figure (here in contemporary dress), flanked by two allegorical figures of Work and Applied Science; symbols of his work are in bas-relief below. Strazza, who trained under Tenerani in Rome and who taught at the Brera Academy from 1860 onwards, remained attached to Classical traditions but was not immune to the new current of Romanticism that followed in the wake of the 1848 Revolutions. Placed in the Upper West Gallery, (with the East Gallery visible from the approach to the cemetery), it was soon joined by other monuments to representatives of the emergent Lombard intellectual, professional and industrial middle class. Vincenzo Vela's Pietro Lazzati (1871), for example, was later moved to the Upper East Gallery [Plate 23].

Vela's monument to the Kramer family [Plate 198], erected in Milan in the following year, is an early, prestigious example of the secular 'public' funeral monument. The Kramers (Antonio, Carlo and Edoardo) contributed much to the Lombard capital from the point of view of the Risorgimento, industry, science and philanthropy, and Teresa Berra, daughter-in-law, widow and mother, wished to pay a civic tribute the family's achievements.[8] Her own features are said to be found in the crowning allegorical figure of *Science Mourning*.

A little later, Giovanni Strazza's sister, Giovannina, commissioned him to execute the monument to her deceased husband, Francesco Lucca, a successful music publisher (Milan, 1879 [Plate 199]). Specific details of the deceased's life are recalled: the *Lohengrin*, for

PLATE 197 Giulio Sarti (1870), Giovanni Strazza, Cimitero Monumentale, Milan.

PLATE 198 Kramer family (1872), Vincenzo Vela, Cimitero Monumentale, Milan.

PLATE 199 Francesco and Giovannina Strazza Lucca (1879, 1895), Giovanni Strazza and Giulio Branca, Cimitero Monumentale, Milan.

PLATE 200 Alessandro Brisse (1894), Arnaldo Zocchi, Cimitero di Verano, Rome.

example, emerging from a pile of books beneath the armchair, reminds us that Lucca was among the first to promote Wagner in Italy; the four *putti*, one at each angle of the base, represent Study, Composition, Music and Gratitude. The long epitaph recalls that Lucca, of humble origins, through 'hard work and character', had made his way up in the world, 'an example for the humble worker and the wealthy alike'. Giovannina, who apparently played a large part in his success, was more modestly portrayed by Giulio Branca (Cannobio 1850–Milan 1926) in the portrait medallion, placed at the foot of the monument, after her death in 1895.

The Celebration of Achievement

Men came to be identified with their achievements. So it was that cemeteries also witnessed the celebration of specific feats. Engineer Alessandro Brisse drained Lake Fucino where the Romans before him had failed. His children commissioned Arnaldo Zocchi (Florence 1862–Rome 1940) to create an imposing monument, erected to him in 1894 in Verano [Plate 200]: History (a large allegorical winged female figure in bronze, holding a book), shelters a group of peasants to her left (about to enjoy the fruits of Brisse's work) and slaves to her right (representing the Emperor Claudius' failure). The monument is crowned by a bust of Brisse, set against a pink granite obelisk with decorative graffiti (trucks on rails?). Were it not for the rather insignificant graffiti cross, there is no suggestion that this is a funeral rather than a civic monument. In fact, it is similar in many ways to Luigi Belli's monument to the Crimea Expedition, inaugurated two years earlier in Turin.

Eugenio Villoresi (1810–79), a hydraulic engineer who built the eponymous canal in 1884 to irrigate the fields of Lombardy, was honoured in the Monumentale Famedio. Luigi

Panzeri (Milan, 1864–1939) celebrated Villoresi the man, himself, in his monument in front of the Milan Polytechnic in 1907. Three years earlier, he had emphasized rather the deceased's deeds and the benefits they had brought to 'the grateful agricultural worker' (seen to the left, executed in the late Social Realist style so popular in Milan around the time of the Sempione Exhibition of 1906). The heads of Villoresi and his family sprout rather incongruously in relief to the right [Plate 201].

PLATE 201 Eugenio Villoresi, *The Gratitude of Agricultural Workers* (1904), Luigi Panzeri, Cimitero Monumentale, Milan.

The Celebration of Self

In the Age of Positivism, optimism dominated: a man could make of himself what he would. It was an age of the protagonist: not by chance were certain individuals chosen for celebrative sculpture: not just the Risorgimental heroes (Garibaldi *in primis*) but those who had changed the course of history (Columbus, Napoleon) or who had made major contributions to science (Franklin and Jenner) and the arts (Giotto, Raphael, Michelangelo). While not all Italian bourgeois could boast to having participated in Independence campaigns, those who had made a mark in their careers, whether commercial or professional, were proud of the fact, and it was, at the very least, recorded in their epigraphs or, for the wealthier, in funeral monuments with portrait, bas-reliefs or allegorical figures. The sheer self-assurance that exudes from many of these portraits is impressive: these are people who knew their own worth, who were assured of their place in Paradise, having conducted a moral life, but who wanted to leave their mark on this earth.

None is more exemplary than the monument in Turin Cemetery to Cavaliere Giuseppe Pongiglione (1823–1900) who, characteristically, took an active part in designing his own memorial [Plate 202]. This monument is a perfect summing up of the Positivist funeral monument. Conceived in 1885/6, it was executed by Lorenzo Vergnano (Cambiano 1850–1910), a prominent funeral sculptor and later Professor of Sculpture at the Ecole des Beaux Arts in Paris (1900–10). Although Pongiglione's parents are recorded in portrait medallions, it is chiefly a self-celebration (hence it was exceptionally executed some fifteen years before his death). This is a magnificently physical figure, projecting confidence that he has merited a place in Heaven. Dressed in corduroy trousers and brocade waistcoat, his beard and whiskers immaculately prosperous, Pongiglione consults his pocket watch (indicative that his 'time' has come) and carries his 'lunch box' casket scrupulously marked 'Memories'. He has risen from the empty coffin and is shown Heaven by a young male angel who indicates the host of cherubim waiting to welcome him. A small angel at his feet triumphs over the devil and holds a drape recording his name for posterity. Popularly known by the Turinese as the 'tomba dij rat' because of the rat, visible, though damaged, to the bottom right, it is full of anecdotal detail.

Behind Pongiglione, the microcosm is divided, to his left, into the carefully ordered world of the Living and, to his right, that of the Dead. In the background, a steam train travels over a high railway bridge towards 'Progress' and the sun. A plaque to the right records that Pongiglione was the railway commissioner to the French and Italian armies in 1859. He was also a philanthropist and benefactor, particularly of children, and left a sum of money to establish a prize for primary school children after his death. The Civic Virtues (Diligence, Fortitude, etc.) appear in the surrounding arch. A butterfly, symbol of metamorphosis and resurrection, is carved in the marble and, together with other insects and reptiles, also features on the magnificent iron railing, a homage to Darwinism. Like the marble, the iron is sadly undergoing rapid erosion.

Raffaello Romanelli's splendid life size bronze of Giuseppe Malenotti (1901, Misericordia Cemetery, Soffiano) [Plate 203] portrays the wealthy notary, comfortably seated in an armchair in the centre of the cemetery, looking as if he owns it.[9] Represented as the typical Tuscan gentleman, he is a 'living figure in space' with incredible physical presence, ready, it seems, to strike up an animated conversation from one moment to the next. Certainly, like his fellow Tuscan artist Giovanni Fattori, Romanelli has captured the implicit 'male Tuscan' character: rebellious, free-thinking, gregarious, polemical, much as Romano Romanelli described his own father.[10] The bronze is 'left rough and sparkling from the stroke of his modelling stick and his formidable thumb'.[11]

There is only one female statue that can vie with such self-made men and it is all the more extraordinary in that it portrays a women of the working class: Caterina Campodonico [Plates 25, 192, 204]. Commissioned from Lorenzo Orengo in her lifetime and erected in Genoa Staglieno in 1881, this portrait is remarkable for several reasons: first and foremost for its Realistic detail and the skill of its carving. She has put on all her finery: coral earrings, a necklace and brooch: we can almost feel the starch in her apron and the woollen tassels around her best shawl. It was commissioned by Caterina herself, a hawker 'come rain, come shine' of bread rolls and strings of nuts, (held in her hands like a rosary – the only religious reference) and must have cost her a lifetime's savings. The epitaph in Genoese dialect by Giambattista Vigo invites the passer-by to pray for her: she was only too well aware that visitors to the cemetery would be drawn by her statue and it is still probably the most popular in Staglieno today. The assertion of self, the desire to be remembered and the celebration of the ethical value of work (for Caterina had achieved her goals in her own small way) are all typical of Realist funeral sculpture in the 1880s: what is untypical is that a woman of Caterina's class should have made such a bold statement about her own worth. The statue brought fame to Orengo, who executed several similarly Hyper-Realistic portraits in Staglieno, subsequently for obviously wealthier clients.[12]

PLATE 202 Giuseppe Pongilione (*c.*1885–6), Lorenzo Vergnano, Cimitero Monumentale, Turin.

PLATE 203 Giuseppe Malenotti (1901), Raffaello Romanelli, Cimitero della Misericordia, Soffiano, Florence.

PLATE 204 Caterina Campodonico (1881), Lorenzo Orengo, Cimitero di Staglieno, Genoa.

PORTRAITURE

Leaving aside all religious references, like forms of the cross, it can safely be said that the vast majority of funeral sculpture in the second half of the nineteenth century consisted of portraiture. Even in Neoclassical works, the deceased were often portrayed in *clypeus* and, in the course of time, their role became more prominent. The bereaved wanted something concrete to remember their loved ones and what better than a likeness? This remained a constant requirement in funeral sculpture: from Realism of the Furno Scassi Monument in Vercelli (1880s) by Ercole Villa (Milan 1827–Vercelli 1907) [Plate 205] to the Hyper-Realism of the amazing Deco Paluello-Scapin Monument in Venice [Plates 47, 206], inscribed 'Talia Gaudio Speravi – Credo Post Mortem Maiori', by Annibale de Lotto (San Vito di Cadore 1877–Venice 1932).[1] Only briefly, in the Symbolist period, was the funeral portrait threatened. Even then, its omission met with resistance on the part of clients: Bistolfi, for example, had difficulty in convincing the Vocchieri family that it was not necessary to have portrait busts of the entire family in the chapel that houses his famous *Brides of Death* (1894–97, Frascarolo Lomellina).[2] The draw of the portrait was so strong that even prominent members of the Jewish communities were tempted, and not just in Milan (the Treves family monument [Plates 405, 406, 407] being an example there). Silverio Montaguti (Castelfranco Emilia 1870–1941), executed a splendid aniconic Liberty floral design but Benedetto Zamorani, founder and editor of Bologna's leading newspaper, *Il Resto del Carlino*, just appears in the middle (1911, Certosa, Bologna) [Plate 402].

PLATE 205 Furno Scassi (1880s), Ercole Villa, Cimitero Billiemme, Vercelli.

Very often, as we shall see, mourners also wished to be portrayed. Many monuments were for perpetual or long-lease family tombs so it was worthwhile to invest in group portraits (or leave space for portrait medallions or busts to be added). It would be inaccurate, however, to suggest that this was exclusively a result of middle-class parsimony or foresight. Rather, it often seems to be governed by the need 'to be there', to bear witness to the passing of a loved one. A fine example of a family group portrait is the monument erected in 1896 in Verano by Giuseppe Guglielmi, Marquis of Rocchette and his wife, Aloysia, Marchioness Briganti, heirs to Antonia Sanini, portrayed alongside her brother Joseph and sisters Hyacinthe and Theresa. Sculptor Costantino Lucentini was obviously requested to give a lifelike rendering of a typical family gathering [Plate 207].

Another popular type of male portraiture, the 'armchair portrait', mimicked official public portraits like Tenerani's Pellegrino Rossi in Carrara (1854) and Vela's statue of Cavour for the Stock Exchange in Genoa (1861–3).[3] The 'chair' conveyed economic, intellectual, political and hierarchical power: we find it in P. Roncallo's 'official' portrait of the successful Genoese painter Nicolò Barabino, (1896, Sampierdarena) [Plate 208] as we do in the more relaxed figure of Count Tampieri in Faenza [Plate 209], which is closer to the Vela.

Such monuments involved a lot of sculpture and were expensive. The official type of portrait, with a full figure of the deceased standing was also a costly affair. As the century progressed, sculptors succeeded in rendering such statues more lifelike by introducing livelier modelling, more movement and relaxed poses. Certainly, the many statues of 'survivors' at the tomb side could have been modelled from life and one suspects this was the case of the mother of music publisher Domenico Vismarra. Executed in 1887 by Primo Giudici (Viggiù 1852–Lodi 1905), it is a keen psychological study of old age and defeat,

PLATE 206 Paluello-Scapin family, *'Talia Gaudio Speravi – Credo Post Mortem Maiori,* Annibale de Lotto, Cimitero di S. Michele, Venice.

PLATE 207 Antonia Sanini and Joseph, Hyacinthe and Theresa (1896), Costantino Lucentini, Cimitero di Verano.

contrasting with the rather wooden expression of the marble bust of her son [Plates 210, 211].

Portrait busts or reliefs were more readily afforded. A flourishing craft industry revolved around this demand and even reputable sculptors, such as Giovanni Scanzi in Genoa, were lampooned for the serialization involved in their production.[4] It was not rare for trained sculptors (Canessa and Lavarello in Genoa, Nicoli, Lazzerini in Carrara, and many others) to work in large studios where all kinds of sculpture was undertaken: from large celebrative and funeral works to smaller portraits.[5] With the rise of art and design schools towards the end of the nineteenth century, the borderline between 'artist' and 'craftsman', between one-off and serialized pieces, became more blurred. Large cemeteries, like Staglieno, Ferrara or Milan, could produce enough business to maintain sculpture studios specializing in funeral monuments (respectively the Ricchino, the Beretta and the Bonfanti brothers). Photographs on tombs, which began to appear more frequently towards the close of the nineteenth century, are nowadays widely used. They provided a likeness, of course, but were hardly so enduring and were considered a poor substitute for a monument.

To execute the portraits, in some cases, death masks were used; in others, photographs.[6] On his business card, Symbolist Carlo Cerati boasted that he would give 'likeness guaranteed' in

PLATE 208 Nicolò Barabino (1896), Pietro Roncallo, Cimitero Comunale Sampierdarena-Castagna.

PLATE 209 Count Sebastiano Tampieri, anonymous, Cimitero dell'Osservanza, Faenza.

PLATE 210 Domenico Vismarra (1887), Primo Giudici, Cimitero Monumentale, Milan.

PLATE 211 Domenico Vismarra (1887), Primo Giudici, Cimitero Monumentale, Milan.

busts and medallions from photographs.[7] Few clients were provident (or famous) enough to have their portraits done from life. In some cases, pre-existing busts were used: Vincenzo Gemito's marvellous head of the Spanish artist Mariano Fortuny (1838–74), for example, was placed on his tomb in Verano; the original, dated 1873, is in the GNAM in Rome.

The market for commemorative portraits boomed from the 1880s onwards with the large-scale introduction of bronze to the cemetery. Marble, however, continued to hold its own in areas like Carrara and Pietrasanta where it was readily available and relatively cheap. Amid the huge numbers of portrait busts and reliefs in northern and central Italian cemeteries, some stand out as particularly fine works of art that capture something of the psychology of the deceased and possess a degree of animation and vitality. Portraiture was, of course, a major source of income for sculptors, practised to some degree by nearly all, in the second half of the nineteenth century, reaching greatness in the portraits by Vincenzo Gemito and Giuseppe Grandi. Society portraitists like Pietro Canonica and Paolo Troubetzkoy (Intra 1866–Suna, Pallanza 1938) made both considerable international reputations and fortunes. Portraiture was also the genre in which the rebellious Medardo Rosso (Turin 1858–Milan 1928) was constrained to work, for economic motives, before abandoning Milan for Paris in 1889.[8] His clients were radicals like himself: his modelling, where matter dissolves into light [Plate 213], would hardly have ingratiated him with the average bourgeois, desirous, as already noted, to obtain the greatest possible likeness. In the years he spent among the *Scapigliati* artists Rosso was close to the Anarchist-turned-Socialist literary critic Felice Cameroni (1844–1938). Troubetzkoy, who also grew from the *Scapigliati* ambience, was commissioned in 1914 by the Ospedale Maggiore, appointed Cameroni's heir, to execute his funeral monument in Milan [Plate 214]. He produced the fine bronze portrait, located in the entrance galleries reserved for the famous and meritorious, and several other quality portraits in bronze for the Monumentale.

Fine portraits, marble or bronzes, busts or reliefs, are, indeed, present everywhere in a variety of forms: from the Realist Maria Laneri in the little Ligurian cemetery of Zoagli [Plate 212] to the Liberty Carlotta Borsani Ceriami in Milan [Plate 215]. In the 1890s, the 'hollowed out' high-relief portrait was particularly popular: without the 'official' quality of a bust yet more lifelike than a bas-relief, it was incorporated on monuments; Bistolfi's Durio [Plate 219] is an early example which must have influenced the Senazzi Monument in Novara of around 1900 [Plate 216].

Funeral portraits may be invested with a naturalness lacking in celebrative busts. Superb examples are to be found among the many pedestrian commemorative portraits but one has to sift them out. The cemeteries of Florence are particularly rich in lively portraits like that of painter Stefano Ussi, erected by his widow (*c.*1904) [Plate 217]. It has been attributed to Ippazio Antonio Bortone (Ruffano 1847–Lecce 1938), who taught at the Florentine Academy (1888–1905). Naturalism was focused on Tuscany from the 1850s. Famed for their landscapes, the *Macchiaioli* painters in Florence (especially Lega and Fattori) also executed many splendid portraits. The so-called '*Macchiaiolo* sculptor', Adriano Cecioni (Fontebuona di Firenze 1836–Florence 1886) also sought to capture figures in natural poses with light and movement.[9] The delightful little sleeping figure of the Regalia Monument in Milan, by Giovanni Focardi (Florence 1842–1903), is so vibrant that it appears to be a study from life

PLATE 212 Maria Laneri, anonymous, Cimitero San Martino, Zoagli.

PLATE 213 Vincenzo Brusco Onnis (1888), Medardo Rosso, Cimitero Monumentale, Milan.

PLATE 214 Felice Cameroni (1914), Paolo Troubetzkoy, Cimitero Monumentale, Milan.

PLATE 215 Carlotta Borsani Ceriami, anonymous, Cimitero Monumentale, Milan.

PLATE 217 Stefano Ussi (*c.*1904), Ippazio Antonio Bortone, Cimitero delle Porte Sante, Florence.

PLATE 218 Regalia, *Sweet Rest* (*c.*1887), Giovanni Focardi, Cimitero Monumentale, Milan.

(the foot is still tense). It might have come from a painting by Silvestro Lega [Plate 218]. The attention to detail and dress are similar to Rivalta's work in the 1870s although the handling is freer, comparable to Cecioni, whom Focardi would have known through his painter brother, Ruggero. Focardi worked in London in the 1870s and this was probably executed after his return. A second bronze, known as *Sweet Rest* is in the GNAM in Rome and is dated 1887.

As we have seen (see pages 66–7), head of the Realist School in Florence, after Rivalta, was Raffaello Romanelli, son of Pasquale and father of Romano who carried on the family tradition in their studio in Piazza San Spirito and in their studio-shop on Lungarno Acciaiuoli, still open and in the family. Raffaello executed at least fifteen works in the Porte Sante Cemetery, mostly busts, and several others at Trespiano, Soffiano and Allori in Florence, and at Antella, Lucca and Rapallo.[10] Though famed for his ability as a portraitist, he also ventured with success into the field of Symbolism [Plate 285].

The spontaneity and vitality infused in his larger funeral portraits [Plates 203, 283] is similarly present in his smaller bronze heads, seen, for example in that of his uncle, Romano [Plate 221] (near the sculptor's own grave in Soffiano), which captures an ironic smile under the moustaches and a twinkle in the eye. Certainly Romanelli and other Florentine portraitists (Bortone [Plate 217] and Ferdinando Vichi [Plate 455] for example) were facilitated by the excellent foundries in Florence and its vicinity, notably those of the Galli brothers and of Gusmano Vignali.[11] In his earlier portrait of his father [Plate 220], Raffaello certainly expresses the determination of the 'self-made man' and a natural pride in the eminent position he had reached through his work as an artist.

PLATE 216 (LEFT) Senazzi *c.*1900, anonymous, Cimitero Urbano, Novara.

PLATE 219 Giuseppe Durio, *Grief Comforted by Memories* (*c.*1898–1901), Leonardo Bistolfi, Cimitero Monumentale,Turin.

PLATE 220 Pasquale Romanelli (*c.*1887), Raffaello Romanelli, Cimitero delle Porte Sante, Florence.

PLATE 221 Romano Romanelli (1907), Raffaello Romanelli, Cimitero Monumentale della Misericordia, Soffiano, Florence.

THE ETHOS OF WORK: PROFESSIONS, BUSINESS AND CRAFTS

PLATE 222 Paolo Peroni, Donato Barcaglia, Cimitero Urbano, Gravedona.

PLATE 223 Carlo Bertelli, E. Girelli (after Donato Barcaglia), Cimitero Monumentale, Verona.

If Woman asserted herself as wife and mother, at best educator of her children or dispenser of charity, Man came to be identified with his work and accomplishments in his chosen profession. (See the monuments to Villoresi, Brin and Pongiglione described on pages 119–21). Throughout the 1850s and 1860s, the deceased began to be portrayed ever more frequently in contemporary dress, accompanied by symbols of his profession: the scales of justice for lawyers and notaries, the snake and anatomy manuals for doctors, cogged wheels and the *caduceus* (staff) of Mercury for the industrialist and so on. More elaborate monuments might include allegorical figures relating to the deceased's activity such as that to Giulio Sarti in Milan [Plate 197]. Sometimes, allegorical figures overwhelmed that of the deceased like Monteverde's lovely Architecture (1876, Turin) for the Carlo Sada Monument [Plate 77].

Captains of industry were to be hallowed as heroes, although sometimes, again, allegory got the upper hand. Donato Barcaglia (Pavia 1849–Rome 1930) erected a marble monument to the industrialist Paolo Peroni in Gravedona on Lake Como, in the heart of Italy's area of silk production. The Classically draped allegorical figure of Industry, her symbolic wheel by her side, crowns with laurels an idealized leather-aproned worker, seated on a sack of silk with skeins and cocoons at his feet. The tribute is not, in fact, to the humble worker but rather to the successful businessman, although he is nowhere to be seen [Plates 22, 222]. The Neoclassical tradition of an allegorical figure (History, Italy, Science, etc.) paying tribute to the hero, has here been adapted to suit the wealthy middle class. Barcaglia won several international prizes and was much esteemed by the Lombard bourgeoisie. In a second version, for Carlo Bertelli in Verona (signed E. Girelli), the trade has been changed: now there is a sickle and a sheaf of wheat and a barrel, more suited to this agricultural area [Plate 223].

Specific work symbols may be associated with particular cemeteries: Livorno, Viareggio and Genoa, for example, are full of references to the sea. This leads at times, to bizzare encounters such as in the Rubiero Monument by Giuseppe Mancuso (Crotone 1913–Bedonia 1972) in Staglieno [Plate 224]. The combination of a Realist portrait and some reference to the deceased's profession or trade proved extremely attractive to middle class clients and lasted well into the twentieth century, as in the monument to typographer Archimede Debatte (1924, Livorno) [Plate 225]. Figures like that of Caterina Campodonico hawking her wares struck the popular imagination; the rather naive Hyper-Realism of the so-called 'Cobbler' in La Spezia, the monument to Natale Faggioni (d. 1926) and his family by an unknown artist [Plates 226, 227] ultimately derives from this although the local tradition of life-size Nativities was also significant.[1] This 'honest and hardworking worker', died aged seventy-eight and was buried alongside his grand-daughter Maria in 1926; his widow, Carmela Filippi (d. 1940) is represented between the two. Even the humble could aspire to public recognition of their qualities, identified in their trade and in family unity. Achille Strocchi's Monument in Forlì (*c.*1906) [Plate 228], on the other hand, demonstrates how the symbols of work could take over altogether: the portrait medallion seems to be of less importance than the collection of tools, barrel and soda bottles pertaining to his trade of vintner.

Artists, such as the Ligurian painter Nicolò Barabino [Plate 208], could also be successful professionals. Sculptors, on the other hand, were often represented by one of their own pieces, as is the case with the young American, Edward Russel Thaxter (d. 1881) [Plate 32] or

PLATE 224 Gennaro Rubiero, Giuseppe Mancuso, Cimitero di Staglieno, Genoa.

PLATE 225 Archimede Debatte (*c.*1924), Giacomo Zilocchi (attr.), Cimitero della Cigna, Livorno.

PLATE 226 Natale Faggioni (*c.*1926), anonymous, Cimitero Urbano Boschetti, La Spezia.

PLATE 227 Natale Faggioni (*c.*1926), anonymous, Cimitero Urbano Boschetti, La Spezia.

W. Wetmore Story (d. 1895) in Rome [Plate 229].[2] The Social Realist sculptor Bassano Danielli (Crema 1854–Milan 1923) exhibited his plaster *Struggle for Life*, a weary peasant leaning on a country cross (has he dug his own grave?), at the First Brera Triennale in 1891. A group of friends had the plaster cast in bronze and placed on his tomb in Milan in 1923 [Plate 230].

In one case, the success story of an entire family was recorded: Ettore Ximenes (Palermo 1855–1926) produced the Treves publishing family, on a reduced scale, in bronze high relief around their family chapel in 1906 (Jewish Sector, Monumentale, Milan) [Plates 405, 406, 407]. Giuseppe Treves and his wife Virginia are surrounded by leading literary figures of the day (d'Annunzio, de Amicis, Verga), while the new printing processes which contributed towards their success are reproduced around the mausoleum. By 1906, Ximenes, on his way to becoming one of the most famous sculptors in Italy, had worked for the Treves family as an illustrator.

Monuments of this kind obviously served to publicize the family name and activity. Certainly the many imposing and solidly built funeral chapels erected for builders and surveyors, whether consciously or not, also have an undercurrent of 'advertizing'. This was the case of ceramic producer Angelo Minghetti in Bologna (1890–92) whose glazed portrait bust by Alessandro Massarenti (Minerbio, Bologna 1846–Ravenna 1923), with two delightful *putti* below and della Robbian *Madonna and Child* above, testifies to the durability of the medium (see page 28). Massarenti, a pupil in Bologna of Salvino Salvini, was obviously aware of Grandi and the *Scapigliati* in Milan to have given us this lively portrait.

PLATE 228 Achille Strocchi (*c.*1906), anonymous, Cimitero Urbano, Forlì.

PLATE 229 Wetmore Story family (*c.*1895), William Wetmore Story, Protestant Cemetery, Testaccio, Rome.

PLATE 230 Bassano Danielli, *The Struggle for Life* (1891, placed 1923), Bassano Danielli, Cimitero Monumentale, Milan.

PLATE 232 Pietro Bosia, *Work* (1904–11), Santino Bianchi, Cimitero Urbano, Asti.

PLATE 231 Pietro Bosia, *Work* (1904–11), Santino Bianchi, Cimitero Urbano, Asti.

Industry

With the advent of Social Realist sculpture in the 1880s and its influence, at least in the north, until well after the Sempione Exhibition in Milan in 1906, we find work represented with a new realism and dignity in funeral sculpture. Santino Bianchi's monument to Pietro Bosia in Asti (1904–11) illustrates how an enlightened class of industrialists saw themselves [Plates 231, 232]. Bianchi (Stabio 1848–Turin 1923) studied under Tabacchi and this is evident in the strong Realist modelling of Bosia and his wife, in bronze high relief. An angel holds a ribbon inscribed 'Labor et Onesta', celebrating the virtues by which Bosia strived to live. In the background, a low relief of factory and forge informs us of the source of his wealth and social position. Bosia's dress is far from ostentatious or noticeably bourgeois and this, in addition to his pose, may indicate a certain solidarity with his workers. The position of his wife is that of a subordinate, but his affectionate gesture includes her in the creation of his success. Though Realist in intent, the artist could not resist including a little owl, symbolic of the soul's

PLATE 233 Gaetano Simoli (1892), Tullo Golfarelli, Cimitero della Certosa, Bologna.

return from the Underworld in Classical mythology, behind the figure of Bosia.

Sometimes the leather-aproned 'Work' is alone, as in Tullo Golfarelli's marble statue of Labour for the monument to municipal blacksmith Gaetano Simoli (1892, Bologna) [Plate 233].[3] Golfarelli (Cesena 1853–1928), a leading artist in Reggio Emilia, executed public monuments to Garibaldi in Cesena (1883) and to Carducci in Trento and has several funeral monuments at the Certosa, developing through Realism to Liberty.

In his monument to Giovanni Battista Testoni (1900, Varese) [Plate 234], Enrico Butti also gives us the powerful figure of a young worker at rest, his hammer placed against a cogged wheel; in the background are work horses and a forge in bronze bas-relief. Although the youth is more vigorous, the seated pose echoes the exhausted rural worker of Achille d'Orsi's seminal *Proximus Tuus* two decades earlier. The

PLATE 234 Giovanni Battista Testoni (1900), Enrico Butti, Cimitero di Giubiano, Varese.

PLATE 235 Pietro Valentini (1896), Alessandro and Silvio Monti, Cimitero Borgo Angeli, Mantua (detail).

PLATE 236 Daniele and Anna Chiarella (1910), Luigi (Gigi) Orengo, Cimitero di Staglieno, Genoa (detail).

PLATE 237 Giuseppe Ceccolini, anonymous, Cimitero Centrale, Pesaro.

PLATE 238 Giuseppe Cerrano (*c.*1920–25), Arturo Stagliano, Cimitero Cattolico Urbano, Casale Monferrato.

PLATE 239 Vincenzo and Emma Omedé Ricciardi (1928), Leonardo Bistolfi (and Giuseppe Brigoni?), Cimitero Urbano, Asti.

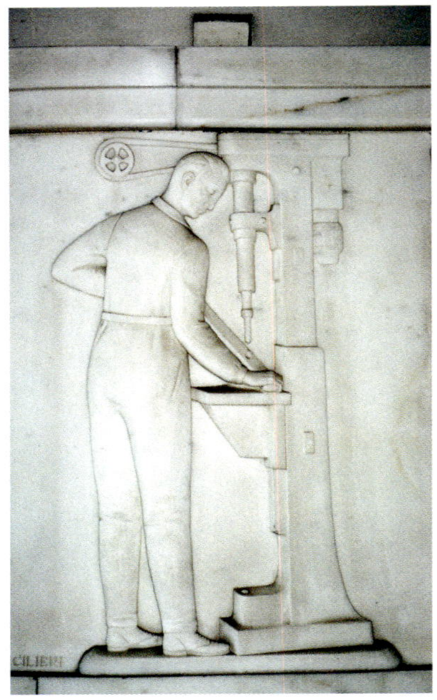

PLATE 240 Edoardo Weber (1954–7), Venanzio Baccilieri, Cimitero della Certosa, Bologna.

PLATE 241 Carlo and Giovanni Brustia, F. Zingaro, Cimitero Urbano, Novara.

relatively small portrait medallion top left is now effaced. At other times, male figures of Work were offset by a feminine counterpart, giving the sculptor the opportunity to exploit both male and female nudes, as in the monument to the civil engineer Pietro Valentini in Mantua (1896) [Plate 235], to Chiarella in Genoa [Plate 236] or to Giuseppe Ceccolini in Pesaro [Plate 237].

In the first decade of the twentieth century, with the influence of Rodin and the expansion of 'Bistolfism', bas-reliefs of all-male nude or semi-nude workers, usually at the forge, featured more frequently in funeral iconography. Bistolfi's assistant Arturo Stagliano executed in Casale Monferrato a bronze frieze of male figures engaged in various forms of labour, connected with Giuseppe Cerrano's activity as a cement industrialist (*c.*1920–25, Casale Monferrato) [Plate 238]. The theme is similar to that of Angelo Zanelli's marble frieze (featuring Industry and Agriculture (1909–25) in front of the equestrian statue to Vittorio Emanuele II on the Vittoriano in Rome. Bistolfi himself (although the hand appears to be more that of Giuseppe Brigoni, his assistant) conceived a marble frieze of women weaving for the monument to Vincenzo and Emma Omedé Ricciardi (1928, Asti) [Plate 239], perhaps a reference to the deceased's activity but also recalling the Fates of Classical mythology. The work *typos* was long-lasting: Venanzio Bacilieri (Galliera, Bologna 1909–84) gives us the entire process of designing the Weber carburettor in marble relief in his monument to Edoardo Weber (1954–7, Bologna) [Plate 240].

Agriculture

In the second half of the nineteenth century, industrialization in Italy was limited to the North and agriculture, though in crisis, continued to dominate many areas of the Centre and North and all of the South. As we have seen, in a still rural area like Ferrara, the allegorical figure of Agriculture enjoyed a

PLATE 242 (RIGHT) Gaetano Besenzanica, *Work* and the *Vital Breath of Nature* (1907–12), Enrico Butti, Cimitero Monumentale, Milan.

PLATE 243 Gaetano Besenzanica, *Work* (1907–12), Enrico Butti, Cimitero Monumentale, Milan (detail).

PLATE 244 Pietro and Maria Lanzani (*c.*1920), anonymous, Cimitero Civico, Bergamo.

certain popularity, associated as she was with rebirth: the Greek Demeter, the mother of Persephone, was the Roman Ceres, Goddess of Agriculture and is featured in the monument to Carlo and Giovanni Brustia by F. Zingaro [Plate 241] in Novara, while a train on the bridge in the distance indicates Progress (as on the Pongiglione [Plate 202]). As the century progressed, however, with the advent of Socialism and the popularity of Millet's *Sower* in left-wing circles, the agricultural worker featured more frequently in funeral iconography (often accompanied by a sunrise, promise of progress and social equality and here also symbolizing rebirth). Like the blacksmith, the agricultural worker stood for honest labour but could also be interpreted as a lay version of the promised resurrection.

There may, too, have been an element of nostalgia for the rural life because we find this iconography in the industrial north as well. The most famous ploughers in nineteenth-century Italian funeral art are those on the monument to Gaetano Besenzanica (d. 1897) in Milan (1907–12) [Plates 4, 242, 243], commissioned by Ernesto Besenzanica to commemorate his father, a wealthy building constructor. He gave free reign to Enrico Butti who created one of the most striking and well known monuments at the Monumentale, near the main entrance. Originally, around 1907, Butti conceived just the powerfully Realist group in bronze of two peasants, struggling with a team of oxen in their attempt to plough the soil. It was to inspire many others. It corresponds to the second wave of Social Realism in Lombardy, following the Sempione Exhibition of 1906 where Butti had portrayed the labours of the miners of the new tunnel. The extraordinary full-length figure of the 'Breath of Life', leaning over the grey rock, however, was a later idea.[4] In Butti's own words, it represents 'work in the solemn and primitive sense in which Man feels himself most in communion with the Eternal Mother of everything; the ploughmen, whose work can regenerate Life from Death and Eternity from Time; the perennial vital activity of Nature which nurtures the perpetual flame of life with its own breath.' The predatory feline position and enigmatic glance suggest the mystery of the sphinx.

It was common enough for Symbolist and Realist elements to be combined: Contratti created ploughing, sowing and weaving (originally grape-pressing) scenes in bronze bas-relief on the base of his soaring soul in the monument to Adele Solaro Ravone (1911, Asti). Some ten years later, in Bergamo, Pietro and Maria Lanzani chose ploughing as a symbol of their own resurrection [Plate 244]. Brizzolara, similarly, had a bronze sunrise and ploughing scene on the base of his lovely Jauch Monument in Staglieno [Plate 277]. Guido Baccelli (Lucca 1886–1929) also combined Symbolist and Realist themes in his trilogy of bronze bas-reliefs for the Correse di Grazia Parducci Monument in Lucca (*c.*1916) [Plate 245]. The central panel (recently stolen), a

PLATE 245 Correse di Grazia Parducci (*c*.1916), Guido Baccelli, Cimitero Urbano, Lucca.

PLATE 246 Carlo Bolgé, *Work* or *Harvesting* (*c*.1906, 1912), Felice Bialetti sculptor, Oreste Labò architect, Cimitero Monumentale, Milan (detail).

PLATE 247 Erminia Bianchi, *Ave Maria* or the *Harvester* (1894, placed 1900), Giulio Branca, Cimitero Monumentale, Milan.

ploughing scene with a sower on the left, was placed between a female mourner at a lamp and, above, 'souls' soaring upwards in resurrection, crowned by two Renaissance *putti* or cherubs, about to kiss in pledge of eternal love.

Olives feature strongly in Lucca as a decorative element; Lombardy, on the other hand, is a rice-growing area. Around 1906, Felice Bialetti (Mede Lomellina 1869–1906) had executed a high relief entitled *Work* or *Harvesting*. In 1912, architect Oreste Labò (Piacenza 1865– Milan 1929) cleverly inserted this bronze into his monument to Carlo Bolgé (d. 1908) [Plate 246], a wealthy rice producer. The popular theme of the cycle of Nature (sowing, reaping, dying, rebirth) was particularly suited to Bolgé in that it represented his field of activity. Like many of his contemporaries, Bialetti executed works both in the Symbolist and, as here, Social Realist veins – particularly the standing worker with the hat, who might just have walked out of Pellizza's *Fourth Estate* (1898–1901, Palazzo Marino, Milan). The vigorous male in the foreground is generically à la Rodin while the curiously isolated female head, emerging from the sheaves, recalls the French artist's *La Pensée* of 1886 (Musée d'Orsay).

Social Realism had, of course, been centred on Turin and, above all, Milan in the last two decades of the nineteenth and the first of the twentieth century. Although Social Realist works feature on graves in Milan, they were not necessarily originally designed as funeral monuments. Among the many sculptures at the Triennale Exhibition of 1894 in Milan was the *Ave Maria* or *Harvester*, a bronze peasant, kneeling on sheaves of wheat, cap in hand, praying before a crucifix by Guilio Branca (see page 119). Although certainly not as *engagé* as some, Branca's sculpture was acclaimed by the critics as such. A cast of the work was placed on the tomb of Erminia Bianchi in Milan in 1900 [Plate 247].[5] Equally, Ernesto Bazzaro's plaster *Exhaustion*, an old man attempting to warm himself over a meagre plate of coals, also shown at the Triennale of 1894, was cast in bronze and placed on the tomb of Alfredo Lombardi in Milan, but not until 1946 [Plate 249].[6]

PLATE 248 Calderai family (*c.*1905–10), Pietro Piraino, Cimitero del Verano, Rome.

Pietro Piraino (Casteldaccia Palermo 1878–Rome 1950) executed the mausoleum for the Calderai family in Verano, Rome [Plate 248]. A Symbolist interpretation of the work ethos, adapted to the funeral context for Ugo Calderai, a builder-developer, it is close to Zanelli's aforesaid Vittoriano frieze, the plaster models of which were visible in place by February 1911.[7] It features contrasting male and female nudes in bronze and marble friezes of agricultural and industrial activities with a central Bistolfian group representing Parenthood/Regeneration.[8]

Francesco Sassi (Turin 1870–Castagnetto Po 1943), however, did execute his *Reaper* specifically for a funeral monument: in his bronze monument to Grosso (1921–25, Turin) [Plate 250], he transformed a realistically modelled harvester into the Symbolist 'Reaper of Death' (normally an old man). Harvesting and industrial scenes came to be part of the Fascist iconography, which exalted male vigour and the ethos of work. Mussolini himself appeared bare-chested, threshing wheat on Italian newsreels. The motto 'Labor Omnia Vincit', celebrating the all-conquering power of work, appears with almost equal freqency, on both public and funeral sculpture, in the 1920s and 1930s.

PLATE 249 Alfredo Lombardi, *Exhaustion* (1904, placed 1946), Ernesto Bazzaro, Cimitero Monumentale, Milan.

PLATE 250 *The Reaper* (1921–25), Francesco Sassi , Cimitero Monumentale, Turin.

CHARITY, PHILANTHROPY AND CIVIC DUTY

Although the successful middle classes were proud of their achievements, when death approached the need was often felt to expiate wealth through charity and philanthropic deeds. Survivors assured that funeral monuments would recall such generosity both in epitaph and subject matter, while reminding cemetery visitors of their own Christian duty. Men accumulated fortunes, but Charity was a female virtue and one of the few areas in which nineteenth-century women could perform a public role that received public acknowledgement, as in Francesco Fabi-Altini's *Triumph of Charity* for the Marchioness Teresa Stampa Soncino [Plate 251] or Giacomo Moreno's monument to Borzino, where a woman gives charity at the church door [Plate 253].

The theological virtues of Faith (often veiled because 'blind', holding the cup of the Eucharist), Hope (with anchor) and Charity (a woman, sometimes bare-breasted, with young children) were part of Neoclassical and Purist funeral iconography with, of course, roots stretching back much further. Putti's Barbieri Mattioli Monument in Bologna is crowned by Charity [Plate 43]; the Cattani Monument shows the distribution of charity [Plate 178]; Giuseppe Bogliani's monument to the Marquis Falletti di Barolo in Turin shows all three Virtues [Plate 252]; Bartolini's statue and relief of *Trust in God* or *Faith* [Plate 50], his *Charity* or *Teaching of Brotherly Love* (Florence, Palazzo Pitti) and the Demidoff Monument in Florence, featuring Charity, were among his most influential works;[1] Santo Varni's huge *Faith* or *Religion* (1866–75) dominates the main courtyard of Staglieno.

The classicizing *typos* of the Virtues continued throughout the nineteenth century and even into Symbolism and beyond. For example, Angiolo del Santo's Michele Rossi Monument (1932) shows Faith with a masculine recipient of Charity and Work to each side [Plate 254]. It was frequently used for those who practised the charitable profession of medicine but also for those who accumulated or handled wealth.

With Realism, charitable deeds become more specific. Although the bust of the Marchioness Maria Vettori-Guerrini (1881, Porte Sante, Florence) was carved by Ulisse Cambi [Plates 19, 20] the Florentine sculptor was obviously far more interested in the destitute woman and child and the little weeping girl at the foot of her column. This type of genre group was to be popularized through the various Exhibition Societies in the 1880s. Tito Sarrocchi placed a little child laying a floral wreath between two elderly mourners in his monument to Federigo Bonelli [Plate 255]; there is no image of the deceased (the first chairman of the Sienese Chamber of Commerce) and, to judge by their dress, the old man and woman are beneficiaries, not relatives. The scene is set in the cemetery with the unusual weeping willow placed behind the sarcophagus.[2] In Lucca, we have P. Davini's marble relief for Count Felice Bernardini, chairman of the local savings bank for twenty-eight years, showing Charity administering to children [Plate 256].

PLATE 251 Marchioness Teresa Stampa Soncino (1879), Francesco Fabi-Altini, Cimitero del Verano, Rome.

PLATE 252 Marquis Carlo Tancredi Falletti di Barolo (1838), Giuseppe Bogliani, Cimitero Monumentale, Turin.

PLATE 253 Borzino family (1880), Giacomo Moreno, Cimitero di Staglieno, Genoa.

PLATE 254 Michele Rossi, *Faith, Charity and Work* (1932), Angiolo del Santo, Cimitero Urbano Boschetti, La Spezia.

PLATE 255 Federigo Bonelli (*c.*1884–5), Tito Sarrocchi, Camposanto Monumentale della Misericordia, Siena.

PLATE 256 Count Felice Bernardini (1879), P. Davini, Cimitero Urbano, Lucca.

At the dawn of the Symbolist period, Emilio Quadrelli's monument to Lorenzo Basiletti, erected by his widow in memory of the now extinguished family, may represent mourning beneficiaries at the tomb (1891, Vantiniano) [Plate 257]. Exhibited at the Brera Academy in 1891 as *The Prayer*, where it won the Tandardini Prize, it was hailed by the influential critic and painter Vittore Grubicy, alongside Butti's Casati Monument [Plate 189] as a commendable example of 'modern' sculpture.[3]

The balance between beneficiary and benefactor was not, however, always tipped in favour of the former. With the rise of rampant Capitalism from the 1850s onwards, funeral monuments were created which, if apparently motivated by a need to expiate wealth, were really a declaration of its power. The fact that the rich would spend money on their funeral monuments was pragmatically accepted: criticism from the Left, especially anti-clerical factions, fell on barren soil and it was rarely suggested that riches might have been better spent in philanthropy.[4] On the contrary, commissioners of monuments were often praised for their patronage of the arts.

Giovanni Battista Lombardi's monument for Annibale Maggi-Via [Plates 21, 58, 60] is, first and foremost, an assertion of the man and only secondly of his measured charity (see page 27). The Calisto Zorzi and Anna Capobianchi in Verona (1886, Ugo Zannoni) similarly centres on the man: Zorzi, a successful builder, with a kindlier mien, gives charity to two little children and to a mother and child [Plates 258, 259]. The able-bodied man to the right does not seek charity but is a symbol of the virtue of hard work, which he honours in Zorzi by placing flowers at his feet. The wife is of secondary importance, portrayed in a portrait medallion below. The bronze palms, lamps and drapes surrounding the moneument record the kind of funeral trappings that would have been common at an expensive funeral. In the Allegri Zorzi Monument [Plate 260] a splendid kneeling peasant pays homage to his benefactor. This, too, is by Ugo Zannoni (Verona 1836–1919), an artist specializing in genre, particularly of children, but who also erected in Verona the monuments to Dante (1865) and Aleardo Aleardi (1884).[5]

Staglieno is particularly rich in examples of charity, often mixing allegorical, religious and real figures. Lorenzo Orengo placed the poor man's lawyer Giuseppe Ratto on a pedestal, an example to be emulated; the scales of justice figure in the bas-relief below (1890) [Plate 261].

He holds his will in his hands and looks down towards the old woman and little girl on the steps, its beneficiaries.[6] The angel on the left is decidedly Donatellian and evidences the 'Neo-Florentine Revival' that was anticipated in the works of Antoine Mercié (1845–1916) and Sir Alfred Gilbert (1854–1934), both of whom had studied and worked in Italy. Ratto's virtues are referred to on the shield and in the long epitaph. Similarly, Luigi Legnani (1851–1910) [Plate 262] in Ferrara depicts a beautiful angel writing 'Gratitude', watched by a seated *genius/putto* who holds the will of Anna Barillari Cavalieri (*c.*1905). In Staglieno, Giuseppe Navone executed the well known monument to Luigi Pastorini [Plate 264] in 1902. The figures of Munificence and Medicine, now winged like angels, stand below a portrait bust of the surgeon and philanthropist Luigi Pastorini. Munificence looks up at the bust while about to empty a pot of coins into the lap of the Sister of Mercy who raises up a sick and suffering child. Naturally, doctors figure prominently in this sector: we have the Pacchiotti in Turin [Plate 24], Vela's Lazzati [Plate 23], Achille Alberti's Quaglino (1895) and the medical student Mitzko Conforti in Milan [Plates 409, 411].

The Monumentale in Milan is particularly rich in monuments to charity, as befits the capital of Lombardy with its longstanding philanthropic traditions. These included, in the Jewish sector, the Bistolfian Levi Memorial, *The Gratitude of the Beneficiaries of Charity*

PLATE 257 Lorenzo Basiletti, *Prayer* (1891), Emilio Quadrelli, Cimitero Vantiniano, Brescia.

PLATE 258 Calisto Zorzi and Anna Capobianchi Zorzi (1886), Ugo Zannoni, Cimitero Monumentale, Verona.

PLATE 259 Calisto Zorzi and Anna Capobianchi Zorzi (1886), Ugo Zannoni, Cimitero Monumentale, Verona (detail).

PLATE 260 Scipione Allegri Zorzi (1894), Ugo Zannoni, Cimitero Monumentale, Verona.

(1910) [Plate 408]. While last testaments would very often have included instructions to relatives for the execution of funeral monuments, these latter may also have been commissioned by grateful institutions. The Institute for the Blind in Milan, beneficiary of Dr Gaetano Casati [Plate 470], organized a competition, by invitation, to commemorate him. It was won in 1900 by the architect Gaetano Moretti (1860–1938), creator of Chiavari Cemetery in 1894, in conjunction with the sculptor Antonio Carminati (Brembate di Sotto, Bergamo 1859–1908). Carminati represented Faith, Hope, Charity and Gratitude in a bronze high-relief Liberty frieze, interspersed with rich symbolic floral wreaths of sunflowers, fruit trees, pomegranates and chrysanthemums.

PLATE 261 Giuseppe Ratto (1890), Lorenzo Orengo, Cimitero di Staglieno, Genoa.

PLATE 262 Anna Barcillari-Cavalieri (*c.*1905), Luigi Legnani, Cimitero della Certosa, Ferrara.

PLATE 263 Ulisse Merini (1904), Serafino Bianchi, Cimitero Monumentale, Milan.

Often the sculptor would try to reflect the particular kind of philanthropy effected by the deceased: Serafino Bianchi's rather gay music-playing children (and faithful dog) swarm on the monument to Ulisse Merini, a benefactor of infant education [Plate 263]. Approved in 1896 by Merini before his death, it also expresses his love for animals and for Nature. The little girl hugging the dog is particularly appealing. Although there is a small cross at the top, Bianchi, like his contemporary Bazzaro, interpreted Charity as a fundamentally secular virtue. The Lombard philanthropic tradition was reflected in the Monumentale well into the twentieth century. In this respect, we should recall the Bernocchi family, important patrons of the arts in Milan, whose funerary monuments gave Giannino Castiglioni ample opportunity to exploit his talent [Plates 173, 175] (see pages 106–07).

PLATE 264 Luigi Pastorini, *Munificence and Medicine* (1902), Giuseppe Navone, Cimitero di Staglieno, Genoa.

'THE LEGACY OF LOVE': MOURNERS IN REALIST SCULPTURE

'Vorrei morire e non vorrei la morte,/vorrei veder chi mi piange più forte.'

From a traditional Italian poem, published by Alessandro d'Ancona in 1878.[1]

PLATE 265 Marquis Lorenzo Romagnoli (*c.*1845), G. Bombardini, Cimitero Urbano, Forlì.

So far, we have considered monuments in which the protagonist and/or his or her achievements in life are commemorated. As Professor Licht has quite rightly noted, however, as the nineteenth century progressed, the 'survivors' played an increasingly important role in funeral sculpture.[2]

The Classical concept of filial *pietas* was part of the Neoclassical funeral repertoire: for example the monuments to the Marchese Lorenzo Romagnoli in Forlì (d. 1845) by G. Bombardini [Plate 265] and Santini-Lippi in Ferrara [Plate 52]. In the second half of the nineteenth century, filial duty called for respect while gratitude was owed, in this most paternalistic of societies, above all to the father, giver of life (and inheritance) and head of the rigidly structured institution of the family, guarantor of social order and prosperity.

Whereas Foscolo (see page 37) had referred to 'the legacy of love' in a civic sense and had exalted the ideals of love and friendship, the Realists limited it to the domestic context. Not only widows, but often the entire family were represented in mourning, as in Rivalta's Raggio Monument [Plate 267] or Costantino Lucentini's Sanini Monument [Plate 207].

Realist sculptors were interesting in conveying the emotional response to death. Some monuments testified to the change in family dynamics involved in loss, especially to the transfer of power: in Seleroni's Balucanti Monument (1861, Brescia), on the death of the parents, the women now look towards the surviving male heir for guidance [Plate 59]. In Odoardo Tabacchi's lovely Cuzzetti-Bonardi Monument in Brescia [Plate 266] this role falls on the fragile shoulders of Paolo Cuzzetti. Paolo and Lelia Cuzzetti survived their parents who are seen behind them, lying side by side, medieval fashion, on their catafalque.[3] They had been victims of cholera, personified above with a scythe, in the marble bas-relief which fills the arch. The winged hourglass at the base reminds us that Death comes to all sooner or later. Earlier devastating cholera epidemics had played an important role in the setting up of new *extra moenia* cemeteries in Italy. The two figures on the right could stand as a Romantic genre composition in their own right: in fact, they are reminiscent in many ways of Tabacchi's celebrated bronze group *Ugo Foscolo After the Treaty of Campoformio* (GNAM, Rome) exhibited in Paris in 1867, where a woman, standing with her back to the viewer, consoles the disillusioned poet. Tabacchi has made the two young mourners alive: not only in the detail of their dress but in the way they express their grief and relate to each other, in strong contrast to the medieval rigidity of the effigies of their parents.

PLATE 266 Cuzzetti-Bonardi family (1874–6), Odoardo Tabacchi, Cimitero Vantiniano, Brescia (detail).

In Genoa, the loss of a mother and wife is recalled in Giacomo Moreno's monument to Carolina Gallino [Plate 268]: the elder sister holds up a little child (perhaps her niece?), who affectionately kisses the bust, and looks towards the father for comfort; the disconsolate widower stands to one side, his manly grief contained. Another father and son console each other below the bust of the deceased woman in Moreno's Piccollo Monument, again in Staglieno [Plate 269], and modelled on Rivalta's G.C. Drago (1884, Staglieno). Here, bereavement is united with extremely realistic dress (note the hats!).

The daughter, rather than the widow, sometimes assumed the role of chief mourner. When commissioning his monument in Turin from Tabacchi (1888), Francesco Janetti specified that the female mourner, bringing a flower in tribute, was to have the features of his daughter, who had died in adolescence [Plate 270].[4] The lovely contemplative figure is rendered realistically but with great grace and there is infinite melancholy in her expression. Janetti's own 'public' tribute to the great author Alessandro Manzoni is in the portrait medallion behind her head, where once a Madonna and Child might have been! In Romeo Cristani's monument to Giulio

PLATE 267 Carlo Raggio (1872), Augusto Rivalta, Cimitero di Staglieno, Genoa.

PLATE 268 Carolina Gallino (1894), Giacomo Moreno, Cimitero di Staglieno, Genoa.

PLATE 269 Piccollo family (1891), Giacomo Moreno, Cimitero di Staglieno, Genoa.

PLATE 270 Janetti family (1888), Odoardo Tabacchi, Cimitero Monumentale, Turin (detail).

Camuzzoni [Plate 271], 'Grateful Verona' sits below the bust of the former Mayor, a view of Verona behind, dutifully embroidering his name for Posterity while the *genius* of Agriculture sits sadly at her feet. She might just as easily have been his daughter, a domestic version of History, the *genius* engraving the hero's name and deeds in celebrative public sculpture.[5]

A certain sensitivity towards child mourners began with Purism and can be seen in Luigi Pampaloni's Alessandra Moszcenscki relief in the Romantic Cloister of Santa Croce (1839) and Tito Sarrocchi's Elisa Gado Cambi Monument [Plate 272]. Vincenzo Consani (Lucca 1818–Florence 1887), Pampaloni's protégé and assistant at the Florentine Academy, employed Pampaloni's model again, late in his career, in the monument to Lilia Magnoni Monti [Plate 53].[6]

Realist sculptors, who liked nothing better than to introduce children to the scene (see 'Children', pages 148–53), often included child mourners to add a touch of pathos, as on the Minghetti by Augusto Rivalta in Bologna [Plate 274] and the Sanna Giordano Apostoli and the Gallino in Verano and Staglieno respectively [Plates 181, 268]. The Bonfanti brothers were copying well known models in the Monumentale, Milan, by Barzaghi and Ghidoni in the little girl mourner for Beniamino Foà in the same cemetery [Plate 412].[6] In Ravenna, sailor-suited boys comfort their mother while paying homage to the father Domenico Rivalta [Plate 273]. Elisa Castellani, who commissioned the monument from Alessandro Massarenti, author of the Angelo Minghetti Monument in Bologna [Plate 26], swoons, grief-stricken, beneath the portrait bust of her husband. One of her three boys indicates a portrait medallion of his father hung around his mother's neck, almost mouthing the word 'Daddy!', as a contemporary comentator recalled in a tear-jeriking description.[8] According to the same journalist, the monument was carved with extraordinary skill from a single block of marble.

PLATE 271 Giulio Camuzzoni (1896), Romeo Cristani, Cimitero Monumentale, Verona (detail).

PLATE 272 Elisa Gado Cambi (1865), Tito Sarrocchi, Camposanto Monumentale della Misericordia, Siena.

PLATE 273 Domenico Rivalta (1900), Alessandro Massarenti, Cimitero Monumentale, Ravenna.

It was considered particularly appropriate for children to mourn other children: Pietro Veronesi (Bologna 1859–1936) gives us the disquieting Gangia Monument [Plate 275], where a little boy kisses his sister 'imprisoned' in a column. Children were often portrayed as the recipients of charity, dutifully mourning their benefactors. In the Antonio Lanfranchi Monument in Cremona, by Vincenzo Guindani (Cremona 1863–1909) [Plates 276, 278], the old man and the little girl, though recipients of charity and not relatives, represent the continuity of generations.[9] The pathos

PLATE 274 Giuseppe Emanuele Teresa Minghetti (*c.*1871), Augusto Rivalta, Cimitero della Certosa, Bologna.

PLATE 275 Gangia (*c.*1896), Pietro Veronesi, Cimitero della Certosa, Bologna.

of children and death had not been lost on contemporary painters, whether Realist or Symbolist. Luigi Conconi's painting *No. 317* (GAM, Milan) exhibited at the Brera Triennale of 1891, shows a boy and girl, their backs to us, mourning at their mother's grave (the anonymous 'No. 317' of the title). Divisionist Giuseppe Pellizza had painted little children accompanying the coffin of a dead child in *The Little Dead Child* (1903–06, Musée d'Orsay, Paris).

Certainly some of the most touching monuments are those dedicated to mothers mourning their children but they are not so common as one might expect. Young children tend to be recorded alone or with siblings. Although mothers may be portrayed at an empty cradle (for example Ernesto Bazzaro's Emilio Rigamonti [Plate 288] it was more usual for angels to

PLATE 276 Antonio Lanfranchi (*c.*1892), Vincenzo Guindani, Cimitero Urbano, Cremona.

PLATE 277 Jauch family (1920), Luigi Brizzolara, Cimitero di Staglieno, Genoa.

PLATE 278 Antonio Lanfranchi (*c.*1892), Vincenzo Guindani, Cimitero Urbano, Cremona (detail).

accompany them to Heaven [Plate 431]. Since the theme of motherhood was a common one, popular also in non-funeral Realist sculpture in the same period, it is not always clear if the sculptures specifically represent mothers mourning their children or whether the figure of a mother was deemed appropriate for any kind of burial.

One of the most beautiful but tragic monuments of this kind was that erected by Felice Bialetti (Mede Lomellina 1869–1906) in 1903–4 in Milan, to the Izar family, in a transitional style between Realism and the new Symbolism [Plates 28, 350]. The widow of Federico Izar (d. 1880), a successful ironmonger, lost first one son (1897) then another (1902) and commissioned this monument in bronze from Bialetti to commemorate her grief.[10] Bialetti had studied under Tabacchi at the Albertina Academy in Turin and at the Brera Academy under Butti where he had made a brilliant start to his career, winning the Tantardini, Fumagalli and Bazzaro Prizes. Though he may have inherited Tabacchi's gift to express sentiment, it was Butti's influence that dominated his style and modelling. Bialetti shows a Realist command of the figure and sensitive insight in this portrayal of the widow and in the three male portraits, inserted at regular intervals in the low semicircular wall bounding the monument. It may be argued that the semi-nude figures of the sons are comparable to Social Realist works (and Bialetti made several pieces in this genre); however, the dramatic representation of their 'poetically macabre', emaciated, and substantially identical, bodies and the claustrophobic reference to burial (rarely so explicit) seem to spring more from Symbolist *angst*. In spite of its title, *Faith*, the only Christian symbol is the rosary held by the mother; there is little comfort here. Psychological tension is created through the widow's gaze towards her husband and, from him, back to her through the hands of their sons: her faith, in fact, lies only in the family and consolation, if any, is to be found in fraternal love (the brothers are about to kiss).[11]

PLATE 279 Pepacchi Manni, *The Last Farewell* (1924), Carlo Cerati, Cimitero Borgo Angeli, Mantua (detail).

By the time Luigi Brizzolara (Chiavari 1868–Genoa 1937) came to execute his Jauch Monument in 1920 [Plate 277], the mourning mother had long since been replaced by a Symbolic female figure just as the family had been replaced in his Lavarello-Anselmi Monument [Plate 191]. Although the Jauch celebrates three generations, it is the touching scene between this female mourner and the dead child, Luis, that strikes us.[12] Bialetti's Izar is recalled in the figure of the dead boy.

A curious mixture of the Symbolic and Real is to be found in the mourners around an entombment scene by Carlo Cerati (Casalmaggiore 1865–Mantua 1948). This is *The Last Farewell* for the Manni Pepacchi Monument (now Restani Arrigoni, 1924, Mantua) [Plate 279]. All the relatives are convincing representations of grief and suffering but all are symbolically nude, and Cerati has raised them to the status of universal, rather than individual, mourners.

CHILDREN

On cemetery walks, one seldom fails to be struck by at least one monument or epitaph devoted to the death of a small child. These poignant works are among the best known and rarely lack fresh flowers. Although improved conditions of hygiene and childbirth reduced infant mortality towards the close of the nineteenth century, by today's standards the loss of a child was still a common occurrence. Particularly touching monuments testify to multiple loss like Petroni's Contucci Quintani (see below, page 152). Sometimes a child was given the thankless task of drawing its sibling in and greeting them in Heaven: parents were to take comfort from the family reunion in the beyond as in the monument to Emma and Bianca Marchesini [Plate 29], where 'séance-like', one child calls the other to join her beyond the grave, her veil evocative of the thin barrier between life and death.[1] The Sicilian sculptor Michele Auteri-Pomar (Palermo 1838–1918) has displayed his virtuoso technique in the rendering of different materials, the clothes, hair and, of course, the floral tribute on the right.[2] The Marchesini Monument was photographed for the Alinari Photo Archive, suggesting a real or presumed popularity shortly after its execution.[3]

In some Neoclassical cemeteries burial was classified according to sex and age and areas were sometimes reserved for infant burial (either officially, because the children were without the necessary sacraments, or by custom).[4] The Porte Sante and Soffiano cemeteries in Florence [Plate 414], Bonaria Cemetery in Cagliari, Genoa Staglieno, Pisa Suburban and parts of La Spezia and Verano in Rome have areas reserved for children. The small, rather wooden *putti* or angels one often finds here generally date from the 1860s onwards and are the work of local stone craftsmen rather than master sculptors.

In late Neoclassical works an unprecedented sensitivity towards children who died young, or who were orphaned, appears. Children may be given a toy or an animal to hold; a moth or butterfly, symbol of metamorphosis and resurrection, was also popular. *Genii* were transformed into consolatory angels accompanying the innocent to an assured paradise. Flowers stood for purity while the Fates untimely 'cut the thread' of brief lives.

In Purist works, with the influx of Romanticism, della Robbia-inspired *putti* began to replace *genii*. Moreover, the mother–child relationship and the death of a child took on a new sentimental dimension. Curiously, many of the models for funeral sculpture for children in this period were not done for cemeteries. The prototype for the child/*putto*/angel in prayer, for example, was Luigi Pampaloni's *Prayer* (1827) [Plate 424]. Unauthorized copies of this seem to have abounded: Clemente Borelli copied it for Angelina Malfatti's monument in Lucca (1877) [Plate 31]. Sculptures of children became extremely popular and marketable from this time onwards.

By the 1870s, with the impact of Vincenzo Gemito's marvellous 'ragamuffins', the Northern Exhibition Societies were literally flooded with a 'multitude of babes, *putti*, amusing subjects, that please the public and are easy sales because they don't require much marble, time or study to sculpt them'.[5] Around this time, the *Scapigliato* Giuseppe

PLATE 280 Ada Carrena (1880, 1898), Giovanni Scanzi sculptor; Ernesto Pirovano architect, Cimitero di Staglieno, Genoa.

PLATE 281 Emanuele Bianchi (1887), anonymous, Cimitero Urbano, Lavagna.

Grandi produced the statue of a little girl for a funeral monument, *Recent Burial* (1877, formerly in the Monumentale in Milan, now in the GAM), which, with its pictorial effect, light-reflecting surfaces, sentiment and attention to dress, might have come straight out of a contemporary painting by the Scapigliati Ranzoni or Cremona! It was to strike the imagination of clients and sculptors alike. It inspired Giovanni Scanzi's little Ada Carrena Monument (1880, Staglieno) [Plate 280]. Overwhelmed by architect Ernesto Pirovano's magnificent 'Egyptian' aedicule in which she was later placed (1898), it is a confirmation of the considerable amount of money the middle classes were prepared to spend to commemorate their children and invest in the family chapel.

PLATE 282 Beretta, Carlo Monari, Cimitero della Certosa, Bologna.

PLATE 283 Dina Manetti (*c.*1906), Raffaello Romanelli, Porte Sante, Florence.

With the rise of the Realist school, on the one hand, and the assertion of the social importance of the family, on the other, children became protagonists in the mourning process. (See, for example, the Magnoni Monti, Gallino, Rivalta and Lanfranchi monuments [Plates 53, 268, 273, 276, 278]). Their own tombs were more individualized, particularly in proportion to the age of the deceased. It now became all-important to preserve the image of childhood. Since the child had not lived long enough to accumulate any particular accomplishments, social status came to be expressed in their dress and quite inordinate attention was paid to this, even when the child represented was poor. Maybe the bourgeois client wanted 'his money's worth' in purchasing a small sculpture but one bursting with such technical audacity. Staglieno is rich in examples and Realists like Domenico Carli and Giacomo Moreno were imitated by sculptor-masons along the Ligurian coast, for example, the creator of the monument to Emanuele Bianchi at Lavagna (1887) [Plate 281]. Pathos would be added by a last embrace or glance (towards those left behind) or a touching reunion (with those already in Paradise) or a tear-jerking inscription: 'Wake up, you naughty boy!' or 'Mummy! I'm only sleeping!'[6] 'Wittily' titled genre groups, mostly terracottas and bronze, populated contemporary exhibitions. They pandered to popular taste and made an extremely successful commerical genre, one that proved hard to eradicate both from the shows and from the cemeteries. Sentimentality may cloy but virtuosity continues to astound cemetery-goers today.[7]

The idea of the passage from consciousness to sleep and then to death was consolatory in the case of small children and had illustrious precedents in Bartolini and Duprè. Realist sculptors portrayed children asleep, dressed in their Sunday best and propped up on armchairs as they would have been posed in photographic studios. Carlo Monari (Bologna 1831–1918), leading exponent of bourgeois Realism in Bologna, gives us one such in the Beretta Monument [Plate 282]).[8]

A lovely monument to a girl, in the Porte Sante Cemetery, by leading portraitist Raffaello Romanelli, is very much 'awake'. The fifteen-year-old Dina Manetti (d. 1906) [Plate 283], gently smiles as she leans towards the viewer, caught in the typical Italian gesture of someone about to speak. Though Romanelli sets his figure among partially stylized flowers, symbolic of rebirth, his main interest is to render her as real as possible: note the buttons

PLATE 284 Laura Vigo (now Pratis) (1908), Pietro Canonica, Cimitero Monumentale, Turin (detail).

down her back, the pleated blouse, and the crossed laces of her apron. She still wears the clothes of childhood and there is none of the latent eroticism we find in so many of the late-nineteenth- to early-twentieth-century monuments to adolescent girls (see 'Death of the Maiden', pages 178–81).[9]

Symbolist Funeral Sculpture for Children

The leading Piedmontese sculptor Pietro Canonica, later based in Rome, was celebrated for his fashionable portraits, especially of women and children, but he also produced large Symbolist works. His Laura Vigo (1908) [Plate 284] combines both.[10] In one the best-loved sculptures of Turin Cemetery, Canonica gives us a graceful, almost three-dimensional, yet melancholy bronze of little Laura with her hoop. She appears to have stopped play to listen to the voices of the angels, depicted in bronze *stiacciato* behind her, to her right. Canonica uses the circle of her hoop as a spatial device against which to define his statue (reminiscent of contemporary Liberty graphics). The inscription, freely inspired by Carducci's poem 'Funere mersit acerbo' (1870), recalls how she was gaily playing when 'a shadow' (of Death) encompassed her and 'she turned her head to call her mother'perhaps the first figure on the left, accompanied by an angel in the relief.[11] If the mother had died earlier, then the idea of the child being united with her offered some solace to those left behind.

While it remained important in the 1890s to capture the naturalistic portrait of the child, a symbolic, at times almost narrative element crept in. Children were generally spared some of the more sinister aspects of Symbolist unease with death but, around the turn of the nineteenth century, Raffaello Romanelli created one of his finest but most disquieting monuments in the bronze bas-relief for fourteen-year-old 'Buono Bravo Bello' ('Kind Courageous Comely') Federigo Celli (d. Lucca 1899) [Plate 285]. An angel has descended to raise his wasted body from the open tomb, set against the walls of the cemetery with Lucca beyond. The upper sphere is occupied by an Angel of Death (severe and rather macabre: the upper part of the wings are ribbed and bat-like) who breaks the stem of an iris, symbolic of Celli's prematurely 'broken' life. Surrounded by a frieze of irises (symbolic of purity and resurrection as well as of Florence), it is flanked by two stylized lions with pharaonic headdresses, evocations of the sphinx. This is one of Romanelli's finest Symbolist works, expertly rendered in *stiacciato*, whereas his works in the round tended towards more robust Realism.

PLATE 285 (RIGHT) Federigo Celli (*c.*1899), Raffaello Romanelli, Cimitero Urbano, Lucca.

IL 29 GENNAIO 1885
IL 4 MARZO 1899
SEGNANO IL PRINCIPIO AUSPICATO
LA FINE MISERANDA
DI FEDERIGO CELLI

PLATE 286 Zagatti family (1911), Pietro Arcangioli, Cimitero della Certosa, Ferrara.

It exerted considerable influence on other Symbolists active in Lucca such as Angeloni, Baccelli and Petroni.

Resurrection was interpreted more traditionally by Pietro Arcangioli (Campiglio 1859–Pistoia 1938), a sculptor trained and active in Florence, in the marble relief for the little Zagatti boy [Plate 286]. He stretches out his arms towards a welcoming angel and smiling cherubim await in the clouds. The landscape element is unusual but not unique while the owl adds a rather sinister touch.[12]

The cradle and reunion in the beyond were themes dear to Symbolist sculptors. In the Contucci Quintani Monument in bronze relief (1909, Lucca), Francesco Petroni (Lucca 1877–1960) unites both as Margherita, who died first, and her sister Elvira, now angels, come to carry baby Emanuele to Heaven [Plate 287]. The cradle suited the idea of the birth–death cycle which represented spiritual but not necessarily Christian regeneration. As Pascoli was well aware, the passage between the two was all too short: 'The cradle stirs and the tomb throbs: the tomb asks "Who are you?": the Cradle (answers): "I'm you!".'[13] It also had prestigious literary precedents: Pindemonte, in his *Sepolcri*, had touchingly evoked a mother who hung a baby's coffin on a tree, letting the wind lull it like a cradle. In the Realist period, the theme was handled quite literally and cradles received the same kind of attention to the details of bed linen as the beds of adults. Luigi Vimerati (1828–93) gives us a true *tour de force* in marble as a Cupid/angel draws back the lace and embroidered curtain to reveal the awakened Estella Luisa Jung (d. 1886) [Plate 413]. Trained in the academic tradition under Benedetto Cacciatore at the Brera Academy, Vimercati worked on Milan Cathedral in the 1860s and later executed works in the Realist style.

The empty cradle also occurs alongside Bistolfi's famous proto-Symbolist Angel of Death for the Braida and Fontanella Monument [Plate 89]; he took up the theme again in his mausoleum to Giorgio Toscanini [Plate 98]. Ernesto Bazzaro chose to represent the mourning mother at the empty cradle of three-year-old Emilio Rigamonti; it was entitled *From the Cradle to the Grave* when shown at the Brera Triennale in 1891 [Plate 288]. The decorative marble bas-relief for Maria Landucci (1912–14) in Lucca by Alfredo Angeloni (Lucca 1883–1953) shows the little girl soaring heavenwards amid flowers, with the empty cradle below [Plate 289]. Cradles also feature in the monuments to young women who presumably died in childbirth (see page 160).

Realist children are generally rather serious, conscious of their moral role. In Symbolist works an underlying *angst* is never very far away. With the advent of Liberty in the 1890s, however, even funeral monuments began to be covered with happy *putti* and children who might equally have figured in decorative architectonic friezes for secular buildings: Serafino Bianchi's Merini Tomb [Plate 263], Bazzaro's Castiglioni [Plate 114] and Grossoni's Bocconi Monument [Plate 122] are good examples. Monuments to young girls in particular were softened by the Liberty style, with an abundance of floral detail, like Emilio Quadrelli's Ida Donati [Plate 403]. In Padua, Antonio Penello (1872–1950) executed a lovely little girl for the Crestani family, exhorting her relatives to 'Dry (their) tears for we shall be reunited in an eternal kiss,' as she blows them a kiss goodbye [Plate 290].

PLATE 287 Quintani Contucci (1909), Francesco Petroni, Cimitero Urbano, Lucca.

PLATE 288 Emilio Rigamonti (1890), Ernesto Bazzaro, Cimitero Monumentale, Milan.

PLATE 289 Maria Landucci (*c.*1914), Alfredo Angeloni, Cimitero Urbano, Lucca.

PLATE 290 Crestani family, Antonio Penello, Cimitero Maggiore, Padua.

PLATE 291 Mary della Rosa (*c.*1920), Angiolo del Santo, Cimitero Urbano Boschetti, La Spezia.

The Art Deco style, that followed on after Liberty, had much the same attitude towards portraying children in funeral sculpture but the iconography becomes increasingly secular and references may be made to favourite toys or sports. Angiolo del Santo gives us a Deco version of Canonica's Vigo in his bronze Mary della Rosa [Plate 291] where, smiling, she holds a doll and leans on a pilaster; *putti* in bas-relief play with a hoop (front) and make an offering at a tabernacle to the Madonna (rear). The inscription reads how 'the sweet youth of Mary, towards the close of Autumn, asked the Fates for a flower and took it to the immortal Elysian Spring'.[14] The bronze statue of thirteen-year-old Lina Bensusan [Plate 404] denotes the influence of Bazzaro, although we are now in the late 1920s. Lolita-like, she is poised on the edge of a puberty that is destined to blossom, like the twig she holds, only in the afterlife.

'MAGNIFICENT' WIDOWS

The widow had a privileged role among mourners. In sculpture, the conversion of *pleureuse* to widow was a gradual process, passing through the personification of Grief, Meditation, or Gratitude. Figures of Grief evolved, as we have seen, from Canova's monument to Alfieri [Plate 36], through Bartolini's *Inconsolable* [Plate 61] and Vela's *Desolation* (1850, Ciani, Lugano) and its derivatives. The political significance of these figures was transmuted to the *gravitas* of the mourning widow who became the ultimate incarnation of Foscolo's 'Legacy of Love': the repository on earth of the memory and values of the husband.

Vela's monument to Count Giacinto Provana di Collegno [Plate 292] is the prototype, executed in 1857 for Turin. Grief is personified by the Countess Margherita Trotti Bentivoglio, who dedicated this public tribute to her husband, portrayed in medallion bas-relief below.[1] The epitaph records the widow's explicit hope that Provana's fellow citizens will remember his dedication and deeds for Italy, exemplified in the books of science with the laurel crown, the sword, felucca and wreath of oak of the soldier around her. Unlike Neoclassical models, where the widow inclines her head or whole body in homage to the husband's bust (usually on an urn or column), here the Countess inclines her head with composure and the column, symbol of transience, is bare. The shape of the bas-relief recalls Gothic-inspired Purist works, while the contemporary dress, the gesture of taking her handkerchief to her eyes, the ringlets falling forward over her face and the collection of personal effects are all indicative of Vela's revolutionary Realism. In fulfilling her duty to honour her husband's memory, the widow has now become the principal protagonist.

The Canovian *typos* of the *pleureuse* at the threshold of the sepulchre was gradually rendered more human as in Lombardi's Romantic *pleureuse*/widow listening at the door of the sepulchre in the Dossi-Rampinelli Spalanza tomb [Plate 56, 313]. By the mid-1870s, the *pleureuse* was frequently replaced by the widow although the former never completely

PLATE 292 Count Giacinto Provana di Collegno, *Grief* (1857), Vincenzo Vela, Cimitero Monumentale, Turin.

PLATE 293 Pietro Badaracco (1875), Giovanni Battista Cevasco, Cimitero di Staglieno, Genoa.

PLATE 294 Jemoli family, Silverio Martinoli, Cimitero di Giubiano, Varese.

disappeared and continued into the Symbolist period in the 1890s when, once again, she flourished. Giovanni Battista Cevasco, now turned Realist, carved the widow of Pietro Badaracco [Plate 293] knocking on the door of the tomb, decorated with the *clepsydra*, a *memento mori*. Her eyes are modestly downcast as she brings a wreath, held in her left hand with the wedding ring displayed, leaving no doubt as to her identity. In Varese, sculptor Silverio Martinoli (Bedero Valcuvia, Varese *c*.1850?–1913) paid a late tribute to Canova's monument to Maria Cristina [Plate 17]. The widow Jemoli dramatically walks down the steps leading into the tomb to join her husband, her fidelity echoed by that of the master's dog [Plate 294]. While the latter may correspond to the kind of manipulative play on emotions found in small genre works of the 1880s, the widow is distinguished by her sobre grace.

The personification of Gratitude (also part of celebratory iconography) was also transformed into the widow. This tribute was expected of her: if left comfortably well-off, it was her duty to commemorate her husband and his achievements.[2] In 1876, Odoardo Tabacchi produced one of the loveliest and most influential nineteenth-century female statues for the Omodeo family in Milan, entitled *Grateful Memory* [Plate 295, 296]. The pensive, graceful figure in white marble (in some ways it is irrelevant whether she be widow, daughter or idealization) represents the dutiful homage to the dead on the part of the 'survivor', incarnate in a beautiful young woman. This is certainly one of the masterpieces of Italian Realist sculpture: admittedly her elaborate costume, with its flounce and lace frills and the floral wreath are there to astound us with the sculptor's technical ability, but it is the melancholic sentiment in the face and the tender, hesitant gesture of the hand that remain with us, expressive, as they are, of a new concern with human feelings about bereavement.[3]

The standard expression of Gratitude was the widow's visit to the tomb to pay homage to the deceased husband; the gesture had its origins in the Neoclassical *pleureuse* paying tribute to a portrait bust (as on the monuments to Bevilacqua or Tosio [Plates 34, 35]). By the 1870s, the widow had become the focal point of the monument and was destined, on occasion, to eclipse the husband altogether. The inscription on the monument to Giovanni Mazzucchelli [Plate 27], dictated by his widow Sofia Krassowscky, refers to the 'last homage of immense grateful affection' on the part of herself and her two daughters (who were to have accompanied her in the original project) but *she* now dominates.[5] If, as Professor Licht rightly says, widows express 'self-confident vivacity' and husbands are often 'uninteresting' (see page 30) there was a very practical, not just socio-ideological reason for this: the 'survivor's' portrait could be done from life; the deceased's, more often than not, was from a death mask and/or a photograph. *She* could say what she wanted; unless exceptionally provident, *he* would have to take what was given. Thus many monuments, like the Mazzucchelli, show widows kneeling below rather insignificant busts or portrait medallions of their husbands.

The cemeteries of Genoa and Turin are particularly rich in 'magnificent' widows: they have in common an ostentation of mourning dress which, both, satisfied the clients' narcissism and established their status. Readers of Tracy Chevalier's *Falling Angels* will be familiar with the exacting dress code for mourning in the Victorian age.[6] A flourishing industry was associated with mourning in general in Italy, comparable to that of the Victorians, discussed at length in Professor Curl's *The Victorian Celebration of Death*.[7] In Genoa, Realist sculptors achieved stunning tactile effects in marble, for example the lace mantilla, collar and ruffs and the widow Badaracco's tight-fitting bodice and the long silk skirts of Villa's widow Pienovi, which almost rustle as one goes by [Plate 180, 293]. Professor Sborgi has perspicaciously pointed out the connection between the illustrations in fashion magazines of the 1880s and the manner in which dress and accessories are represented in Staglieno, (not just of widows but, indeed, of

PLATE 295 Omodeo, *Grateful Memory* or *Gratitude* (1876), Odoardo Tabacchi, Cimitero Monumentale, Milan.

PLATE 296 Omodeo, *Grateful Memory* or *Gratitude* (1876), Odoardo Tabacchi, Cimitero Monumentale, Milan.

PLATE 297 Jean Servais (1892), Lorenzo Vergnano, Cimitero Monumentale, Turin.

deceased and mourners alike). He quotes an interesting contemporary article which criticized their fixation with 'puffs', 'trimmings' and 'lace', suggesting, as was indeed the case, that, since sculpture was 'eternal' but fashion, by definition, ephemeral, such clients ran the risk of soon becoming out of date.[8] This does not seem to have deterred them one bit.

Dress, however, was not the only distinguishing characteristic of Realist widows: they also expressed a new emotive involvement in the process of death and bereavement. Grief, though contained, was present: in the futile search for still stirring breath (the Raggio [Plate 267]); in a 'last glance' at the beloved (the Pienovi [Plate 180]); in an affectionate gesture (the Vittadini [Plate 186]); or in the search for consolation in her children (the Rivalta [Plate 273]). The theme of the widow captured the popular imagination so much in the 1880s that it enjoyed success outside the cemetery: Bazzaro's *Widow* won the Premio Principe Umberto at the Brera Exhibition in 1888 and was purchased for the National Gallery of Modern Art in Rome.

Two monuments in Turin are examples of how the widow theme evolved. In the first, the husband is still present and his bust is the object of gratitude and devotion. Lorenzo Vergnano's tribute to Jean Servais [Plate 297] in all its opulence, with its variety of materials and colours, is a wonderfully clear statement about the widow's place in late-nineteenth-century Italy: she has dutifully used the wealth he has left her to erect a costly monument to his memory, which is at once a statement of his (now her) wealth and her consequent status in society. The full length, elegant but sober bronze statue of the widow is set to one side and she gazes upwards in reverence, her outstretched hand a gesture of affection and tribute. She is dominated by the disproportionately large portrait bust of her husband in marble, who, like Vergnano's Pongiglione portrait [Plate 202] is magnificently dressed and moustached, confident of his well deserved place in Paradise (to which, however, there is no overt reference).

PLATE 298 Antonietti, *Meditation* or *Resignation* (1904, 1907), Luigi Belli, Cimitero Monumentale, Turin.

If, in terms of size at least, Servais manages to make his presence felt, in the Perosino Monument [Plate 299], the deceased disappears altogether. In many ways, this large, white, marble monument by an important but yet to be identified sculptor, executed probably around 1905–10, is the ultimate 'magnificent' widow, in that there is no portrait bust, nor even an inscription to recall the deceased.[9] Her flowing widow's weeds and the grandiose show of palms and lilies, placed against the cross, are a statement about her husband's social position. Funeral carriages would have been bedecked with palms, symbols of resurrection, and black plumes were attached to the horses' heads. Ostentation of this kind was obviously considered commendable and certainly afforded sculptors the opportunity to excel.

By the time Luigi Belli executed the Antonietti Monument in Turin in 1904 [Plate 298], symbolic *pleureuses* were again *de rigeur*.[10] Curiously, although the female figure is said to be a personification of Meditation or Resignation, the handling of her hair here plus the elegant shawl and dress and her solemn yet non-idealized expression, remind us of earlier Realist widows.

PLATE 299 (RIGHT) Perosino (*c*.1905–10), anonymous, Cimitero Monumentale, Turin.

WOMAN IN SYMBOLIST FUNERAL SCULPTURE

PLATE 300 Antonio Bernagozzi (?), Mario Sarto, Cimitero della Certosa, Bologna.

If the protagonist of Realist sculpture was male, then Liberty and Symbolist sculpture saw the pre-eminence of the female. The *fin de siècle* encompassed diametrically opposed views of woman: one sacred, one profane. She was either placed on a pedestal (the virgin/saint/mother/wife) or became the threatening, even rapacious, source of sexual desire (the *femme fatale*). The chaste young woman in prayer for the Antonio Bernagozzi Monument in Bologna by Mario Sarto (Codigoro 1885–Bologna 1955) [Plate 300] could not contrast more with Canonica's predatory and frankly orgasmic 'Sphinx' for the Carlo Kuster Monument in Turin [Plate 301].[1] The work in Bologna bears remarkable similarities to English New Sculpture, and to George Frampton in particular, who featured in the early Venice Biennales.[2]

Symbolist art and literature revolved around these extremes. Bram Dijkstra, the noted cultural historian, has provided a useful catalogue of the various Symbolist female types in art, into which Italian funeral sculpture of the period readily falls.[3] On the one hand, he classifies women as sickly or bedridden [Plate 188, 189, 190], spineless and 'broken-backed' [Plate 302],[4] 'floating', soft, sensuous and compliant, 'weightless', 'drifting along like clusters of dandelion seeds' [Plate 303, 304] or in a state of semi- or total unconsciousness (representing sleep, ecstasy or death), inviting voyeurism in the observer [Plate 305]. The weak Symbolist woman does not lend herself to individualization and is often reduced to a stereotype, as in Bistolfi's *Memories* [Plate 95], Sassi's music-playing angels [Plate 360] or Rubino's sorrowful handmaidens [Plate 361, 362, 363]. On the other hand, woman could be threateningly powerful: as 'Priestess' [Plate 306],[5] 'Vampire' (both the perpetrator and the victim) [Plate 352] or 'Sphinx', as in Bistolfi's Pansa Monument [Plates 30, 90]. When not actually a threat, the mystery surrounding the female was at least esoteric, for example in Hans Damman's Arcari, or *Protection* [Plate 307].

PLATE 301 Carlo Kuster (1920–21), Pietro Canonica, Cimitero Monumentale, Turin.

PLATE 302 Carlo Balboni (1921), Alessandro Lazzerini, Cimitero di Trespiano, Florence.

PLATE 303 S. Borgnini (1905), Luigi Contratti, Cimitero Urbano, Asti.

PLATE 304 Prada Corielli family, *The Pure Soul Arises amidst Roses* or *Angel Born from a Rose Bush* (1920), Enrico Pancera, Cimitero Monumentale, Milan.

PLATE 305 Sonia Kaliensky (1907), Enrico Butti, Cimitero di San Michele, Venice, Greek Orthodox Sector (detail).

PLATE 306 Ciardelli Chapel, *Non Omnis Moriar* (1914), anonymous, Cimitero Suburbano, Pisa.

Motherhood

'Anima col tuo bocciuolo
La morte non è un aurora?
Non c'è una cuna per l'amor tuo?
La tomba non è una cuna?'
Giovanni Pascoli[6]

In the nineteenth century, the role of the submissive woman was that of 'Angel of the Hearth': she was to care for her husband, run the home and instil in her children the lesson that the 'dignity of life' could be obtained through 'honesty and hard work'.[7] Her public identity was reserved for Charity, commonly represented in sculpture by a woman breastfeeding. Women are praised in funeral epitaphs as faithful companions, givers of good council, generous, pious but, above all, as devoted mothers.[8] The mother was the pivot of the family, the sphere in which she exerted power. She was the source of tender sentiment as in Ugo Zannoni's Erbisti Monument [Plate 308] in Verona; children orphaned of their mother were to be pitied. When widowed, she sheltered her children and took comfort from them, as in the Domenico Rivalta Monument [Plate 273]. In Catholic Italy, the mother was identified with the cult of the Virgin and was raised to the level of an object of devotion. Devotional images, with connotations of birth and rebirth, were not uncommon in funeral sculpture [Plates 18, 178, 187, 188].

The theme of motherhood was popular in Realist genre works throughout the second half of the nineteenth century. Adriano Cecioni's *Mother and Child* (1880, GNAM, Rome) was celebrated by Carducci.[9] Ernesto Bazzaro's *Widow* was essentially a mother and child group while his *Mother* (*c.*1887), imbued with the tragedy of every mother's loss, encroached on Social Realism.[10] In Bazzaro's wake, Eugenio Pellini (Marchirolo 1896–Milan 1934) enjoyed success with

PLATE 307 Arcari family, *Protection* (1909), Hans Damman, Cimitero Monumentale, Milan.

PLATE 308 Maria Erbisti (1880), Ugo Zannoni, Cimitero Monumentale, Verona (detail).

PLATE 309 Romanzani, Benvenuto Pirotta, Cimitero Urbano, Novara.

works celebrating maternity such as *The Mother*, tenderly nursing her child (GAM, Milan), winner of the Premio Tantardini at Brera in 1897, or *The Idol* (1906), a mother 'worshipping' her baby.[11]

The Symbolists, like Pellini and the poet Giovanni Pascoli, found the sentiment inherent in motherhood particularly congenial. In painting, Previati's Divisionist *Motherhood,* exhibited at the First Brera Triennale of 1891, had been hailed by the avant-garde art critic and painter Vittore Grubicy as an example of the new Symbolist art. It shows a mother breastfeeding a child (possibly the Virgin and Child) surrounded by angels kneeling in worship, all with identical features, giving a frieze-like effect. It was to inspire similar funeral bas-reliefs. Mothers and/or angels traditionally accompanied dead children but the Symbolists expanded the idea of the angel-surrogate mother.[12] In the lovely Romanzani Monument by Benvenuto Pirotta in Novara, [Plate 309, 310] one such lovely creature comforts a little girl, asleep, and her wide-eyed brother, amid a profusion of Liberty lilies and foliage.[13]

The specific theme of the death of the mother (in childbirth or when the child was still an infant) had its roots in Romanticism: one of the first monuments to enter the Santa Croce Romantic Cloister around 1830 was that to the wife of its architect Luigi de Cambray, Marianna Nencini, who died in childbirth. There are many fine Realist examples in Turin by followers of Vela, for example Pietro della Vedova's Albertino Zoppetti in Canti (Turin 1873) and the Palizzi Monument (1885) by Giuseppe Realini (Ligornetto, Canton Ticino 1856–Turin 1925) where mothers regretfully glance back at cradles before rising heavenwards. It cannot be denied, however, that Symbolist sculptors found the subject particularly seductive because the young women's self-sacrifice made them 'willing victims' and gave the opportunity to combine immense pathos with undercurrents of the same unfulfilled sexuality and subliminal eroticism that we find in their handling of the 'Death and the Maiden' theme.

Lucca is particularly rich in monuments of this kind.[14] The Felicina di Paolo [Plate 311] would seem to tell the story of the death of a young mother: a 'Prince Charming' angel bends to kiss her (awake or goodnight?) and give her a single flower (now stolen); bronze bas-reliefs portray a woman kneeling at the graveside and a baby in a cradle in front of a Christmas tree. The sculptor, Francesco Petroni (Lucca 1877–1960), visited Great Britain prior to 1903 and this may account for the lovely Mackintosh-inspired wrought-iron work.[15] Alfredo Angeloni devised a 'Mother' for the Olga Franchini nei Cardini Tomb, a bronze relief panel on *pietra serena* with coloured inlays [Plate 312]. The young mother died from illness in 1912 'at a time when she could best expect to enjoy life, glorying in the love of her son, Osvaldo, and husband, Antonio'. Angeloni's simple, but rather lovely monument shows the mother and son, but they could equally be the Madonna and Child. Though modelled on the Quattrocento, the hieratic gaze and long-fingered hands echo Bistolfi's enigmatic *Sphinx* [Plates 30, 90]. The decorative design and play on colour in the friezes (imitated elsewhere in the cemetery) are typically Liberty and specifically recall Klimt and the Vienna Secession.

PLATE 310 (RIGHT) Romanzani, Benvenuto Pirotta, Cimitero Urbano, Novara (detail).

PLATE 311 Felicina di Paolo (1905), Francesco Petroni, Cimitero Urbano, Lucca.

PLATE 312 Olga Franchini nei Cardini, *Mater* (*c*.1912), Alfredo Angeloni, Cimitero Urbano, Lucca.

The 'Beauty of Death'

Philippe Ariès has hypothesized that, with the advent of Symbolism, the previously clear association between Eros and Thanatos 'went underground' and the erotic characteristics of Death were 'sublimated and reduced to Beauty'.[16] In truth, in sculpture, the association of a beautiful woman with Death goes back to Canova and the origins of the *pleureuse*. Moreover, a series of female allegories, in monuments ranging from Purism through Realism, are already thoroughly imbued with beauty and subtle or not-so-subtle eroticism. No one could deny the beauty of Lombardi's veiled *pleureuse* for the Dossi-Rampinelli-Spalenza Monument in the Vantiniano [Plates 59, 313] or of Giulio Monteverde's reflective figure of Architecture on the monument to the architect Carlo Sada in Turin [Plates 77, 314]. The gaze of his sultry and ambiguous Oneto Angel (1882, Staglieno) [Plates 315, 437] challenges the viewer as 'she' covers the top part of 'her' body in a gesture normally reserved for a woman surprised in the nude.[17] Also in Genoa is the lovely figure of Memory for Ester and Erasmo Piaggio [Plates 316, 317] by Giovanni Scanzi (Genoa 1840–1915). With her magnificent shoulders and barely concealed breasts, her jewellery and 'golden' curls falling over her forehead, she anticipates the Symbolist idea of 'the beauty of death', though here more concrete and physical. Giacomo Ginotti's allegorical figure tending the lamp of Faith on the Brondelli di Brondello Monument, titled *The Wake at the Sepulchre* [Plates 318, 319], has the same heavy sensuality. She sits on Antique remains outside the Early Christian place of worship, a converted Roman temple, decorated in the style of the Marmorarii Romani of the third century AD. The broken column represents transience and false religion. She is there to symbolize how art and Christian civilization grew up on the ruins of their Roman antecedents.[18] She is also there, one might add, as a wonderful piece of statuary in the tradition of the large allegorical female statues of Canova, Bartolini, Duprè, Vela and Monteverde.

Having trained under Vela and Tabacchi at the Albertina Academy, Ginotti (Brugaro 1837–Turin 1897) acquired great technical skill, seen here in his sensuous handling of the female nude and draperies.[19] There are erotic undercurrents: the woman is well aware of her beauty: the torso and breasts are thrust towards the spectator but her eyes are turned away in introspection, more disdainful than modest. The head has a certain pride and the 'arcane voluptuousness' of the conquered Persian queen, *Victa* (1880, Museo Filangieri, Naples) by the Neapolitan sculptor Francesco Jerace, which was highly successful at the National Exhibitions in

PLATE 313 Dossi-Rampinelli-Spalenza (1856), Giovanni Battista Lombardi, Cimitero Vantiniano, Brescia (detail).

PLATE 314 Carlo Sada, Model in gesso of 'Architecture' (1876), Giulio Monteverde, Gipsoteca Monteverde, Bistagno (detail).

PLATE 315 Francesco Oneto (1882), Giulio Monteverde, Cimitero di Staglieno, Genoa.

Turin (1880) and in Milan (1881).[20] The last of this series of great allegorical figures and simultaneously the first of a host of Symbolist-Liberty imitations, was Leonardo Bistolfi's flower-bearing maiden, *The Beauty of Death* for the Grandis Monument [Plate 105].

The Erotic

'Sono innamorato morto . . . l'amore . . . è un'infermità, . . . una vertigine, è la morte!'
Giovanni Cena, from a letter to Giuseppe Pellizza da Volpedo (1898)[21]

To a certain degree, the erotic is in the eye of the beholder. What we may today find erotic might not have been intended as such. However, there is little doubt that some of the most splendid late-nineteenth- and early-twentieth-century funeral monuments in Italy are remarkably erotic by anyone's standards, all the more so because of their immediate context:

PLATE 316 Erasmo and Ester Piaggio (1885), Giovanni Scanzi, Cimitero di Staglieno, Genoa.

the cemetery. While the overt sexuality of many monuments in the cemeteries of Milan and Genoa, for example, is striking, it should be recalled that the female nude remained a recognized and, indeed, prominent vehicle of artistic expression, especially in sculpture. Similarly, 'provocative' Beaux Arts/Symbolist nudes (by artists such as von Stuck, Delville, Keller, Klimt, Sartorio, etc.) were shown in contemporary public exhibitions throughout Europe, generally without causing scandal.

Sculpture was rarely censored in Italy: a work by Domenico Ghidoni, polemically entitled *Our Slaves*, was excluded, for example, from the Esposizioni Reunite in Milan in 1894, not because of its style but because of its content (it showed three prostitutes on a couch).[22] The standard vocabulary of public sculpture, though sometimes criticized, as in the case of Mario Rutelli's *Fountain of the Naiads* (completed in Rome in 1911, when it met with hostility from clerical factions), nevertheless included frolicking females, in various degrees of *déshabillé*.[23] Moreover, after the turn of the century, in the wake of Rodin and Bistolfi, sensuality in sculpture was to strengthen, rather than weaken, and extended into often 'antagonistic' male-female groups: the female *Religion/Faith* of the Bardelli Monument in Milan by Butti's pupil Attilio Strada [Plate 320] is typically contrasted by a male 'Thinker' type. The sculptural reliefs on public monuments and the architectonic friezes of city buildings reflected this too, although, it must be said, it was in the cemeteries that eroticism blossomed most fully.

Funeral monuments were generally subject to committee approval but, overall, there were very few cases of censorship on moral grounds: Ernesto Bazzaro's Branca Monument in Milan was removed and replaced in 1908 because it was considered 'inappropriate'.[24] Censorship of this kind in Milan's Monumentale has been associated with a particular moment around 1905, when religious subjects were making a comeback.[25] Both Ghidoni and Bazzaro belonged to left-wing circles and were used to polemics. However, censorship of this kind was exceptional. It was not that contemporary viewers failed to observe the often patent sensuality of the sculptures, it was rather that such sensuality fell into an acknowledged category, generally accepted as appropriate, even (or, subconsciously, *especially*) in this context.

PLATE 317 Erasmo and Ester Piaggio (1885), Giovanni Scanzi, Cimitero di Staglieno, Genoa.

All sorts of more or less convincing psychological and psychoanalytical explanations of the union between Eros and Thanatos in Symbolist art and literature have been put forward. Certainly it was not exclusive to this period but never before had it been so pervasive. While Mario Praz established its origins in Romantic literature, Philippe Ariès pinpointed its cause in the void caused by the rupture between pre-Romantic acceptance of death and the Romantic era's rejection of its implications.[26] André Chabot has made a specific study of eroticism in European funeral sculpture and has demonstrated the universality of the association of eroticism and death, at least in late-nineteenth- and early-twentieth-century Europe.[27] Abstract ideas of beauty, universal love, reincarnation and regeneration were adopted in the 1890s in an attempt to compensate for this void. The female readily lent herself to the interpretation of both beauty and universal love (from the virtuous to the passionate to

PLATE 318 Brondelli di Brondello, *The Wake at the Sepulchre* (1886), Giacomo Ginotti sculptor, Crescentino Caselli architect, Cimitero Monumentale, Turin.

PLATE 319 Brondelli di Brondello, *The Wake at the Sepulchre* (1886), Giacomo Ginotti sculptor, Crescentino Caselli architect, Cimitero Monumentale, Turin.

the erotic) but there were two sides to the coin and she simultaneously came to encapsulate all the perversities of evil.

Such ideas flowed back and forth between art and literature all over *fin de siècle* Europe, given the expansion not only of travel but also of publishing and, in particular, the circulation of literary and artistic periodicals. Italy was no exception and, especially after 1895 with the foundation of the Venice Biennale, its first truly international series of exhibitions and the periodical *Emporium*, the country was hit by a wave of French and Belgian Symbolist art. In literature, d'Annunzio had already been imitating Swinburne and the French Decadents for some years.

However, the dominant influence in art, established from the mid-1880s onwards, was that of Late Pre-Raphaelitism. Rossetti's *Beata Beatrix* (1864, Tate Britain, London), became a Symbolist icon: here a state of consciousness/non-consciousness (comparable to that between sleep and death and between death and reawakening) is evoked; Beatrice's expression is one of ecstasy and has been described as 'orgasmic'. Italian Symbolist sculptors were particularly interested in

PLATE 320 Bardelli, *Religion* or *Faith*, Attilio Strada, Cimitero Monumentale, Milan.

PLATES 321, 322, 323 Francesca Bergamaschi nei Ferri, *Desolation* (1911–12), Carlo Cerati, Cimitero Borgo Angeli, Mantua.

portraying the precise moment of release of the spirit and rendered it as a state of ecstasy, hard, at times – as in Carlo Cerati's *Desolation* – to distinguish from 'le petit mort' [Plates 321, 322, 323]. The neurologist Andrew Newberg has recently asserted that our cerebral response to religious or sexual ecstasy is practically identical: Bernini was empirically aware of this, centuries before, suffice but a glance at his *Ecstacy of St Theresa* (1845–52, Sta Maria della Vittoria, Rome).

PLATE 324 Amelia and Giovanni Aliora, *The Oasis* (*c.*1909–13), Leonardo Bistolfi, Cimitero Cattolico Urbano, Casale Monferrato (detail).

Bistolfi's monument to Amelia Aliora, *The Oasis* [Plate 324], commissioned by her poet husband Giovanni, certainly seems more a celebration of carnal than spiritual love. Symbolist sculptors in Staglieno, influenced by the sensuality of the Bauer Monument there [Plate 344], executed some statues which are astoundingly erotic: Luigi Orengo's 'boa-clad' nude, balanced by a male/female group on the other side of the portal of the Chiarella Mausoleum [Plates 236, 325]; Pietro da Verona's extraordinary monument for chemist Luigi Burlando, where the young woman smiles in post-orgasmic ecstasy [Plate 326] and, by Pasciutti, the sapphic celebration of Emma and Salvatore Rebora [Plate 327]. In Turin, Pietro Canonica's monument to Carlo Kuster – dated 1920–21 but actually a reworking of his *Ex Humo ad Sidera* (*From the Earth to the Stars*) shown at the Venice Biennale of 1901 – invites Freudian interpretation: the (almost) bare-breasted female, her sphinx-like claw-hands clutched in ecstasy, was executed for a young soldier who died aged twenty-three [Plate 301].

Once the body expired, the soul 'took flight'. It is curious how one of the most traditional funeral subjects, popularized by Vela's followers and Federico Fabiani [Plates 447–50], was to become one of the most erotic. Luigi Contratti's monument to Adele Solaro Ravone is indicative [Plate 328]. Here, the soul's arms are thrown back both in willing surrender to death and in order to achieve the necessary momentum to rise or resurrect. The bust and rounded stomach are thrust forward, the head thrown back, lips apart, the eyes cast upwards to Heaven. The erotic is as thinly veiled as her shrouded body: she might be Isadora Duncan in mid-dance. Luigi Orengo, who as we have seen was one of the most sensual sculptors working in

PLATE 325 Daniele and Anna Chiarella (1910), Luigi (Gigi) Orengo, Cimitero di Staglieno, Genoa (detail).

PLATE 326 Luigi Burlando, Pietro da Verona (*c.*1920, placed after 1945), Cimitero di Staglieno, Genoa.

Staglieno, approached this subject in the Sorrentino Monument [Plate 329]; subtitled *The Soul Rises*, it shows a semi-nude female in a vortex of drapery. The left foot is elongated as if 'stepping out on the stage' and the eyes are closed in ecstasy.

The Female Nude

If anything, draperies tend to accentuate the physical form, rather than disguise it. In funeral sculpture, the female nude is very rarely completely so: the Classical canon of covering the lower part of the body persisted, as in Bartolini's figure of Faith for the Mayr Monument in Ferrara [Plate 50]. Indeed, Monteverde's clients for the Celle Monument [Plate 368] insisted on this (see page 182). Oreste Pozzi (Vogogna, Verbania 1892–Milan 1980) would have been

PLATE 327 Salvatore and Emma Rebora (1916), Giacinto Pasciutti, Cimitero di Staglieno, Genoa.

PLATE 328 Adele Solaro Ravone (1911), Luigi Contratti, Cimitero Urbano, Asti,

PLATE 329 Sorrentino, *The Soul Rises* (*c.*1922), Luigi (Gigi) Orengo, Cimitero di Staglieno, Genoa.

aware of Bartolini's prestigious and 'virtuous' precedent, in executing the figure of Faith for the Oliva Monument [Plate 330], demonstrative of the sculptor's sure grasp of anatomy acquired during his training with Butti. Surely its eroticism lies in the sitter's self-consciousness: one can almost imagine the marble blushing pink as we pass by and are exhorted to 'place [our] Trust in the Cross' but nowadays we are more likely to be captured by the transparent skin and graceful rotundity of this female nude. In the dall'Ovo Monument [Plate 331] the two nudes (*Mute Grief* to the left, *Weeping* to the right) are modestly crouching to each side of the *Meditation on the Mystery* [*Enigma*] *of Death*, more subtly erotic than either of them for all that (or because?) she is draped. Carved in translucent pinky cream marble, Luigi Secchi (Cremona 1853–Miazzina di Novara 1921) exploits the symbolism as an excuse to show his mastery of anatomy, a skill he learned at the Brera Academy under Pietro Magni (whose influence can be sensed even in this much later work). The *Enigma* might be a Classical Venus while the *Weeping* is quite one of the loveliest nudes from this period.

PLATE 330 Oliva, *Faith* (*c.*1920), Oreste Pozzi, Cimitero Borgo Angeli, Mantua.

PLATE 331 Dall'Ovo Family, *Mute Grief, Meditation on the Mystery [Enigma] of Death, Weeping* (1912), Luigi Secchi, Cimitero Monumentale, Milan.

PLATE 332 Maria Beruccini, *Devotion* or *Self-Sacrifice, 'Don't tell anyone the cause of my death'* (1914), Piero da Verona, Cimitero Monumentale, Milan.

PLATE 333 Clelia dalla Senta (d. 1990), Angelo Guinzoni, Cimitero Monumentale, Milan.

PLATE 334 Pogliani (*c.*1928), Tarcisio Pogliani, Cimitero Monumentale, Milan.

Milan has one of the most enigmatic of erotic monuments. Conceived by Piero da Verona (b. Milan 1888) for Maria Beruccini in 1914, it is subtitled *Dedizione* and inscribed 'Non dire ad alcuno perché sono morta' [Plate 332]. *Dedizione* translates as 'devotion' in English, but in Italian its earlier meaning was 'surrender' or 'submission' and, by extension, 'self-sacrifice'. Our curiosity is further incited by the inscrutable inscription 'Don't tell anyone why I'm dead' or, more liberally, 'Don't tell anyone the cause of my death.' The particular kind of graceful femininity was preceded in the works of Canonica and of Domenico Trentacoste (Palermo 1859–Florence 1933), whose works were acclaimed in the early Biennales. Da Verona must have also been receptive to the sensuality of the 'Genoese Symbolist School' (Capurro, Delmas, Olivari, Luigi Orengo, Pasciutti, Toso, etc.), while the pose may specifically reflect contemporary photography, ranging from artistic poses to soft pornography. Around the same time, for example, d'Annunzio photographed his lover, Natalia de Goloubeff, bare-breasted and 'broken-backed' in this kind of pose. Although the sculpture is Symbolic (it 'represents' *dedizione*) it is hard not to identify the figure with Maria Beruccini herself, who died aged twenty-six. One's immediate reaction is to ask what on earth a sculpture like this is doing in a cemetery. Is there malice in its presence there or in the eye of the beholder? In either case, one must bear in mind the artistic

PLATE 335 *Pathos* (1930), Juan (Giovanni) Berrone, Cimitero di Staglieno, Genoa.

PLATE 336 Isa Bluette (Teresa Ferrero Navarrini) (1939), Giacomo Giorgis, Cimitero Monumentale, Turin.

and literary climate in which it was created and the predominance of the nude in the sculptor's repertoire. Here, the lower half of the body is chastely draped and the pose is an accepted 'artistic' one; in some ways, the sculptor has thrown her innocence on the viewer-voyeur, defying us to find more than he intended.

In the Deco period, there was a revival of interest in the nude. The smiling Deco-style pinup Clelia dalla Senta [Plate 333] is a late piece that, like many previous Liberty funeral sculptures, might equally be a collectable *objet d'art*; the pose is provocative and she is well aware of being observed. Far more modest is the self-contained figure of Pathos [Plate 335] by an Argentinian sculptor Giovanni (Juan) Berrone (Buenos Aires 1893–Cannes 1983). The *Mother and Child* of the Pogliano Monument in Milan was exhibited by Tarcisio Pogliani (b. Milan 1869) at the Venice Biennale of 1928. The group demonstrates how the nude could remain chaste by avoiding eye contact and in the rigidity of the prone body [Plate 334]. Contrast this with the voluptuous curves of the Maria Beruccini Monument in Milan or the draped, yet deliberately 'helpless' position of the figure of Isa Bluette (*c.*1939, Turin) – the stage name of variety star Teresa Ferrero Navarrin – by the Bistolfian Giacomo Giorgis [Plate 336]. It helps to pinpoint where the erotic may or may not lie.

PLATE 337 Callestrini (*c.*1912), Ezio Trapassi, Camposanto Monumentale della, Misericordia, Siena.

Erotic Angels and Mourners

It may be remarked, too, that in funeral sculpture, angels (who, after all, have no sex and hence were the perfect subject for androgynous Symbolist types), became increasingly ambiguous or decidedly feminine. In the former category we find the subtly androgynous Callestrini Monument by Ezio Trapassi [Plate 337].[28] In the second category, we have distinctly erotic female angels: the curvy forms of the Lombardi and Sbrana angel [Plate 343] and the ultimate erotic angel, for the Ribaudo Tomb [Plates 339, 340].

PLATE 338 Bianca Chiappe Giannone (1907), Ettore Ximenes, Cimitero di Verano, Rome.

Eroticism can be found also in the symbolic mourner, who continued to be played predominantly by a diaphanously draped female figure, whether real or idealized, as in the monuments to Antonio Espinassi-Moratti in Pisa [Plate 341] and Ugo Ortolani in Milan [Plate 342]. Verano has both Ximenes's shiny bronze nude angel with the broken wing on the Giannone Monument [Plate 338] and his monument to Senator Francesco Paternostro [Plate 195], the mourner on which possesses what Joyce would have delighted in calling 'mellonsmellonous osculation'.

The Kiss of Death

'Or morendo . . . nell'ombra in cui mi giacio
Un bacio . . . un bacio ancora . . ah! . . . un altro bacio.'
Arrigo Boito, libretto from Verdi's *Otello* (1887)[29]

PLATE 339 Ribaudo (*c.*1910), Onorato Toso, Cimitero di Staglieno, Genoa.

PLATE 340 Ribaudo (*c.*1910), Onorato Toso, Cimitero di Staglieno, Genoa.

PLATE 341 Antonio Espinassi-Moratti (after 1900), anonymous, Cimitero Suburbano, Pisa.

PLATE 342 Ugo Ortolani (*c.*1922), anonymous, Cimitero Monumentale, Milan.

PLATE 343 Lombardi and Sbrana (1899), Angiolo de Ranieri and Figli, Cimitero Urbano, Lucca.

Although one thinks of Neoclassicism as being austere and passionless, there is an element of subliminal eroticism in the 'near embraces' and 'almost kisses' in works by Canova and his followers that did not fail to be perceived by late-nineteenth-century Italian Symbolist sculptors (and Rodin, too, for that matter). Constant referral to famous sculpture was part of academic training, through the copying of casts, and there was a practice of 'knowledgeable citation' that never appears to have been considered mere plagiarism. Certainly, the *Love and Psyche* and *Venus and Adonis* groups were highly familiar, while Bernini was never overlooked. In Romantic

PLATE 344 Hermann Bauer, *Resurrection* (1902–04), Leonardo Bistolfi, Cimitero di Staglieno, Genoa (detail).

painting, from *The Kiss* by Francesco Hayez (1823, Brera) to the embrace of *Ivy* (1878, GAM, Turin) by the Scapigliato Tranquillo Cremona, passion was celebrated. What was remarkable was that this passion was introduced and heightened in funeral sculpture like *The Last Kiss* by Emilio Quadrelli [Plate 185, 345].

Bistolfi focused on the sentiment between Man and Woman, on complimentary Male/Female elements from his Scapigliato period through to the Symbolism of the 1890s when he evolved a new funeral iconography based on a generic idea of universal love in which ethereal kisses and embraces found their earthly expression. His influence, combined, towards the latter half of the 1890s, with increasing knowledge of Rodin, caused the subliminal eroticism inherent in some of the funeral sculpture from the previous decade, to blossom.

Bistolfi completed his seminal *Brides of Death* in 1897: an ethereal 'vision of the love of souls', in which the carnality of his earlier works has been suppressed into the tension of the body of the 'soul', as she strains upwards, and the inclining head of an androgynous, adolescent, wingless 'angel' (or 'Genius of Death' or 'Dream of Death') as he bends to kiss her.[30] The work was exhibited on several occasions and widely published in the artistic press; its popularity has always lain in its subconscious carnality, reminiscent of Burne-Jones. A co-operative of sculptors from Pietrasanta, the Società fra i Lavoratori del Marmo, produced a

PLATE 345 Volontè Vezzoli, *The Last Kiss* (1889), Emilio Quadrelli, Cimitero Monumentale, Milan (detail).

simplified version of it for the monument to Giovanni and Elvira Lenci (Viareggio, Comunale, 1914), a good example of the high quality of artisan work in Tuscany [Plate 346].[31]

With Symbolism, the 'Kiss of Life' (or of Resurrection) inevitably became the 'Kiss of Death'. Although in Bistolfi's Bauer Monument in Staglieno [Plate 344] and its female pendant, the Jole Moschini Biaggini Monument in Padua [Plate 74], the kiss should be an awakening one, it was read in the light of the Grandis Monument as bringing 'Sweet Death' rather than the 'Resurrection' that its title supposes. Thenceforth, the kiss was also worked into the standard repertoire of Symbolist mourning: hence angel/mourners kiss the deceased in the monuments to Salvatore and Emma Rebora in Staglieno [Plate 327] and to Porcheddu in Turin [Plates 361, 362, 363]. The gentle kiss of the Bauer Monument inspired both the monument to the Bossi Biffi family in Milan [Plate 348] by Guido Bracchi (a sculptor active in Milan in the early twentieth century) and the similar Cerati Monument in Vercelli [Plate 347] by Giacomo Buzzi-Reschini.

Eventually, in a kind of orgy of collective emotion, angels/mourners embraced or kissed each other. The complicity of the mourners on the Bauer Monument created a precedent but, once again, Bistolfi and others must have cast an eye back to Canova, and further back to Botticelli, in co-ordinating their graceful Terpsichorean gestures. The bronze *Last Kiss (Joys and Sorrows)* for the Riboni Family in Milan (1907) is a particularly fine example [Plate 349]. It is by Michele Vedani (b. Milan 1874), a pupil of Butti at the Brera Academy, who established his reputation with the Milanese bourgeoisie with a number of fine Liberty-Symbolist sculptures in the Monumentale. Bronze angels kiss on top of a grey sarizzo stone altar. The movement flows down through the angel's raised wing into the swooning figure of another angel, while a third, standing angel, on the right, opens, then closes this lovely linear and asymmetrical composition. Smooth, graceful limbs give it a rhythmic, almost musical quality.

Embraces between members of the same sex, mostly female, but sometimes male as well, abound in cemeteries; whereas the former often correspond to narcissistic and sapphic Symbolist literary fantasies, the latter – for example, the Izar brothers [Plates 28, 350] – represent the deceased. Embracing females are frequently mirror or near mirror images, as on

PLATE 346 Giovanni and Elvira Lenci, *The Bride of Death* (1914), Società fra Lavoratori del Marmo (after Leonardo Bistolfi), Cimitero Comunale, Viareggio.

PLATE 347 Cerati (1928), Giacomo Buzzi-Reschini, Cimitero Billiemme, Vercelli.

PLATE 348 Bossi Biffi (1910), Guido Bracchi, Cimitero Monumentale, Milan.

PLATE 349 Riboni family (now Bonelli), *Joys and Sorrows* or *The Last Kiss* (1907), Michele Vedani, Cimitero Monumentale, Milan (detail).

PLATE 350 Izar family, *Faith* (1904), Felice Bialetti, Cimitero Monumentale, Milan (detail).

PLATE 351 Guido Valtancoli, anonymous, Cimitero Monumentale, Verona.

PLATE 352 Lardera Potenza, Annibale de Lotto, Cimitero di San Michele, Venice (detail).

the Valtancoli Monument in Verona [Plate 351].[32] There are elements of sexual tension, perhaps even vampirism, in the Lardera Potenza relief in Venice by Annibale de Lotto (San Vito di Cadore 1877–Venice 1932) where Faith (or Religion, as she is holding a cross) is about to kiss a young woman [Plate 352].

In Terra Coniuncti in Coelo: Monuments to Husband and Wife[33]

The theme of the couple is recurrent throughout Symbolist works and, though not exclusive to monuments for husbands and wives, the expression of heterosexual affection was considered particularly appropriate in their case. The emphasis swings away from the widow towards an idealization of marital love and a strong distinction of male and female roles.

Guido Bianconi's Nardi Monument [Plate 355] is a romantic celebration of conjugal union beyond the grave, titled *Eternity Reunites Souls that Death has Separated*. In relief, below a fine layer of cloud, a 'floating female' (Eternity) casts a mantle around the figure of the husband; the woman, kneeling in the traditional widow's pose, holds his hand and gazes lovingly at his face. The setting is dramatic but simple and the sentiment is captured in the tension of the gaze. She does not wear contemporary dress but rather a classicizing shroud, for the scene represents the comforting idea of reunion beyond death. Although Bianconi's debt to the Grandis Monument is obvious, as is his theme of redemption through love, there is also something of the Purism of Sarrocchi (with whom Bianconi trained before joining Bistolfi in Turin). The Bistolfian bronze bas-relief of the Bertacchi Monument, also in Siena and probably by Bianconi, is similarly a homage to conjugal reunion after death [Plate 356].

In Lucca, Alfredo Angeloni (Lucca 1883–1953) celebrated the union of Sebastiano and Redegonda Simi beyond the grave in a sensual white marble relief [Plate 353]. The third figure bending to kiss Redegonda's hand might represent Love itself (or the tribute of Sebastiano's brothers, Luigi and Angelo who commissioned the monument), while the cross, flowering amid roses, stands for resurrection. By now these female figures have no need for specific identification in the eye of their contemporary public. This is an idealized representation of 'the couple': the man is forceful and virile; the woman relaxes back against him, her throat exposed; the second female figure is entirely subservient. These were the standard male/female 'types': the one strong and muscular, the other submissive and compliant. They became so much a part of the Symbolist funeral vocabulary that they were employed in monuments that were not to couples at all.[34]

The *typos* lasted well into the 1920s. Carlo Cerati was to rework several Bistolfian ideas on the theme in the 1920s in Mantua. 'The Couple Reunited' are celebrated in his Tragni Romolo Monument (1921, installed 1927), subtitled *Now and Forever*. His Rossetto Monument of 1929 [Plate 354] consists of a classicizing high-relief husband and wife draped in toga-like shrouds, derived from a group on the left of Bistolfi's Orsini Monument [Plate 97]. Adolfo Wildt handled the theme in his characteristic Expressionist style [Plate 172] (see page 106).

PLATE 353 Sebastiano and Redegonda Simi (1911), Alfredo Angeloni, Cimitero Urbano, Lucca.

PLATE 354 Rossetto (1929), Carlo Cerati, Cimitero Borgo Angeli, Mantua.

PLATE 355 Nardi, *Death Reunites Souls that Death has Separated* (1910), Guido Bianconi, Camposanto Monumentale della Misericordia, Siena.

PLATE 356 Bertacchi, Guido Bianconi (attr.), Camposanto Monumentale della Misericordia, Siena.

DEATH OF THE MAIDEN

PLATE 357 Carolina Dolci (*c.*1899–1900), Ettore Ferrari, Cimitero Monumentale, Verona.

PLATE 358 Carolina Dolci (*c.*1899–1900), Ettore Ferrari, Cimitero Monumentale, Verona (detail).

'Dove vai? Chi ti chiama/Lunge dai cari tuoi, Bellissima donzella. . . . Morte ti chiama: al cominciar del giorno/L'ultima istante. Al Nido onde parti,/Non tornerai.'

Giacomo Leopardi, *Sopra un antico bassorilievo sepolcrale* (1831).[1]

The Symbolist cult of 'Beauty in Death', especially associated with the death of young females, had its roots in Romanticism. The *typos* had exemplary literary credentials: from Ippolito Pindemonte's *Sepolcri* (the young girl who dons the funeral pall instead of her wedding dress) to the Romantic poet Leopardi who wrote the above lines on seeing Tenerani's relief for Clelia Severini in 1831, showing the adolescent girl, with a dog and her mourning parents (San Lorenzo in Lucina, Rome).[2] Florence's 'Romantic Cloister' has some beautiful examples illustrating the Purists' empathy with this theme.[3]

It is no coincidence that some of the finest Liberty and Symbolist monuments were executed for adolescent girls or married women who died young, and were often carved in pure white marble, symbolic of virginal purity. Flowers were also deemed appropriate for the death of a maiden: generally lilies or roses and, occasionally, chrysanthemums, all of which symbolize purity and premature death.[4] Roses were suitably ambivalent: red roses were symbols on the one hand of the Virgin and Pentecost, on the other of carnal Love, tinged red with the blood of Adonis; prostitutes in Paris wore them as a badge of office.

One can speculate as to why such monuments have an erotic effect, in varying degrees from the subliminal to the (almost) explicit. Certainly the theme occurred frequently in contemporary literature and painting (Giuseppe Mentessi and the avant-garde Divisionists Pellizza, Previati and Segantini all painted on this theme).[5] One might also advance more mundane reasons for the loveliness of some of these sculptures: it is perhaps fatuous to try to establish a hierarchy of the tragedy of death, but surely in the nineteenth century, when an adolescent had survived the perils of infancy and childhood, it would have been reasonable to expect him or her to prosper. Parents were willing to devote large sums of money to commemorate their dashed hopes, sometimes, too, because their thoughts turned to their own deaths. For example, the sculptural portrait of Isabella Casati [Plate 189] was designated as the family tomb while Sassi's monument to Zaira Brivio [Plate 187, 188] commemorates the parents in portrait medallions at the base of the bed on which she lies. While Butti's Isabella is still recognizable, as Symbolism progressed the young women became idealized out of all recognition; since a lot of them were scantily clad and occasionally provocative, this was probably just as well.

The ultimate tribute to a virgin is Bistolfi's chapel for the sixteen-year-old Emma Rocca [Plate 423] (1899–1903), daughter of his friend Count Hierschel de Minerbi. Though situated in the rather remote cemetery of Belgirate on Lake Maggiore, it exerted enormous influence on this typology. Inside, *Purification*, a Botticellian young girl in white marble high relief, exemplifying all the virtues of the virgin, rises up over the altar amid a profusion of flowers. The better-known exterior bronze bas-relief of *The Funeral of a Virgin* was to inspire many an imitation. Though treated more literally, Ettore Ferrari's monument to Carolina Dolci [Plate 357, 358] in Verona (*c.*1899/1900) features a funeral procession, resembling a First Communion or a Taking of Vows (the virgin is wedded with Christ). Carolina's sisters, beautifully portrayed, are among the Roman artist's finest creations.

In general, the stylistic models, both in painting and sculpture, came from Great Britain (the Pre-Raphaelites and the Aesthetic movement) and Belgium (Burne-Jones interpreted through Fernand Khnopff), diffused through the *Studio*-inspired periodical *Emporium* and the Venice Biennale, both founded in 1895.[6] The monument to Vittoria Boido [Plate 359] is a good example: subtitled *Towards Peace*, the masterly relief in white marble was completed for Turin in 1910 by Edoardo Rubino (Turin 1871–Rome 1954). A contemporary critic interpreted it as the deceased being welcomed into the boat by an angel, another angel at the helm and a group of women watching the departed among cypresses.[7] Rubino was evidently inspired by Rossetti's *The Boat of Love* (1874, Birmingham City Museum and Art Gallery), probably known through photographs. The theme of the journey by boat to the underworld dates back to Egyptian funeral iconography, but was sufficiently unusual in the nineteenth century to reinforce this hypothesis. In funeral sculpture, the theme of redemption through love was, of course, dear to Bistolfi and his circle.

PLATE 359 Boido family, *Towards Peace* (1910), Edoardo Rubino, Cimitero Monumentale, Turin (detail).

In 1904, Alfredo Sassi (active in Milan at the end of the nineteenth and the beginning twentieth century), executed a monument for the twenty-four-year-old Eugenia Süffert [Plate 360], daughter of the industrialist Edoardo, who was soon to follow her in 1909. The large bronze relief, set back from a row of lilies, portrays music-playing angels similar to Bistolfi's dancers on his well known poster for the Arte Decorative Moderna Exhibition in Turin in 1902. Bistolfi's chorus of Memories on the Durio Tomb in Turin [Plates 94, 95] is also an obvious source and both sculptors use rhythm and repetition to evoke the cadences of music. The atmosphere is melancholic and feminine: death has been 'softened', rendered decorative, almost frivolous.

Turin houses one of the loveliest of all Symbolist monuments, erected in 1912, the result of the felicitous collaboration of the sculptor Edoardo Rubino with the architect Giulio Casanova (Minerbio 1875–Turin 1961). The monument to Amalia Porcheddu Dainesi [Plates 360, 361, 362] was commissioned for his wife by the engineer Antonio Porcheddu, agent for Hennebique Reinforced Concrete in Italy and one of the first to furnish his offices in Turin in Liberty style.[8] Casanova, a leading Liberty architect, designed the mosaic (a typically complicated Longobardic design, reminiscent of the Celts, with roses, in which the influence of Mackintosh and the Glasgow School may also have played its part).[9] The two figures at the head obviously derive from Bistolfi's Bauer Monument [Plate 344] although a common source may have been Rossetti's famous *Dante's Dream* (1871, Walker Art Gallery, Liverpool). The hands of the two maidens form a kind of halo over Amalia's rose-scattered hair and the farthest figure inclines to kiss her head; the *pleureuse* raising a votive lamp at the foot of the sarcophagus is more Classical. There is infinite grace in each measured gesture. If the supine figure does represent Amalia then it is an idealized portrait and her features are repeated in those of her handmaidens. Although Rubino inherited Bistolfi's idea of 'the Beauty of Death', he was one of the few who managed to reinterpret it and create an autonomous style, recognizable as his own.[10]

PLATE 360 Eugenia Süffert (1904), Alfredo Sassi, Cimitero Monumentale, Milan.

Less chaste is the bronze to Lydia Amoretti by Francesco Penna (1856–1927) [Plate 364]. The 'soul' of the seventeen-year-old is seen (braceleted and lightly swathed) to the right of the commemorative plaque, into which her long veil flows; roses, here symbolic of premature death, flourish around her feet. Her arms are modestly crossed to cover her breasts but the lower half of her body

PLATES 361, 362, 363 Amalia Porcheddu Dainesi (1912), Edoardo Rubino sculptor, Giulio Casanova architect, Cimitero Monumentale, Turin.

PLATE 364 Lydia Amoretti (1917), Francesco Penna, Cimitero Monumentale, Milan (detail).

PLATE 365 Ines Rappa, *'Death seemed beautiful in her face'* (1922), Umberto Pinzauti, Cimitero Urbano, Lucca.

is barely veiled. A cross, the only religious reference, frivolously hangs from her charm bracelet while the figure, related to earlier odalisques and slaves, might equally appear alongside any Liberty decorated doorway.

The *typos* of the dead virgin can be found throughout central and northern Italian cemeteries and extends into the Deco period, in examples such as the monument to fifteen-year-old Fiorenza Fontana [Plate 366], which shows typical geometric linearity and a hard-edged design.[11] The haloed young girl, standing out from the cross, looks up trustingly to Heaven, her hands gracefully arched in prayer with stylized lilies at each side, symbolic of innocence and resurrection. Behind her, in *stiacciato*, are a series of stereotyped maidens, harking back to the Durio Monument. Many of the funeral monuments to female adolescents who died around this time during the terrible bouts of Spanish flu are in similar late Liberty style, with floating maidens or 'souls' amid flowers.[12]

Finally, in Lucca there are two lovely monuments in white statuary marble to young women. The first, by Aurelio Franceschi, is something of a mystery: it may have been executed for Enrichetta Giorgi (d. 1896), whose remains were united with those of Emilia Bertini nei Giorgi (d. 1915), featured in the portrait medallion below [Plate 367]. The angel looks back, in sorrow, over her left shoulder (like Lot's wife, turned to stone!), counterpoised with all the grace of High Gothic annunciating angels. The broad, white, sheet-like folds of the pall are strewn with flowers and the features of the shrouded figure are vaguely defined beneath it, reminiscent of earlier veiled women. The second, by Umberto Pinzauti (Florence 1886–Ravenna 1960), erected in 1927, is an Art Deco monument to teenager Ines Rappa, the figure being (deposed or raised?) by angels [Plate 365]. Certainly, the quotation from Petrarch for his beloved Laura – 'Death appeared beautiful in her face' – is most appropriate.[13]

PLATE 366 Fiorenza Fontana (*c.*1917), anonymous, Cimitero Suburbano, Pisa.

PLATE 367 Enrichetta and Emilia Bertini nei Giorgi (1896), Aurelio Franceschi, Cimitero Urbano, Lucca.

DEATH AND THE MAIDEN: THE DANSE MACABRE AND THE MEMENTO MORI

The Maiden portrayed alongside Death may still be 'virginal' but she becomes more ambiguous: the juxtaposition of Eros and Thanatos, and a certain complicity between the two, gives this theme its underlying eroticism. One of the best known images of all nineteenth- and twentieth-century Italian funeral sculpture, Giulio Monteverde's group in bronze for the Celle family [Plate 368] is a re-evocation of the medieval *danse macabre*, in which a semi-clad young woman (Life, a sensual female embodiment of the Erotic) and a shrouded skeleton (Death/Thanatos) dance out the Eternal Drama on the globe. The veil, traditionally seen on beautiful female mourners, has been transferred to Death. He stands erect, unmoved, while the scantily-draped nude is both drawn towards him (her arm rests lightly and willingly on his right shoulder), but the upper part of her body and her gaze are turned away from him in repulsion: in fact, his skeletal left hand firmly clasps her at the wrist, to prevent escape. This is surely one of the most erotic

PLATE 368 Celle family (1891–4), Giulio Monteverde, Cimitero di Staglieno, Genoa.

PLATE 369 Teresa Moriondo Franzini, *Ex Funere Vita* (1906–08), Cesare Reduzzi, Cimitero Monumentale, Turin (detail).

images of nineteenth-century sculpture and would have been even more so had not Monteverde draped the lower part of the woman, probably at the client's request.[1]

One of the finest, and most alluring, Symbolist variations on the *danse macabre* was, by no coincidence, carved for a young woman: Teresa Moriondo Franzini (d. 1905) [Plate 369]. It was executed for Turin between 1906 and 1908 by the leading Symbolist sculptor and medallist Cesare Reduzzi (Turin 1857–1912). The deceased/soul, open-eyed but in a trance-like state, yields up willingly to Death, an animated shroud beneath which the skull is vaguely defined and the limbs are raised to envelop and carry her off. The figure is set above a parapet and back from a projecting stone coffin, decorated on either side with sprays of roses, rising up from thorn bushes , alluding to 'life regenerating from sorrow'. The long funeral shroud drapes down over the coffin and links the two parts of the monument, adding to the effect of soaring upwards. The only Christian reference is the cross on the front of the coffin. It is exemplary of the eroticism implicit in the 'Death and the Maiden' theme: the fact that there is no physical contact (yet) between the two, if anything it adds to our anticipation and titillates the imagination.

PLATE 370 Giovanni and Apollonia Solvaggione and Orsola Mosca (1912), Cesar Santiano, Cimitero Monumentale, Turin (detail).

Reduzzi's white marble monument directly inspired the Argentinian Cesar Santiano (Buenos Aires 1886–Turin 1919) in his Solavaggione Mosca Monument of 1912, also in Turin [Plate 370]. Santiano moved to Italy in his early twenties and completed his training in Rome and Turin (the movement of sculptors between Italy and South America was not all one-way!). Compared to that of Reduzzi, the female figure is now more muscular while the figure of Death is more specifically defined and perhaps less effective for it. The woman is static and compliant, contrasting with the whirl of speed as Death rushes by. Again, there is no physical contact between the two. The rose garland merges into the rose and ivy climbing up the rear and, like the long flowing hair, is late Liberty style.

Something of the *danse macabre* remains in the *Avida Mors*, a bronze memorial to young Jole Ranza (1920, Milan) by Domenico Pecora (b. 1884) [Plate 371, 372]. Death avidly grasps the bare-breasted maiden and wields his scythe through vegetation. Jole may have been one of the many to die during the epidemic of Spanish flu (estimated to have killed more than 375,000 in Italy alone and particularly virulent among adolescents); her epitaph imagines her '*maybe* in Heaven [*sic*]', leaving those behind 'to sigh'.

Other scenes show 'attacks' on young women of the kind levied by Death, armed with sickle, on the Rising Soul in Aurelio Franceschi's bronze relief to Francesco Gattai (1846–1912) and

PLATES 371, 372 Jole Ranza, *Avida Mors* (1920), Domenico Pecora, Cimitero Monumentale, Milan.

PLATE 373 Francesco Gattai and Sofia Giusti nei Gattai (1918), Aurelio Franceschi, Cimitero Urbano, Lucca.

PLATE 374 Francesco Gattai and Sofia Giusti nei Gattai (1918), Aurelio Franceschi, Cimitero Urbano, Lucca.

PLATE 375 Duilio Puccinelli (*c.*1913), Ferruccio dei Ranieri and sons, Cimitero Comunale, Viareggio.

PLATE 376 Gian Pietro Lucini (1906), Achille Alberti, Monumentale, Milan.

to contemporary Christs by Pellini and Bistolfi.[5] The inscription exhorts the arisen to 'fear not' and promises 'mercy for the merciful'; the gravestone cross to the far right stands for salvation in Christ. To the left is a series of historical and representative figures (the Centurion, the Old Man, the Mother and Child, the Nun, etc.), who surge towards redemption. Their path is blocked, however, by the terrible Angel of Judgment, or Death, on a spectral horse; the sword is raised, the huge vulture-like wings hang heavily and the face is overcast by the hood. The modelling of the group on the left, in varying degrees of relief, resembles the animated bas-reliefs of Calandra's many and celebrated public monuments (notably the monument to Amedeo di Savoia, inaugurated in Turin in 1902). In the background, in *stiacciato*, we have a rather incongruous view of a city, presumably Turin, with smoking industrial chimneys and a cypress-lined road leading towards the cemetery. The scene is set against an elliptical wall in the open and is very grand, albeit less than life-size.

Another, even more disquieting Angel of Death was represented by Alfredo Angeloni (1883–1953) in his bronze bas-relief to Adelaide Battistoni nei Rossi (d. 1911) and husband

PLATE 388 Salvatore Queirolo (1911), Giuseppe Navone, Cimitero di Staglieno, Genoa.

PLATE 389 Geisser family, *Light in the Shadow of Death* (1904, 1908), Davide Calandra sculptor, Stefano Molli architect, Cimitero Monumentale, Turin.

PLATE 390 Geisser family, *Light in the Shadow of Death* (1904, 1908), Davide Calandra sculptor, Stefano Molli architect, Cimitero Monumentale, Turin.

PLATE 391 Adelaide Battistoni nei Rossi (1912), Alfredo Angeloni, Cimitero Urbano, Lucca.

Raffaele Rossi (d. 1912) in Lucca [Plate 391]. Angeloni was inspired in this bronze relief, both iconographically and stylistically, by Bistolfi, first and foremost by his famous Orsini Monument, *The Cross*, in Staglieno [Plate 97]. Although the characters may change, the poses are derived from those of the Piedmontese sculptor and the couple embracing specifically recalls his *Brides of Death*. Far from receiving solace from the universal symbol of the cross, here a terrifying Angel of Death, with bulging sightless eyes, casts skeletal wings over the symbolic representations of Mankind, themselves far more dramatically tragic than those of Bistolfi. Angeloni's bat-like wings may have been influenced by those of Romanelli's earlier Celli relief in the same cemetery [Plate 285]. The monument is inscribed with the verses by Carducci quoted on page 186, which were to inspire other monuments, though none so macabre and devoid of all consolation as this.

Death could be skeletal or just an ugly old man, with or without his scythe. In either case, he might ambush young women, as in the Ranza and Gattai monuments [Plates 371, 372, 373, 374] or vigorous young men might swoon into his final embrace as in the Ercole Mentasti marble relief in Milan [Plate 392]. Even 'light-hearted' Deco had its sinister moments. In the Fontana Roux Tomb by Giannino Castiglioni (Milan 1884–1971), the guardian angel of the sepulchre awaits vulture-like over the grave [Plate 393].

Time and Death the Reaper

Some of nineteenth funeral symbols date back to Classical mythology: the owl, for example, was sacred to Pallas Athena, and it superstitiously came to be considered a harbinger of death. Time, on the other hand, was associated with the theme of regeneration: Chronos was the son of Uranus and Gaia; weary of Uranus' amorous advances, she instigated her son to castrate him; Venus was generated from the testicles cast into the sea. His symbols are the scythe (for obvious reasons), the hourglass and the sphere (decorated with the signs of the rotating planets), symbol of Time's dominion over the universe.[6]

PLATE 392 Ercole Mentasti (*c.*1908), Lorenzo Maroni, Cimitero Monumentale, Milan.

Time figures in both Realist and Symbolist sculpture where, apart from its obvious function as a *memento mori*, it afforded sculptors the opportunity to execute large male nudes in accordance with their academic training. Donato Barcaglia's *Life Restraining Time*, which won a Gold Medal at the Philadelphia Exhibition of 1876, was a well known non-funeral model (although it was used on the sculptor's own grave in Milan in 1923). The *typos* was particularly popular in Milan, where a precedent was set by Enrico Butti in his eclectic monument to the newspaper founder Carlo Borghi (1884) [Plate 394]. Here, a heavily winged Time in white marble gazes down at his marble sphere, leaning disconsolately on a red granite Romanesque sarcophagus, with a Romanesque crucifix behind. Barcaglia himself added a vigorously modelled Time, raising his hourglass in a final toast, to the Meraldi Monument in Milan (1912) [Plate 395]. One of the finest works on this theme is the Bartoletti Monument (1898) by Tullo Golfarelli (1853–1928) in Cesena where a virile, bronze Time stands on a marble sphere and is about to reap a whole wave of Humanity as they are swept up in a vortex [Plate 396]. At its base,

PLATE 393 Fontana Roux, *Guardian Angel of the Sepulchre* (1925), Giannino Castiglioni, Cimitero Monumentale, Milan.

PLATE 394 Carlo Borghi, *Time* (1884), Enrico Butti, Cimitero Monumentale, Milan.

PLATE 395 Meraldi family (1908, 1912), Donato Barcaglia, Cimitero Monumentale, Milan (detail).

a tree flourishes while a female personification of *Grief* mourns; the three-part composition involves as many changes in scale and a high degree of technical dexterity in marble and bronze. Golfarelli later portrayed Death meeting Time in the interesting bronze bas-relief to the Gatti in the Certosa, Bologna (1908).[7]

Causes of Death

It is only in the twentieth century that funeral sculpture begins to manifest a rather morbid concern to register the immediate cause of death. Of course, there were earlier exceptions: a drowning accident recorded in Staglieno is a memorable example, but they were few and far between. In the twentieth century, records of particular circumstances of death begin to appear: in particular, coinciding with the advent of the motor car, it suddenly became important to relate to onlookers the (then) unusual misfortune of having been killed in a car accident. Nowadays, Italy's roads are lined with little shrines with photographs of the victims of road accidents as if it were essential to recall the exact place and time of death. While evoking the tombs of the Appia Antica, the custom may also be rooted in this kind of funeral sculpture The extraordinarily dramatic Pospisil Monument in Padua by Annibale de Lotto [Plates 397, 398] reconstructs an entire incident of this type: a car crashed through a roadside barrier and overturned, killing Maria and Esterina; the survivors tried to assist (note the driver in his leather cap and long coat) or else despaired. It is a *tour de force* in brilliant white marble. In Viareggio, Antonio Bozzano (Genoa 1858–Pietrasanta 1939) related the tragic death of Bianca Palagi [Plate 399] who was hit by a car; the inscription laments that 'Human progress was fatal to me' as, indeed, it was.[8]

PLATE 396 Bartoletti (1898), Tullo Golfarelli, Cimitero Urbano, Cesena.

PLATE 397 Maria and Esterina Pospisil, Annibale de Lotto, Cimitero Maggiore, Padua (detail).

PLATE 398 Maria and Esterina Pospisil, Annibale de Lotto, Cimitero Maggiore, Padua.

PLATE 399 Bianca Palagi (1913), Antonio Bozzano, Cimitero Comunale, Viareggio.

AMONG THE MOURNERS OF ZION AND JERUSALEM

JEWISH FUNERARY MONUMENTS IN ITALIAN CEMETERIES, 1860–1920

FRANCESCA BREGOLI

The flourishing of modern Jewish funerary sculpture in Italy spans a period of about sixty years. Grand monuments honouring the memory of single individuals or entire families started to appear in the 1860s in the Jewish cemeteries of Italian cities such as Milan, Venice, Bologna, Florence and Rome.[1] Alongside modest marble slabs plainly inscribed in Hebrew and Italian, are found impressive tombs adorned by decorations atypical of the Jewish tradition, such as mosaics [Plate 400], bas-reliefs [Plate 402], busts [Plate 401] or statues [Plate 403, 404] depicting the image of the deceased. Around the end of the 1920s, the number of lavish monuments gradually decreased, while the use of the human figure disappeared altogether. This brief, yet intense efflorescence, which affected a segment of the well-to-do Jewish population of Italy, is surprising to anyone familiar with the traditional Jewish prohibition on sculpted images. Judaism is known for its aniconism in religious settings; however, some affluent Italian Jews commissioned figurative monuments for themselves and their beloved and these images were seemingly tolerated by Italian rabbis. The reasons for this shed light on the role of cemeteries and funerary art in the establishment of a public image of 'Jewishness' in post-emancipation, unified Italy.

PLATE 400 Sarfatti, anonymous, New Jewish Cemetery, Venice.

PLATE 401 Giacomo Piperno (*c.*1909), anonymous, Cimitero del Verano, Rome.

THE PROHIBITION OF IMAGES

The prohibition of images in Judaism is contained in the Bible, where seven passages, starting with the Second Commandment (Exodus 20:3–6), forbid the making of carved or cast icons, lest they become a vehicle of idolatry.[2] Later legal commentaries differentiated between painted and sculpted images, allowing the former for aesthetic or scientific purposes, but forbidding the latter entirely. Rabbis distinguished between single motifs and entire compositions, and between partial and complete images in the case of a human body. From the seventeenth century onwards, prosperous and powerful lay Jewish individuals, frequently acting independently of the opinion of rabbinical authorities, surrounded themselves with artistic objects as a demonstration of their status and in competition with their non-Jewish neighbours. This was especially true in Italy, where Jews did not find it

PLATE 402 Bianchi-Benedetto Zamorani (1911), Silverio Montaguti, Cimitero della Certosa, Bologna.

PLATE 403 Ida Donati, Emilio Quadrelli, Cimitero Monumentale, Jewish Section, Milan.

objectionable to decorate with human figures ritual objects such as marriage contracts, scrolls of Esther, or Hanukkah lamps.[3]

The presence of images in Jewish cemeteries throughout Italy should not come, therefore, as a complete surprise. In fact, some Jewish graveyards in Europe were not devoid of figurative embellishments even in the pre-Modern period. Extant funerary decorations from the seventeenth and eighteenth centuries, as in the celebrated Ouderkerk Cemetery of Amsterdam, draw on a symbolic corpus of images composed of heavenly bodies, animals, plants and biblical scenes. However, the difference between Modern Italian Jewish funerary sculptures and seventeenth- and eighteenth-century Jewish memorials should not be underestimated. Modern memorials are products of mid- to late-nineteenth-century sensibilities and tastes. As such they reflect the self-perception and ideals of Jews living as equal citizens in a recently unified state, as well as the complexities of preserving Jewish identity under the pressure of emancipation.[4]

BOURGEOIS JEWISH VALUES: INTEGRATION AND OTHERNESS

With the partial unification of Italy in 1861, Italian Jews were extended full civil rights and liberties. The integration of Jews into Italian society was especially quick and successful for those layers of the population that had access to higher education and could enter the ranks of the civil administration and liberal professions. This process was aided by the relative weakness of anti-Semitism in nineteenth-century Italy and by the pluralistic vocation of Italian Judaism, which was open to cultural and religious compromise. Crucial consequences of the full emancipation of Italian Jews were urbanization and embourgeoisement, produced by the new mobility brought about by the abolition of the ghettoes. Smaller communities tended to disappear, while younger, entrepreneurial Jews moved to larger cities and entered a growing Jewish middle class.[5]

The Jewish section of the Monumentale Cemetery in Milan offers a striking manifestation of optimism, belief in the process of integration and a sense of belonging in the new nation-state, not unlike the grand synagogues built in the European capitals in the second half of the nineteenth century.[6] Opened in 1866, this was the first municipal cemetery to include in its

PLATE 404 Lina Bensusan, anonymous, Cimitero Monumentale, Jewish Section, Milan.

PLATE 405 Treves family (1906), Ettore Ximenes, Cimitero Monumentale, Jewish Section, Milan.

PLATE 406 Treves family (1906), Ettore Ximenes, Cimitero Monumentale, Jewish Section, Milan.

original design a section for Jews and one for other non-Catholics.[7] Enlightenment and Risorgimento ideals of civic and religious liberty were joined with the latest technical and hygienic advances, as the cemetery was meant to provide a respectable burial space for all social classes. Soon enough, however, a memorial at the Monumentale had become a matter of prestige and social legitimization, alongside other status symbols like a box at the Scala Theatre. The Jewish area of the Monumentale is unique in Italy for the quantity and flamboyant nature of its sculptural and architectural memorials, which bring together traditionally Jewish funerary elements with some of the richest and most successful examples of late nineteenth- and early-twentieth-century Milanese sculpture and architecture in the whole cemetery.

The secular and religious subjects of the funerary monuments emphasize values dear to the liberal Jewish bourgeoisie, such as decorum, piety and civic virtues. This is magnificently illustrated by the Liberty style tomb for the publishers Giuseppe and Emilio Treves by Ettore Ximenes (1906), which shows Giuseppe Treves and his wife surrounded by a cohort of eminent Milanese intellectuals and painters [Plate 405, 406, 407], the memorial for patriot and philanthropist Giuseppe Levi, sculpted by Egidio Bonisegna (1910), who

PLATE 407 Treves family (1906), Ettore Ximenes, Cimitero Monumentale, Jewish Section, Milan.

PLATE 408 Giuseppe Levi (1910), Egidio Boninsegna, Cimitero Monumentale, Jewish Section, Milan.

emphasized the good works undertaken by the deceased with a representation of Munificence in Classical garb [Plate 408], or the burial for medical student Milan Mitzko Conforti by Attilio Prendoni (1919), with its side bas-reliefs showing a young doctor among the sick [Plate 409, 411]. The monuments' artistic vocabulary does not differ significantly from the imagery widespread in the Catholic part of the cemetery, and include weeping women, angels and children – consider the grand monument for siblings Alba and Arnoldo de Daninos by Enrico Cassi (1906), depicting their souls uniting after death [Plate 410] or the memorial for Beniamino Foà, sculpted by the brothers Bonfanti (1889) [Plate 412] and that for the child Luisa Estella Jung by Luigi Vimercati (1886), in which an angel watches over the baby in her cradle [Plate 413].

Optimism and belief in integration were rarely accompanied by a complete neglect of Jewish loyalties. The vocabulary common in contemporaneous Catholic funerary decoration provided ornamental motifs, but the employment of menorahs and Hebrew script rendered them recognizably Jewish. The choice of Moorish style, that exotic combination of Spanish and Egyptian models commonly found in late nineteenth-century Italian Jewish architecture, with its suggestions of otherness and Orientalism, was a further affirmation of difference and separation from Catholics, while retaining a high visibility in the public space of the cemetery.[8] The mausoleum for Michelangelo Jesurum (1909) in the new Jewish cemetery of Venice is a superb example of this tendency. Similarly, the Vitali family tomb in the Milan Monumentale, designed by architect Giovanni Ceruti in 1886–7, was acclaimed at its unveiling for its 'orientalizing quality'.[9]

THE RABBINIC RESPONSE

Around the same time, the Jewish press began to report the concerned opinions of rabbinical authorities on the 'monumental mania' which had seemingly struck the Italian Jews.[10] The use

PLATE 409 Mitzko Conforti (1919), Attilo Prendoni, Cimitero Monumentale, Jewish Section, Milan.

PLATE 410 Alba and Arnoldo de Daninos (1906), Enrico Cassi, Cimitero Monumentale, Jewish Section, Milan.

PLATE 411 Milan Mitzko Conforti (1919), Attilo Prendoni, Monumentale, Jewish Section, Milan,

PLATE 412 Beniamino Foa (1889), Fratelli Bonfanti, Cimitero Monumentale, Jewish Section, Milan.

image of the angel/*genius* became softer: first it took on a more domestic character and shortly thereafter an increasingly Christian-inspired angel iconography re-emerged. The rediscovery of the image of the Christian angel in its multiplicity of forms was in part a response to the demands of the religious revival favoured by the Romantic movement. However, this revival of interest seems to be connected in particular to the Christian figure's greater capacity to communicate and, above all, to its ability to offer greater emotive possibilities in the context of the memory of death than an angel derived from a Classical *genius* [Plate 416]. This latter type, notwithstanding its iconographic versatility, was to a certain extent limited in the expression of the individualized emotional content desired by the client, which could only be achieved by making gestures more dramatic and expressions more intense.

PLATE 419 Ronzani (1904), Pasquale Rizzoli, Cimitero della Certosa, Bologna.

Around the middle of the century, the angel regained its Christian form ever more clearly with an increasing Naturalism which, after 1860, became true Realism. At the same time, it acquired a new versatility in conveying meaning. That versatility was not only applied to themes connected with death and dying but embraced an ever-wider range of subjects, secular and social (relating to work, family, commerce, etc.), as had already begun to happen with the angel/*genius*. This change coincided with the demands of a growing middle class, who were eager to demonstrate, even in matters to do with death, the solidity of their own values and that pragmatic sense of reality on which society was based and which demonstrated an adherence to modernity in its widest aspects [Plate 264, 417, 419]. However, this desire was only part of a more comprehensive need to create symbols, a need which was prevalent in society until the final decades of the nineteenth century. Similar protective figures, something between a *genius* and an angel, again slightly modified to suit the different purposes and contexts to which they were applied, appeared in important public exhibitions and on the façades of major buildings.[6]

That need was certainly felt but often resulted in such a complexity of fanciful ideas (especially in the case of the angel) that even at the time their meaning was sometimes obscure; criticism in this respect appeared frequently in the contemporary press. Good examples of the intermingling of religious and secular imagery are in the Staglieno Cemetery in Genoa,[7] which, because of its intense and significant development from the 1850s to the early twentieth century, closely follows the changes of this new sensibility, spawning a particularly rich series of angel types intended to respond to the new cultural requirements. It is no accident, as we shall see, that the Genoese cemetery gave birth to some of the most successful and widely copied angel figures of the second half of the nineteenth century. Equally good examples may be found at other metropolitan cemeteries, such as the Certosa in Bologna,[8] the Monumentale in Turin[9] and that of Milan[10] as well as several others whose important stages of development paralleled those of their local middle classes.

PLATE 420 Roncallo (1890), Onorato Toso, Cimitero Comunale Sampierdarena Castagna, Genoa.

PLATE 421 Giovanni Casanova (1902), Luigi Brizzolara, Chiavari.

PLATE 422 Francesco Andrea Noceti (1875), Pietro Costa, Cimitero di Staglieno, Genoa.

PLATE 423 Emma Rocca Hierschel de Minerbi, *Purification* (1899–1903), Leonardo Bistolfi, Belgirate.

PLATE 424 *Prayer* or *Samuel in Prayer* (1827), Luigi Pampaloni, Genoa Nervi Galleria d'Arte Moderna.

PLATE 425 Omero Saltarelli (1900), Giuseppe Romagnoli, Cimitero della Certosa, Bologna.

Of the many typologies those of special significance include those that derive from the transformation of the Classical *genius* and constitute an example of the continuity of a tradition that was only completely broken off much later. One of these images is the 'angel of death', sometimes 'guardian of the tomb' or 'guardian of the cinerary urn', sometimes the menacing protector of the threshold of the sepulchre and its atmosphere of peace. This youthful protector becomes at times, when placed next to the tomb or urn, the personification of melancholy or grief, accentuating the expressive elements of Romanticism, and is often also armed with the classic symbol of the end of life, a torch turned upside-down. The angel is shown holding a ring [Plate 416], a symbol of eternity, and displays the portrait of the deceased with increasing frequency [Plate 420]. The growing taste for such portraits was the result of an ever stronger desire for remembrance, corresponding to a greater Realism in portraiture, which was to continue until the first decades of the twentieth century – to the point that in response to the need for a greater sense of reality members of the family were substituted for the angel. Of similarly Classical derivation is the figure of the angel who scatters flowers on the grave or who crowns the portrait of the deceased [Plate 421, 422]: a refined form of memorial that would assume, in the later Symbolist/Modernist period, a particular association with the death of the young [Plates 101, 285]. The works of Leonardo Bistolfi especially illustrate this theme [Plate 423].[11]

PLATE 426 Zanini, Giovanni Rizzo, Cimitero Maggiore, Padua.

FROM GENIUS TO ANGEL

In order for the *genius* to become truly at one with the form of the angel it had to gradually take on some characteristics – such as covering at least partially its nakedness, usually with a long tunic – and lose others – such as its traditional aspect of an adolescent boy. Complete nudity was retained, however, in the increasingly widespread type of the praying child, probably derived from an adaptation of a work by Luigi Pampaloni (the so-called *Samuel at Prayer*) [Plates 31, 414, 424],[12] as well as for little angels, cherubs, etc., which, becoming increasingly less Renaissance and more Realist in style. Carrying symbols, instruments and other attributes, they continued to display their nakedness undaunted throughout the century. In this they were in perfect harmony with the Realist style in sculpture and painting for most of the second half of the century. At the same time the presence and size of angels'

PLATE 427 Emilia Bompard (1851), Giovanni Battista Cevasco, Cimitero di Staglieno, Genoa.

PLATE 428 Lanata (1873), Giuseppe Benetti, Staglieno, Genoa (detail).

PLATE 429 Maramotti (now Cerulli) (1894), Giulio Tadolini, Cimitero Monumentale, Perugia.

PLATE 430 Giuseppe Queirolo (1893), Giuseppe Navone, Cimitero di Staglieno, Genoa.

PLATE 431 Pierino Beccari (1888), Lorenzo Orengo, Cimitero di Staglieno, Genoa.

PLATE 432 Gerolamo Centenaro (1892), Gaetano Centenaro, Cimitero di Staglieno, Genoa.

wings were made ever more obvious (they reached their fullest extent in the Symbolist period, becoming an essential part of the image, emphasizing the angel's mysterious and supernatural character in common with similar themes in contemporary painting); for examples, one need only think of the Pre-Raphaelite angels of Abbott Handerson Thayer, of Carlos Schwabe and many others [Plates 89, 425, 426].

Alongside this process of cultural cross-fertilization (which sometimes produces curiously incongruous and eclectic results), other images directly derived from the Bible were becoming established, such as the very frequently recurring figure of the angel sounding the trumpet of the Last Judgement or waiting for that fateful moment [Plates 337, 429, 437], or that of the choir of angels or of angel musicians [Plates 69, 70, 360]. An even more common image is that of the angel praying on the tomb, another case of a transitional image. No longer a Classical figure of grief but not yet a member of the family, the angel is abandoned to grieve on the tomb of the relative; it would develop into a relative in the secular cultural context of the so-called 'bourgeois Realism' [Plate 427]. The angel holding the traditional symbols of the Passion is a specific Christian image with evangelical associations, which makes an explicit link between the death of Christ and the relative to be remembered; as is the angel who holds the symbols of the Eucharist, the Eucharist being symbolic of the new covenant between man and God, which guarantees celestial salvation [Plate 428].

PLATE 433 Gambaro (1861), Giovanni Battista Cevasco, Cimitero di Staglieno, Genoa.

Among the figures that lent themselves to the revitalization of Christian imagery is that of the 'guardian angel', a figure itself connected to Romantic intimism (a sort of privileged and personal relationship between God and the faithful which continues until the final journey) [Plates 309, 310, 430, 431]. The guardian angel became associated with the death of the young because of its maternal

PLATE 434 Antonini (formerly Pindemonte Moscardo) (1898), Attilio and Carlo Spazzi, Cimitero Monumentale, Verona.

character; it was not by chance that the image soon became increasingly feminine. Neither was there a shortage of figures of angels and archangels similarly derived from Biblical imagery (with suits of armour reproduced from antique sources, a sign of the pervasive eclecticism of the second half of the century), who took on the function of defenders of the tomb, shielding it from harm (often giving rise to figures of a strong historical aspect – so much so that often figures seem like historical recreations) [Plate 432].

Further examples of figures tied to the personalization of Christian imagery are those of the 'accompanying angel', which was capable of countless variations, and the 'angel of consolation': themes which, though distinct, tended to be interchangeable. The consolatory effect of the angel (sometimes replaced by Christ or the Virgin) in connection with the deceased, who has abandoned earthly reality, may be extended to the family, who are spectators at the drama of their loved one's departing [Plate 433]. Closely tied to this theme is that which one could define as the angel of the final moment, or the one who keeps watch at the bedside, waiting for the last instant (often together with the members of the family) [Plates

PLATE 435 Lucchesi family, Urbano Lucchesi, Cimitero Urbano, Lucca.

PLATE 436 Virginia Calderoni in Mazzotta (1891), Giuseppe Frenguelli, Cimitero Monumentale, Perugia.

PLATE 437 Francesco Oneto (1882), Giulio Monteverde, Cimitero di Staglieno, Genoa.

434, 435, 436]. Notwithstanding the incongruity of the presence of a supernatural being beside the earthly solidity of the deceased, this theme occurs frequently in the bourgeois Realism period because of the opportunity it offers to treat the angel and the portrait of the deceased with equal realism. Often there is a particular richness of contextual details (the bed, sometimes the room, the linen, the clothes of the mourners and so on), as in the Bisteghi tomb by the sculptor Enrico Barberi at the Certosa at Bologna (1891) [Plate 184]. These images, even though already present to a certain extent in the Romantic period, became particularly successful in the last quarter of the nineteenth century, either because of this opportunity for realistic depiction or because their domestic character [Plates 367, 434, 436].

AMBIGUOUS ICONS

In these images tied to Christian iconography how much genuine religious feeling is there, beyond their apparent orthodoxy? From a systematic analysis, it seems that with the consolidation in the second half of the nineteenth century of a secular, bourgeois society which was also ideologically Positivist, a progressive secularization also took place in funerary sculpture.[13] It is indicative, in this respect, how traditional religious subjects became increasingly personalized and made to serve as a kind of interface between the individual and death. Religious values seem less and less able to exorcise death, and although religious icons continue to exist, they seem to do so more to maintain a social ritual than anything else. The society of the time seems instead to have given greater weight to a remembrance formed of deeds accomplished, wealth accumulated and reminiscences of the beneficiaries. And in this context it is probable that the figure of the angel, though it still had the value of its symbolic conventions, loses the reassuring qualities accorded it by Christian tradition [Plates 89, 315, 437].

In a society where the bereaved were influenced by the enormous resources of the imagination and of dreams, as well as the anxieties of a time of violent change, as represented in the great urban cemeteries between the nineteenth and twentieth centuries, it seems that the figure of the angel is being used increasingly to embody the uncertainty of mystery and disquiet, rather than to perform the customary role of reassurance in the face of an uncertain hereafter. In the last decades of the century, a series of angels, both troubled and troubling, came to populate the cemeteries, at times more ambiguous and androgynous, and harder to identify and classify. These would shortly lead to a radical transformation, in form and meaning, of the image itself.

Among the earliest, and most sensitive to this cultural climate,

PLATE 438 King (1923), anonymous (after Giulio Monteverde's Oneto), Norwood Cemetery, London.

PLATE 439 Vicente Ocampo, anonymous, after Giulio Monteverde's Oneto, Recoleta, Buenos Aires.

PLATE 440 Anonymous, anonymous, after Giulio Monteverde's Oneto, Barcelona S:W: Cemetery (Montjuic).

PLATE 441 Vermeuelen (1903), J.A. Lorenzi, after Giulio Monteverde's Oneto, Beaulieu Cemetery, Montecarlo.

is surely that which the sculptor Giulio Monteverde[14] placed on the tomb of a rich merchant, Francesco Oneto, in the Genoese cemetery of Staglieno, in 1882 [Plates 315, 437]. This angel is doubly disturbing: on the one hand it is an angel of the final day, who leans on the trumpet of the Last Judgement, gazing into the mysterious void, waiting for the final and irrevocable blast; on the other, it is an angel of a feminine type which, for the first time, according to contemporary sources, was explicitly sensual, an embodiment of that conjunction of Eros and Thanatos with which the culture of the times, in the 1880s, was ever more redolent, notwithstanding its apparent Puritanism. This is an indication of how, while, on one hand, society tried to eradicate uncertainty of roles and destinies by establishing rules that pervaded every walk of life and every aspect of behaviour, on the other hand, literature and art (from the Pre-Raphaelites to the Decadents and Symbolists) dwelt on these very uncertainties in their images and stories. Apparently 'visionary', they were in fact all too 'real', in that they encompassed and expressed the *fin de siècle* anxiety which pervaded, notwithstanding the climate of scientific optimism.

Monteverde's angel became, perhaps not entirely consciously, the standard-bearer of this new sensibility. The image was reproduced countless times, not only in Italian cemeteries, but also in those of all the Western world, from Romania to England, from Spain to North America (from New York to St. Louis), from Central to South American (from Cuba to Buenos Aires), by a now untraceable route of autograph works and copies, demonstrating a greater or lesser degree of craftsmanship [Plates 438–441].[15] Stories and legends arose around this image, among them the curious tale of a rich client from St Louis, Herman Luyties, who, infatuated with the beautiful original model, was obliged to content himself with a copy of the sculpture.[16] Monteverde's work, together with others, more or less contemporary, provided the impetus for a series of images of angels increasingly mysterious and sensual, closely related to the *femmes fatales* so evident in the secular literature and painting of the

PLATE 442 Evasio Quara (1906), Gaetano Olivari, Cimitero di Staglieno, Genoa.

PLATE 443 Vincenzo Aonzo (1912), Achille Canessa, Cimitero di Zinola, Savona.

time as well as embodying the anxiety that hovers between Eros and Thanatos [Plates 337–339, 343, 442].[17]

This iconography of the angel would itself change, adopting the sensuality and solidity of body that had long been obscured by the apparent asexuality of the Christian angel. Thinly veiled in the Oneto tomb, such sensuality exploded without constraint in the sculptures of Leonardo Bistolfi, Luigi Belli, Enrico Cassi, Giovanni Rizzo and others, bringing the theme of the nude unequivocally into funerary sculpture from the end of the nineteenth century to the first decades of the twentieth. At the same time, the iconographic elements gradually became subdued in favour of a more obvious feminine presence, as can be seen, for example, in the treatment of the accompanying figures in the Bauer tomb by Leonardo Bistolfi at Staglieno [Plate 344].

THE DIFFUSION OF IMAGES

These are but a few of the lines of development in the transformation of the image of the angel; the examples cited represent the merest indication of the many forms it assumed in the nineteenth and early twentieth centuries [Plates 443–446]. Only a detailed study, which is difficult because of the large number of images and their far-flung locations, could give a more complete idea of the typologies that exist and the transformations that they were to undergo over time. Nevertheless it is worth making some final remarks on the diffusion of these images. The examples here, while coming from different regions, show that the evolution of the images generally follows prevailing cultural trends, rather than being affected by individual, localized differences. One of the reasons for this is the widespread dissemination of engravings, catalogues, collections of photographic images, copies of works, etc. At least for the period under consideration, while there were some local preferences, and some regional differences in the speed of acceptance of new forms of taste and of certain sculptural types, these were of minor importance and did not materially affect the broader course of artistic development. This seems likely to be due to a shared philosophy or way of thinking about death in Italian culture and more generally, in the culture of the West. As has been shown, Monteverde's Oneto angel was successful in its appeal to the tastes and sensibilities not only of Italians but also of people throughout the world. Apart from its aesthetic attractions, it clearly represented a specific attitude towards death, shared by many.

The fact that a common attitude toward death should find recognition over the course of time is demonstrated by the similarly widespread diffusion of other works, perhaps not as well known as Monteverde's, but equally significant. The little angel by Pampaloni, mentioned earlier, was without doubt one of the works most frequently reproduced. The theme of the angel who accompanies the soul on its journey to heaven became was

PLATE 444 Paola Baroni Orsolini (1907), Alfredo Angeloni, Cimitero Urbano, Lucca.

PLATE 445 Bertollo (1915), Giovanni Scanzi and Luigi Brizzolara, Cimitero di Staglieno, Genoa.

PLATE 446 Santiago Pietrafaccia (1909), Giuseppe Navone, Cimitero di Staglieno, Genoa.

PLATE 447 Parpaglioni (1884), Federico Fabiani, Cimitero di Staglieno, Genoa.

PLATE 448 Maria Pais Nogueire Quadrio, anonymous, after Fabiani, Cimitiéro dos Prazeres, Lisbon.

particularly widespread in Europe and the Americas, as a result of the success enjoyed by two examples of the type, created for Staglieno in 1872 and 1884 by the sculptor Federico Fabiani [Plates 447–450].[18] Although he is now little known, in the 1880s Fabiani had so many commissions that he was obliged to move for a time to South America. The two figures suspended in their journey to heaven astound us not only with the virtuosity of their execution but also with their sensuality, which recalls non-religious works, such as *L'amore degli Angeli* by Giulio Bergonzoli (1867).[19]

Other sculptors in other contexts enjoyed similar successes. One such was the American sculptor and poet William Wetmore Story, who moved permanently to Rome in the 1850s.[20] For the tomb of his wife, Emelyn (which later became his own), in the Protestant Cemetery

PLATE 449 Anonymous, Federico Fabiani and Pere Bassegoda, Cemetery of Poble Nou, Barcelona.

PLATE 450 Rossi Francesca (1876), anonymous, after Fabiani, Cimitero dell'Osservanza, Faenza.

in Rome, he executed an agonized figure of a female angel, with long wings, supine on the stone base and prostrate with grief [Plate 229]. It was placed in the cemetery in 1891 and was the subject of countless replicas, in the United States and elsewhere, probably because of the delicate intimacy in its treatment of the theme of grief, which recalls certain Pre-Raphaelite and Symbolist paintings.[21]

These examples of the widespread diffusion of these sculptural types clearly demonstrate the power and range of the artistic imagination, which for several decades, starting in the last quarter of the nineteenth century and lasting until the early years of the twentieth, expressed through the figure of the angel a philosophy of life and death common to a large part of the culture of the time.

NOTES

A SHORT HISTORY OF THE CEMETERY MOVEMENT IN EUROPE

1. For the Holy Innocents *see* Richard Etlin *The Architecture of Death: The Transformation of the Cemetery in Eighteenth-Century Paris* (The MIT Press, Cambridge MA & London, 1984), pp. 3, 6, 10, 12–14, 22, 24, 25, 31, 65, 68, 179, 227, 371.
2. Eamon Duffy *The Stripping of the Altars. Traditional Religion in England* c.*1450*–c.*1580* (Yale University Press, New Haven CT, & London, 1992).
3. *Ibid.*, p. 361.
4. *Ibid.*, *passim.*
5. Even in Morebath, Devon, Sir Christopher Trychay, Vicar there from 1520 to 1574, kept a careful (if nervous) tally of the persons 'beryd yn' the north aisle (at 6*s*. 8*d*. a time) *actenus* (meaning 'so far'). Clearly, even in a small rural church, space for burial was finite. *See* Eamon Duffy *The Voices of Morebath*: *Reformation and Rebellion in an English Village* (Yale University Press, New Haven CT & London, 2001), pp. 5 and *passim.*
6. At Rothwell, Northamptonshire, and Hythe, Kent, for example.
7. *See* Philippe Ariès *The Hour of our Death*, translated by Helen Weaver (Allen Lane, London, 1981), *passim.*
8. The Scaliger monuments are described and illustrated in James Stevens Curl *Death and Architecture: An Introduction to Funerary and Commemorative Buildings in the Western European Tradition, with Some Consideration of their Settings* (Sutton Publishing Ltd, Thrupp, Stroud, 2002), pp. 78–81.
9. Illustrated in Howard Colvin *Architecture and the After-Life* (Yale University Press, New Haven, CT, & London, 1991), pp. 151.
10. *Ibid.*, p. 367.
11. John Gifford, Colin McWilliam, and David Walker *Edinburgh*, in *The Buildings of Scotland* series (Penguin Books Ltd, Harmondsworth, 1984), pp. 155–63.
12. *See* Colvin (1991), *op.cit.*, p. 296.
13. *See* James Stevens Curl (ed.) *Kensal Green Cemetery: The Origins and Development of the General Cemetery of All Souls, Kensal Green, London, 1824–2001* (Phillimore & Co. Ltd, Chichester, 2001), pp. 23–28.
14. Curl (ed.) (2001), *op. cit.*, pp. 2–20, Curl (2002), *op.cit.*, *passim.* and James Stevens Curl *The Victorian Celebration of Death* (Sutton Publishing Ltd, Thrupp, Stroud, 2000), pp. 2–42.
15. 1711 (10 Anne), c. 20.
16. Colvin (1991), *op. cit.*, p. 368.
17. Ariès (1981), *op. cit.*, pp. 483–4.
18. *Ibid.*, p. 485.
19. *Ibid.*, pp. 485–90.
20. *Ibid.*, p. 491.
21. *Ibid.*, p. 492.
22. *Ibid.*, p. 494.
23. Sten Nilsson *European Architecture in India 1750–1850* (Faber & Faber Ltd, London, 1968), pp. 69, 136–7, 150–1.
24. 'Mr Van-Brugg's Proposals about Building ye New Churches' (Bodl. MS Rawl, B. 376, ff. 351–2).
25. Bodleian Library, University of Oxford, MS Rawl, B. 376, ff. 351–2. For Surat *see* A.F. Bellasis *An Account of the Old Tombs in the Cemeteries of Surat* (The Education Society's Press, Byculla, Bombay, 1868), pp. 6–9, and H.G. Rawlinson *British Beginnings in Western India 1579–1657. An Account of the Early Days of the British Factory of Surat* (Clarendon Press, Oxford, 1920).
26. The Danes were active in Tranquebar too. *See* Karin Kryger 'Kirkegårde og gravminder i Tranquebar-realiseringen af et projekt' in *Kirkegårdskultur*, Anne-Louise Sommer, Gunver Vestergaard, and Leif Arffmann (eds), (Foreningen for Kirkegårdskultur, Copenhagen, 1999). *See also* Karin Kryger and Lisbeth Gasparski *Tranquebar Cemeteries and Grave-Monuments* (Royal Danish Academy of Fine Arts, School of Architecture Publishers, Copenhagen, 2003).
27. This was prompted by the publication of a paper by a learned Spanish cleric in which it was claimed that burial in churches was a late development dating only from the Middle Ages. This is untrue, as the presence of ancient *martyria* proves.
28. Including the parish in which Wolfgang Amadeus Mozart (1756–91) died. He was interred in the Cemetery of St Marx, and his body was taken there by night after a funeral-service at St Stephen's Cathedral. Much has been made of the fact that nobody accompanied his body to the grave, but the truth is that this was usual when the new cemeteries were established. Furthermore, there is much nonsense talked about a 'pauper's grave' when it was nothing of the sort: Joseph II had decreed that funerals should be simple, and Mozart was buried in a normal single (or simple) grave (*allgemeines einfaches Grab*). Had he been interred in a common grave, as most 'sources' erroneously insist, the grave would have been described as *gemeinschaftlich*. Since the reforms of the *Aufklärung*, most Viennese were interred outside the city walls, and most went to burial in linen or other cloth sacks, but Mozart was not among them: he was buried in his own coffin, and his single grave was even dignified with a memorial, as the *Wiener Zeitung* of 31 December 1791 tells us. So much for sensational films and widespread romantic mythology. *See* Robert W.Gutman *Mozart: A Cultural Biography* (Secker & Warburg, London, 1999), p. 745. *See also* Walther Brauneis 'Exequien für Mozart', in *Singende Kirche* XXXVII (1991), pp. 8–11.
29. For the Berlin cemeteries *see* Christoph Fischer and Renate Schein (eds) '*O Ewich is so Lanck*': *die historischen Friedhofe in Berlin-Kreuzberg. Ein Werkstattbericht* (Nicolaische Verlagsbuchhandlung Beuermann GmbH, Berlin, 1987).
30. Edmund Curll *The Inscriptions upon the Tombs, Grave-Stones, &c., in the Dissenters Burial-Place near Bunhill Fields* (Edmund Curll, London, 1717). *See also* Charles Reed *et al. Proceedings in Reference to the Preservation of the Bunhill Fields Burial Ground* (Benjamin Pardon for The Corporation of London, 1867). This fascinating volume contains an 'exact reprint' of Edmund Curll's rare tract of 1717.
31. Illustrated in Curl (ed.), (2001), *op. cit.*, p. 16. It was designed by Friedrich Wilhelm, Freiherr von Erdmannsdorff (1736–1800).
32. For Clifton, *see* A.C.W. Merrick (compiler) and R.S.J. Clarke (ed.) *Old Belfast Families and the New Burying Ground from Gravestone Inscriptions, with Wills and Biographical Notes* (Ulster Historical Foundation, Belfast, 1991). *See also* Robert William Magill Strain *Belfast and its Charitable Society. A Story of Urban Social Development* (Oxford University Press, London, 1961).
33. For the history of and influences on the transformation of the landscape garden *see* James Stevens Curl 'Young's *Night Thoughts* and the Origins of the Garden Cemetery' in *Journal of Garden History* xiv/2 (April–June 1994), pp. 92–118. *See also* Curl (2000), *op. cit.*, pp. 1–36. and Curl (ed.) (2001). *op. cit.*, pp. 1–20. *See* Edward Young *Night Thoughts* Stephen Cornford (ed.) (Cambridge University Press, Cambridge, 1989) and Harold Forster *Edward Young. The Poet of the Night Thoughts 1683–1765* (Erskine Press, Alburgh, Harleston, 1986).
34. Pierre le Tourneur *Les Nuits d'Young* (Chez Lejay, Paris, 1769).
35. Young (1989), *op. cit.*, p. 18.
36. The Enlightenment in German-speaking lands.
37. Johann Wolfgang von Goethe *Die Wahlverwandschaften* (Cotta, Tübingen, 1809). *See also* the translation as *Elective Affinities* by R.J. Hollingdale (Penguin Books Ltd, Harmondsworth, 1971).
38. Johann Wolfgang von Goethe *Die Leiden des jungen Werthers* (Weygand, Leipzig, 1774). *See also* the translation as *The Sorrows of Young Werther* by Michael Hulse (Penguin Group, London, 1989).
39. Temple was the elder son of Henry Temple (*c.*1673–1757), 1st Viscount Palmerston (from 1722–3).
40. Forster (1986), *op. cit.*, p. 150.
41. Young (1989), *op. cit.*, pp. 156–7, 167, 169–70, 184–8.
42. Curl (1994), *op. cit.*, *passim. See also* Curl (2000), *op. cit.*, p. 11, and Curl (ed.) (2001), *op. cit.*, pp. 5–6.
43. Etlin (1984), *op. cit.*, pp. 163, 171.
44. Christian Cajus Lorenz Hirschfeld *Theorie der Gartenkunst*, also published at the same time as *Théorie de l'art des Jardins* (M.G. Weidmanns Erben und Reich, Leipzig, 1779–85).
45. Etlin (1984), *op. cit.*, p. 176.
46. Dodsley also published Young's *Night Thoughts.*
47. Curl (2000), *op. cit.*, p. 12.
48. Salomon Gessner *Idyllen von dem verfassen des Daphnis* (S. Gessner, Zürich, 1756). *See also* his

Idylles et Poëmes champêtres de M. Gessner (J.M. Bruyset, Lyons, 1762).
49. James Stevens Curl *The Art and Architecture of Freemasonry. An Introductory Study* (B.T. Batsford Ltd, London, 2002a).
50. Louis Carrogis *Jardin de Monceau près de Paris, appartenant . . . à . . . M. le duc de Chartres* (Delafosse, Paris, 1779).
51. Buildings or inventions in gardens.
52. Jean-Jacques Rousseau *La Nouvelle Héloïse, ou lettres de deux amans, habitans d'une petite ville au pied des Alpes* (Duchesne, Paris, 1761).
53. Réne-Louis, Marquis de Girardin *De la Composition des Paysages, ou Des Moyens d'embellir la Nature autour des Habitations* (P.M. Delaguette, Geneva and Paris, 1777), and Stanislas-Cécile-Xavier-Louis, Comte de Girardin (also Comte d'Ermenonville) *Promenade ou Itinéraire des Jardins d'Ermenonville*, illustrated by Mérigot Fils (Mérigot, Gattey, Guyot, & Murray, Paris and Ermenonville, 1788).
54. Girardin (1788).
55. Curl (2000), *op. cit.*, p. 16.
56. Hirschfeld (1779–85), *op. cit., passim.*
57. Curl (ed.) (2001), *op. cit.*, p. 8.
58. Abbé Jacques Delille (actually Jacques Montanier) *Les Jardins, ou l'art d'embellir les Paysages* (Didot, Paris, 1782).
59. Jacques-Henri Bernardin de Saint-Pierre *Études de la Nature* (Didot, Paris, 1784).
60. *Ibid. See also* Etlin (1984), *op. cit.*, p. 216.
61. *Ibid.*
62. De Lussi *Vues des Monumens construits dans les jardins de Franconville-la-Garenne, appartenans à Madame la Comtesse d'Albon gravés d'après ses dessins et ceux de M. de Lussi* (De Lussi, Paris, 1784).
63. Curl (2002a), *passim.*
64. Grove of Tender Affection
65. An allusion to recent theories concerning the origins of Classical architecture.
66. An artificial construction of rock-work, in this case with waterfalls.
67. An evocation of Arcady, an essential shelter in case of foul weather.
68. Commemorating d'Albon's ancestors.
69. James Stevens Curl 'Gardens of Allusions', in *Interdisciplinary Science Reviews* 22/4 (December 1987), pp. 325–42.
70. Curl (2002a), *op. cit., passim.*
71. Antoine Court de Gébelin *Monde Primitif, analysé et comparé avec le monde moderne* (Court de Gébelin, Paris, 1776).
72. Comte de Alexandre-Louis-Joseph Laborde *Descriptions des Nouveaux Jardins de la France et de ses Anciens Châteaux, mêlée d'observations sur la vie de la campagne et la composition des Jardins* (Delance, Paris, 1808–15).
73. Curl (2000), *op. cit.*, pp. 23–4.
74. Ariès (1981), *op. cit.*, p. 516.
75. *Ibid., passim.*
76. For the evolution of Père-Lachaise Cemetery, *see* Etlin (1984), *op. cit.*, 303–58.
77. For example, Wilbur Fisk *Travels in Europe* (Harper & Brothers, New York, 1838).
78. *See* Marty (author) with Lasalle (lithographer) and Rousseau (architect) *Les Principaux Monuments Funéraires du Père-Lachaise, de Montmartre, du Mont-Parnasse et autres Cimetières de Paris* (Amédée Bédelet, Paris, n.d.) and Louis-Marie Normand *Monumens Funéraires choisis dans les Cimetières de Paris et des Principales Villes de France* (Normand Fils, Paris, 1832).
79. Curl (1994), *op. cit., passim*; Curl (2000), *op. cit.*, pp. 25–7; Curl (2002), *op. cit.*, pp. 169–204. For Père-Lachaise *see also* James Stevens Curl 'An Urban Necropolis. The Cemetery of Père-Lachaise, Paris' in *Country Life* (25 May 1978), pp. 1511–3.

ITALIAN FUNERARY SCULPTURE AFTER CANOVA

1. Even the magnificent d'Harcourt tomb by Pigalle is quite unlike its modern counterpart. Though a widow does appear in the composition, the entire scene is lifted out of logical, terrestrial experience because it describes a vision which the widow has been vouchsafed.

INTRODUCTION

1. 'Only he who leaves no legacy of love has little joy of the funerary urn.' Composed between December 1806 and early 1807, it was first published by Bettoni in Brescia in April 1807.
2. 'Mi fu lunga la vita e la via corta/perché soffersi e riamata amai/io presi il male di che ti son morta/da lei che male non m'ha fatto mai/m'apri mia madre piano la gran porta/mi disse qui con me la spetterai/Adolfo Adolfo che lontano gemi/Non dirmi Mara dimmi ancora Noemi.' 'Life was long and the way short/because I suffered, loved and was loved in return/I caught the illness of which you died from one who never harmed me/my mother opened the great door slowly and said here you will wait for her/Adolfo Adolfo, you who moan far away/ don't call me bitter [Mara], still call me Noemi.' The engraver Adolfo Farnesi executed the lovely portrait medallion of his wife, Noemi Giuliani Farnesi (1867–1901).

FROM NEOCLASSICISM TO PURISM

1. For Canova's work and international reputation *see* S. Androsov *et al.*, (2003–04), *passim.*
2. See F. Licht 'Canova Scultore', *ibid.*, pp. 347–53.
3. J. Henry 'Antonio Canova and Early Italian Nationalism' in H.W. Janson (ed.) *La Scultura nel XIX Secolo* (C.I.H.A. ed. CLUB, Bologna, 1984).
4. 'La plus brillante assemblée de morts qui soit peut-être en Europe.' In *Corinne ou l'Italie* (1807), quoted in E. Spalletti 'Gli Esordi del Pantheon Romantico dal Monumento a Vittorio Alfieri al Cenotafio di Dante', p. 221 in L. Berti (ed.) *Il Pantheon di Santa Croce a Firenze* (Cassa di Risparmio, Florence, 1983). *See also* A. de Koomen 'L'Età dei Lumi e il Sublime. I Monumenti a Niccolò Macchiavelli e a Vittorio Alfieri', *ibid.*, pp. 212–20.
5. Eugenio Beauharnais extended the edict in January 1811 to all Italian states under French domain.
6. For Foscolo and the Graveyard School, *see* C. Springer *The Marble Wilderness. Ruins and Representation in Italian Romanticism 1775–1850* (Cambridge University Press, 1987), pp. 117–35. The cemetery in Verona referred to was a former army camp behind SS. Trinità. It was soon closed and, from 1806, the rich buried their dead in the Convent of San Bernardino. Engineer Giuseppe Barbieri (d. 1837) designed the new formal and symmetrical Neoclassical cemetery, opened outside Porta Vittoria in 1828. It was largely completed by Francesco Ronzani in the 1840s.
7. 'E a questi marmi venne spesso Vittorio ad ispirarsi. . . . Qui posava l'austero: e avea sul volto/ Il pallor della morte e la speranza.' Foscolo, who did not particularly like Canova's monument to Alfieri, died in Turham Green in West London and was buried in Chiswick; his ashes were transferred to Santa Croce in 1871. Antonio Berti's monument to Ugo Foscolo was inaugurated in Santa Croce only in 1939.
8. 'A egregio cose il forte animo accendono/L'urne de' forti, o Pindemonte; e bella e santa fanno al peregrin la terra che le ricetta.'
9. L. Latini 'Verso un nuovo ordine delle sepolture: le idee di Pindemonte e la trasformazione dei monasteri in cimitero pubblico' in *Cimiteri e Giardini. Città e Paesaggi Funerari d'Occidente* Quaderni di Progettare il Verde 1 (Alinea, Florence, 1994), pp. 88–92.
10. L. Berti (ed.), *Il Pantheon di Santa Croce a Firenze* (Cassa di Risparmio, Florence, 1983).
11. See L. Latini *op. cit.*, pp. 19–21, C. Baracchini *I Marmi di Lasinio. La collezione di sculture medievali e moderne nel Camposanto di Pisa* (Florence, 1993) and E. Spalletti 'La continuità della memoria: i monumenti funebri dell' Ottocento' in C. Baracchini, E. Castelnuovo (eds) *Il Camposanto di Pisa* (Einaudi, Turin, 1996), pp. 181–200. The collection includes three fine Neoclassical marble bas-reliefs dedicated to illustrious citizens: to painter Giovanni Battista Tempesti (by Tommaso Masi, 1813); to philosopher, historian and poet Lorenzo Pignotti (by Stefano Ricci, 1815); to surgeon Andrea Vaccà (by Bertel Thorwaldsen, 1829) and the lovely monument to the Russian aristocrat Anastasia Petri Schouvaloff (by Belgian sculptor Michele van Lint, *c.*1821–7), all clearly inspired by Canovian models. Bartolini's monument to Count Teodoro Mastini-Brunaci (*The Inconsolable*, model for many later single female mourners) and figure of Astronomy for the Monument to Ottaviano Mossotti by Giovanni Duprè (Siena 1817–Florence 1882) joined this fine collection respectively in 1843 and 1867 [Plates 61, 63].
12. For Tenerani *see* S. Grandesso *Pietro Tenerani 1789–1869* (C.R. Carrara and Silvana, Milan, 2003).
13. For the history of the Certosa in Bologna *see* G. Pesci *et al.* (1998). In particular: Cristina Rocchetta, pp. 159–169, and Carlo de Angelis, pp. 171–172, on its architectural development, A.M. Matteucci, pp. 183–195, on the painted tombs; Stefano Tumidei, 197–217, on the nineteenth-century sculpture and E. Bagattoni, A. Mampieri and S. Tumidei for various entries on the sculptors.
14. See E. Bagattoni in G. Pesci (1998), *op. cit.*, pp. 123–9 for the early civic role of the cemetery and illustrations from the various guides and compendiums. In particular, Petronio Ricci's collection of drawings covering 1801–13; Raffaele Terry's seventy-two outline drawings of principal monuments (1813); booklets containing

inscriptions and descriptions (1815/17); Natale Salvardi's sixty tombs (engraved and chosen both for their artistic worth and the fame of the deceased) and Giovanni Zecchi's 160 engravings of monuments in pocket-sized booklets between 1825 and 1828.

15. Pietro Giordani *Delle sculture ne' sepolcri* (1813), cited by S.Tumidei *op.cit.*, p. 197.
16. Decree of 1 August 1812.
17. For the history of the Certosa Cemetery, *see* G.G. Reggiani *La Certosa di Ferrara* (Tip. Ferrariola, Ferrara, 1914); R. Roda, R. Sitti *La Certosa di Ferrara* (Artegrafica Bolzonella, Padua, 1985) with essays by R. Varese and L. Scardino; A. Andreotti, G. Guerzoni, L. Santini (eds) *Museo del Silenzio. Memoria e Simbolo nella Certosa di Ferrara* (Padua, 1988). L. Scardino, A.P. Torresi *Post Mortem. Disegni, Decorazioni e Sculture per la Certosa Ottocentesca di Ferrara* (Liberty House, Ferrara, 1998) publish a list, compiled in 1892 by Celestino and Carlo Tomasi, of the principal monuments (pp. 153–8) and biographies of leading sculptors (pp. 163–85).
18. Marchese Ferdinando Canonici *L'Antica Certosa di Ferrara accomodata a Pubblico Camposanto* (1851).
19. Luigi Napoleone Cittadella, quoted in L. Scardino, A.P. Torresi (1998), p.150. The cemetery contained Canova's marble bust of Leopoldo Cicognara, erudite President of the Venetian Academy (completed by Rinaldi and now at Schifanoia), donated by the widow in 1835. Adamo Tadolini executed the monument to Ercole Mosti (1837–8) and Carlo Finelli (Carrara 1782–Rome 1853) has a monument to Guelfo Mosti Trotti Estense (1851).
20. *Ibid.*, p. 5.
21. Mayr's justification for changing the name on the monument is published in *id.*, pp. 151–3 (1879). Of particular interest nowadays, it points out that the work, irremovable from the cemetery context, was worth less, not artistically but in monetary terms, because it could not become 'the object of speculation and commerce'.
22. Cornucopia and stork also figure in Francesco Fabi Altini's Gulinelli Monument, (repr. *id.*, p. 108). The Maria Rossi Scutellari is reproduced on p. 99.
23. Seen in the preparatory drawing, *id.*, p. 60.
24. For the history of the Vantiniano *see* V. Terraroli *Il Vantiniano* (1990) and L. Latini *op. cit.* (1994), pp. 97–101.
25. Quoted from Santinelli's account of the Vantiniano 1806–64, quoted in V. Terraroli *op. cit.*, p. 113.
26. Democrito Gandolfi (1796/97?–1874) studied in Milan at Brera and later frequented Canova in Rome. He collaborated with Benedetto Cacciatori, Abbondio Sangiorgio and others on the eastern gateway into Milan (now Porta Venezia), erected by Rodolfo Vantini in 1827/8. His were the statue of Archangel Michael on the high altar and the thirteen terracotta herms of saints around the drum of the Vantiniano Chapel (1826/7).
27. Over the ensuing years, the engineer Arnaldo Trebeschi and the architect Antonio Tagliaferri played important roles in its expansion, in consonance, as far as possible, with the cemetery's character and maintenance. Work continued on the cemetery at a steady pace well into the twentieth century.
28. Brozzoni (1802–63) left his villa (designed by Vantini), art collection and goods to the Municipality and established a scholarship for Brescian artists, which Domenico Ghidoni won in 1887. *See* G. Ginex (ed.) *Domenico Ghidoni* (2002), pp. 59, 61.
29. Luigi Pagani (Bergamo 1839–Milan 1904) studied at Brera under Benedetto Cacciatori. He executed a statue for Milan Cathedral in 1866/7. He exhibited historical and genre statues in National Exhibitions and at the Promotrici in Milan and Turin.

FROM PURISM TO ROMANTIC REALISM

1. To the left is *The Discovery of the Cross* by Tito Sarrocchi; in the centre is *The Triumph of the Cross* by Duprè (completed 1865); to the right is *The Vision of Constantine* by Emilio Zocchi; above is *The Grieving Madonna* by Duprè, completed by Sarrocchi after Duprè's death. The iconography was criticized by contemporary critics as too abstruse.
2. For these and Duprè in general, *see* E. Spalletti *Duprè* (Electa, Milan, 2002).
3. *See* S. Berresford 'Medardo Rossi's Italian background' (The Henry Moore Institute, 1994), pp. 2–3.
4. C. Sisi, 'Il Cimitero romantico di Santa Croce', pp. 127–33, and 'Primo Censimento delle Tombe scolpite del Chiostro dei Morti', pp. 153–74; E. Spalletti 'La Scultura dell'Ottocento a Santa Croce', pp. 99–105, in *Santa Croce nell'Ottocento* (Florence, 1986).
5. Two cloisters were joined, new memorial tablets added and a new entrance loggia built (1872). Flooded once in 1839, it was flooded again in 1966. The sculpture was removed and has only relatively recently been restored, catalogued and put on display in a covered, lowered wing of the cloister, a successful compromise which retains the inherent Romanticism of the site while protecting the works of art from atmospheric damage.
6. For Siena Misericordia *see* E. Carli (ed.) *Siena Tra Purismo e Liberty* (1988), pp. 269–76.
7. C. Sisi 'Neoclassicismo e Romanticismo', and E. Spalletti 'Il Secondo Ottocento' in *La Cultura Artistica a Siena nell'Ottocento* (1994).

REALISM

1. Giosuè Argenti (1819–1901) was born in Viggiù, as was Enrico Butti (1847–1932) and Giacomo Buzzi Reschini (1881–1962). The Gipsoteca of Viggiù contains works by the latter two. Enrico Cassi (1863–1913) trained under the sculptor Rasetti and Giuseppe Grandi (1843–94) trained with a decorator there.
2. Excellent accounts of a sculptor's training are given in M.T. Roberti 'Scultori valsesiani all'Accademia Albertina nel XIX secolo' in C. Debiaggi, B. Signorelli (eds) *Pietro della Vedova e la Scultura valsesiana dell'Ottocento*, (Società Piemontese di Archeologia e Belle Arti, Vol. V, Turin, 2000) pp. 31–9 and V. Rosa 'La Formazione di Carlo Cerati' in C. Cerati, V. Rosa (eds.) *Il Furore e la Grazia. Carlo Cerati Scultore 1865–1948* (Casalmaggiore, 2001), pp. 19–39. To work with a master was one way of paying for studies, for few were lucky enough to receive the small grants from local authorities that were sometimes made available, no doubt as an investment for future civic sculpture in the local context (Luigi Legnani in Ferrara; Leonardo Bistolfi in Casale Monferrato). Ernesto Bazzaro considered the academy to be 'the best way to become an artist thoroughly prepared in the artistic disciplines and, even now, I can tell the difference between academy-trained artists and those who studied privately, without the guidance of masters expert in teaching painting and sculpture' (quoted in M. Magni *Ernesto Bazzaro* (1986), p. 19).
3. With its emphasis on the nude and prohibition for women to attend life classes, sculpture was precluded for the majority of women. Prior to the twentieth century, there were very few sculptresses and all had sculptor or artist relatives: In Florence, Amalia, daughter of Giovanni Duprè; in Rome, Adelaide Maraini, daughter of sculptor Giovanni Pandiani; in Siena, Luisa, daughter of painter Luigi Mussini and wife of painter Alessandro Franchi. In the early years of the twentieth century, we have Anna (or Anita?) Raffaella Cavalieri in Ferrara; Rebecca Matte de Iniguez and Teresa Pinto, two Chilean pupils of Giulio Monteverde; and Tita Ratti and Lili Wurth from Zurich, pupils of Ernesto Bazzaro. Elsa Bifoli (b. 1907, Genoa) was the daughter of architect Enzo Bifoli who executed works in Staglieno and the Monumentale in Milan.
4. When Tabacchi, for example, won the three-year scholarship from the Albertina Academy in 1858, he travelled first to Florence, then Rome (1860) and Naples (1861). *Pensionati* from the Carrara Academy, for example Abramo Ghigli, Alfredo Sanguinetti and Fidardo Landi, were respectively 'placed in the good hands' of Ettore Ferrari, Emilio Gallori and Giulio Monteverde in Rome. The themes chosen for the competitions were Classical or historical; so far no funeral subject has come to light. Carlo Nicoli, from the Carrara Academy, executed an *Angel Defending Innocence* in 1869 which won him the *pensionato* in Florence but this had precedents in Bienaimé and was not necessarily funereal.
5. The most prestigious prizes at Brera were: Luigi Canonica (*f.*1844); Oggioni (*f.*1848); a prize instituted by the widow of sculptor Antonio Tandardini (*f.*1879); Fumagalli (*f.*1874); an 'Encouragement Prize', Saverio Altamura (*f.*1874) and the Premio Principe Umberto (*f.*1869), awarded at the annual, later triennial, Brera Exhibitions. See: L. Goffi 'I Concorsi Privati', pp. 24–30 in G. Agosti, M. Ceriana (eds) *Le Raccolte Storiche dell'Accademia di Brera* (Milan, 1997). Other prizes available to young sculptors were the Premio Fabbricotti in Carrara; Poletti in Modena; Vidoni in Ferrara; Müller and Albacini at the San Luca Academy in Rome; Curlandese in Bologna; Brozzoni Legacy in Brescia, etc.
6. For the history of the Albertina, *see* F. Dalmasso, P. Gaglia, F. Poli *L'Accademia Albertina di Torino* (Istituto Bancario San Paolo di Torino, Turin, 1982).
7. From 1858, he was assisted by Silvestro Simonetta while Giuseppe Desclos was responsible for Ornamental Sculpture.

8. See D. Gamboni, 'Statuaria fra rappresentazione e rappresentanza: Vincenzo Vela e la Scultura pubblica europea dell'Ottocento' in *Monumento pubblico e allegoria politica nella seconda metà dell'Ottocento* in A. Mina Zeni (ed.) *Vincenzo Vela, Casa d'Artisti, Quaderni del Museo Vela* 3 (2000), pp. 17–43.
9. The competition was launched in 1863, two years after Cavour's death. The very consistent sum of half a million lire was raised by public subscription. Duprè was on the 'advisory jury'. Having failed to establish an outright winner, there was an attempt to parcel out the allegories but, although Tabacchi and Strazza accepted, Vela refused. Duprè was then nominated to execute his work, which was criticized for the toga-clad figure of Cavour and for the 'old-fashioned' allegory, unsuited to the great statesman.
10. Boito, who designed the cemetery at Gallarate in 1865, is considered the leading exponent of the Eclectic architectural style, i.e. made up of several different stylistic elements, with a preference for the Romanesque (reflected in the sculpture of Butti [Plate 394]).
11. The Futurist Ardengo Soffici railed against this nomenclature in the person of Bistolfi but was barely kinder to Trentacoste and Canonica in 'I Tre' in *La Voce*, 24 October 1909, republished in *Opere* Vol.1 (Florence, 1959), pp. 340–43.
12. See N. Cardano, 'Il Cavallo sull'Altare; Storia del progetto iconografico attraverso il Dibattito contemporanea' in *Il Vittoriano* 2 vols (Rome 1986, 1988), pp. 13–31; V. Terraroli provides a useful guide to the Monument in *Angelo Zanelli* (Brescia, 1984) pp. 46–7.
13. Fortis's Official Report of 1895 on the Esposizioni Riunite in Milan, 1894, quoted in C. Cerati, V. Rosa (eds) *Carlo Cerati* (2001), p. 41, when commenting on the increasing amount of 'mystic-symbolist' funeral sculpture to be seen at exhibitions, given 'the restricted market' of this art.
14. Pavia Cemetery, in particular, has some lovely watercolour designs for funeral monuments to be installed. *See* S. Zatti *La Città del Silenzio. Scultura e Pittura nel Cimitero Monumentale di Pavia 1880–1940* (Pavia, 1996). Construction of the new Cemetery in Pavia began in 1874 under Carlo Vergani; his Classical project was altered under Angelo Savoldi to the more fashionable Neo-Gothic. Although there is an important early monument by Vela (Adami Bozzi, 1845), probably the most significant contributions to the cemetery are those of Enrico Cassi (Cuasso al Monte, Varese 1863–Milan 1913) who also erected the monument to the Cairoli brothers in the city (1900).
15. See, for example, Duprè's three *maquettes* for the Berta Moltke Ferrari Monument in San Lorenzo, Florence, conserved in the Gipsoteca Duprè at Fiesole and reproduced in E. Spalletti *Giovanni Duprè* (2002), p. 167.
16. A series by Giacomo Zilocchi (Piacenza 1862–Florence 1943), for example, are reproduced in U. Sereni, *Zilocchi* in *Libero* 13 (1999), pp. 28–9.
17. For the monument to Rodolfo Braga (Casalmaggiore Cemetery, 1912) Carlo Cerati produced a sketch that was completely different to the final work in marble. His model in clay also presented differences when compared to the final marble relief: the male figure on the right, originally standing with a scythe, was then shown seated on a wheelbarrow. *Seee* C. Cerati, V. Rosa (2001) No. 48 and pp. 58–9. The symbolic figures are Grief, Honesty and Work.
18. Vela, 5 June 1865, quoted in A. Actis Caporale *Gli Scultori valsesiani dell'Ottocento . . .*, in C. Debiaggi, B. Signorelli (eds) (2000), p. 45 note 28.
19. Florentine Paolo Testi (b. 1865) repeated his Koppel Monument in the Porte Sante in Florence (1892) in that to Elisa Granara Csudafy Wunder di Wunderburg in Lucca (1904) although the monument reads differently in the two contexts: the first is an allegory of Music (placing a wreath to a 'beloved husband'); the second, an idealized portrayal of the deceased.
20. Sculptors seem to have felt freer to send copies abroad, particularly to South America. (See Note 36, below.)
21. The Piemontese banking family Bolmida held a competition for their monument in Turin in 1887 in which Bistolfi participated; *see* S. Berresford (1984), p. 220. The subject of competitions for funeral monuments merits further research.
22. U. Pesci 'La IV Esposizione Nazionale di Belle Arti a Torino. La Prima occhiata' in *L'Illustrazone Italiana* I (1880), p. 274, quoted in M.M. Lamberti 'L'Esposizione nazionale del 1880 a Torino', in *Ricerche di Storia dell'Arte* 18 (1982), pp. 37–54.
23. C. Maltese *Storia dell'Arte in Italia 1785–1943* (Einaudi, 1992), p. 216; 1st edition (1960).
24. In a well known statement, quoted by C. Baravalle in 'I Martiri del Lavoro' in *Illustrazione Italiana* 26 December 1886, p. 485. This may be interpreted as a criticism of opulent funeral sculpture but was more likely a jibe at the Duke of Brunswick who had commissioned a colossal equestrian statue from Vela as a funeral monument which, however, was never completed.
25. A. Pastore, 1884, defending Realist sculpture in Genoa, quoted in F. Sborgi (1997), p.129.
26. For the history of Turin Cemetery *see* A. Actis Caporale (2001), pp. 41–2 and V. Sincero (2002), pp. 45–50, and for a detailed account in Italian and English: S. Albanese, W. Canavesio, B. Signorelli in S. Diéguez Patao and C. Giménez (eds), (2000), pp. 278–97.
27. General Eusebio Bava, Angelo Brofferio, Massimo d'Azeglio; Silvio Pellico, General Giacinto Provana di Collegno, Giuseppe La Farina, Vincenzo Gioberti, General Enrico Morozzo della Rocca; Pietro Paleocapa, Pier Dionigi Pinelli, Federico Sclopis di Salerano, Riccardo Sineo, Ottavio Thaon di Revel and, last but not least, Vittorio Emanuele II's morganatic wife 'La Bela Rosin'.
28. The astronomer and mathematician Giovanni Plana; the physicist Galileo Ferraris; the criminal anthropologist Cesare Lombroso; jurists Carlo Baudi di Vesme, Edoardo Belloni and Matteo Pescatore; engineers Tommaso Agudio and Ernesto Ghiotti; writers, publishers and journalists Giovambattista Bottero, Arturo Graf and Hermann Loescher; artists: first of all, Giovanni Battista Biscarra, Neoclassical painter and director of the Albertina Academy; the patriot Massimo d'Azeglio; painters Andrea Gastaldi and Alberto Pasini.
29. For Risorgimental monuments in Turin, *see* B. Cinelli, M.M. Lamberti *Fantasmi di Bronzo. Guida ai monumenti di Torino 1808/1937* (Martano, Turin, 1978).
30. Other examples are monuments to politician Pier Dionigi Pinelli (*Gratitude*, 1853) and mathematician Giovanni Plana (1866), both by Giuseppe Albertoni; historian and jurist Carlo Baudi di Vesme (by Vela, 1858).
31. F. Dalmasso 'L'Accademia Albertina: Storia e Artisti' in F. Dalmasso, P.Gaglia, F. Poli, *L'Accademia Albertina di Torino* (Istituto Bancario San Paolo di Torino, Turin, 1982), pp. 11–79.
32. Calosso (*Filial Love*, 1853); Prever (*Hope*, 1854), Provana (*Grief*, 1856); Tito Pallestrini (1856); Baudi di Vesme (a portrait bust, 1858); Francesca Federica Gerbora in Agodino (1863).
33. *See* A. Actis Caporale 'Gli Scultori Valsesiani dell'Ottocento e la Scultura funeraria al Camposanto di Torino' in, C. Debiaggi, B. Signorelli (2000), pp. 41–62. Appendix I gives a very useful list of works by these artists at the Turin Cemetery as well as data on their artistic education and experience at the Academy.
34. For Staglieno *see* F. Sborgi (1997), (2000), and S. Basso (2002).
35. Giuseppe Benetti's *Job* and *Jeremiah* (*c.*1865) at the entrance to the pronaos of the Pantheon; G.B. Cevasco's *Hope* and *Charity* (*c.*1878) just inside the entrance. The large statue of Faith (or Religion, 1866–75) by Santo Varni (1807–85) at the crossroads of the lower interior courtyard, aligned with the Pantheon, is a focal point. The Pantheon contains eight large statues executed in 1875–8 by leading Staglieno sculptors: Lorenzo Orengo *Adam;* Giovanni Battista Villa *Eve*; Pietro Costa *Daniel*; Santo Varni *The Immaculate Virgin*; Domenico Gallino *St John the Evangelist*; G.B. Tassara *Moses*; Emanuele Giacobbe *Ezekiel*.
36. Research is underway into the enormous amount of Italian sculpture, funeral and celebrative, that was exported to South America, especially over the 1880–1920 period. Staglieno sculptors Brizzolara, Canessa, Capurro, Carli, de Barbieri, Fabiani, Monteverde, Moreno, Saccomanno, Toso, Varni and Villa all sent important works there.
37. *Ibid.*, Chapters X and XI.
38. F. Sborgi (1997), p. 172, Note 297. The survey conducted on Staglieno's clientele, 50 per cent of whom have been identified over the 1851–1900 period, reveals that, in the oldest parts of the cemetery, 70 to 74 per cent were middle class and 15 per cent were of aristocratic origin. Of the former, the majority were traders, industrialists, shopkeepers, businessmen, ship owners and others connected with maritime activities; craftsmen and artists; and professionals like doctors, bankers and lawyers. Although this is the only survey of its kind, the clientele of other northern cities like Milan and Turin would very probably reflect similar proportions although both would exclude the maritime interest and, in Milan, the entrepreneurial sector would be stronger.

39. Staglieno only has Vela's early classicizing portrait medallion of Giovanni Torti (1854). His statue of Cavour was destroyed but the model is in the Museo Vela at Ligornetto, repr. in G.A. Mina Zeni (ed.), (2002), p. 84.
40. *Children playing with a Cat* (Gold Medal, Munich, 1869); *The Young Columbus* (Gold Medal, Parma, 1870); *The Genius of Franklin* (Silver Medal, Milan, 1872); *Jenner Inoculating his Son with the Smallpox Vaccine* (Gold Medal, Vienna, 1873; Honorary Medal, Paris, 1878).
41. For the history of the Porte Sante *see* L. Latini (1990), pp. 82–4 and 117–31; G. Salvagnini (ed.) *Porte Sante. Il Cimitero di San Miniato a Firenze* (Opus Libri and Centro Libero Andreotti, Pescia, 2001). For the history of cemeteries in Florence and the surrounding area *see* L. Capaccioli, L. Lazzareschi, 'I luoghi di sepoltura' in *La Città e i Luoghi di Sepoltura* (Giunti, Florence, 1999), pp. 14–17.
42. Proposed in 1867 by Mayor Cambray-Digny. Interestingly, the Galluzzo authorities were opposed to the idea of a *general* cemetery but would have welcomed a *monumental* one, suitably artistic, perhaps already conscious of its possibilities as a pole of attraction.
43. The Jewish Cemetery in Viale Ariosto opened in 1777; towards the close of the nineteenth century it was replaced by the present one in Via di Caciolle.
44. Reconstructed by G. Salvagnini (2001), pp. 173–82. The area in front of the church is now destined for 'illustrious Florentines'.
45. *See* M. Cozzi 'L'Architettura' in G. Salvagnini (ed.) (2001), pp. 15–26.
46. Domenico Trentacoste (Palermo 1856–Florence 1933), resident in Florence after 1895, succeeded Rivalta at the Academy in 1914; his marble *Christ Deposed* for the tomb of Emma Pestalozza (1905) is one of the masterpieces of the cemetery (but difficult to photograph under glass). *See* G. de Lorenzi 'Su alcune Sculture di Domenico Trentacoste' in *Artista. Critica dell'Arte in Toscana* (1990), pp. 192–207.
47. *See* A.P. Torresi *Scultori d'Accademia* (Liberty House, Ferrara, 2000).
48. For the Romanelli, *see* A.P. Torresi *ibid.* (2000), pp. 109–110; for Raffaello *see* G. Salvagnini 'L'Arte funeraria di Raffaello Romanelli' in *Libero* Autumn 2001, pp. 28–31, and Romano Romanelli's testimony in F. Petrucci 'In Via Georgofoli C'era anche Romanelli', in *Libero* (Autumn 1993), pp. 8–9.
49. Repr. F. Sborgi (1997), p. 124, ill. 143.
50. The man struggling with a sphinx on the tomb to Ettore Focardi (anon.) is something of an anomaly. The influence of Rodin is not altogether absent (Averardo Borsi, 1910; Giorgio Rossi's Monument to the Fiorini brothers, 1923).
51. For a survey of these, *see* G. Salvagnini, 'Il "Novecento" in Periferia', *Libero* 16 (Autumn 2000).
52. For Trespiano *see* G. Salvagnini 'Un Secolo di Scultura Fiorentina sul Colle di Trespiano', in *Libero* 8 (Autumn 1996).
53. *Op. cit.*, p. 8. Luigi Cartei, Giuseppe Cassioli, Duprè's daughter Amalia, Fortunato Galli, Adolfo Galducci, Lot Torelli, Giovanni Giovanetti worked on the first; Mancini, Testi, Trentanove, Cassioli on the second.
54. Respectively, nos. 242, 293, 308; 130, 158; 134 in Salvagnini's catalogue.
55. For Odoardo and Cesare Fantacchiotti *see* L. Bernini (ed.) *L'Opera Ritrovata. La Bottega Fantacchiotti Gabbrielli tra'800 e '900* (Massa, Palazzo Ducale, Dec. 1998–Jan. 1999).

BISTOLFI AND THE NEW SYMBOLIST FUNERAL ICONOGRAPHY

1. Bistolfi more than once rejected this epithet, saying he would have preferred to 'sing to Life' rather than to Death and, in retrospect, implied that he had turned to funeral subjects for financial reasons. *See* L.B. to G. Pellizza in R. Bossaglia, S. Berresford (1984), p. 15, and L.B. to Gilda Rossi, quoted in *La Stampa della Sera* (2 November 1934).
2. S. Berresford, R. Bossaglia (1984), pp. 53–4, p. 69.
3. A. Stella *Pittura e Scultura in Piemonte 1842–1891* (Turin and Rome, 1893), p. 607.
4. E.A. Berta 'Coffins' and A. Stella 'Il Mistero della Sfinge' in *Gazzetta del Popolo della Domenica* (2 November 1890). Bistolfi's illustration to Berta's poem is published in S. Berresford, R. Bossaglia (1984), p. 150. Marino Marin's poem 'Sfinge' was published in *Lettere e Arti* (30 August 1890), p. 533.
5. Related to Helen Zimmern, art critic of the *Art Journal*, who associated with Lombrosian circles in Turin and was one of the first to speak about Bistolfi abroad ('A Modern Italian Sculptor: Bistolfi' in *The Art Journal* (1896), pp. 335–40, p. 339. The translation and comment are Zimmern's, the italics mine.
6. P. Lombroso 'Artisti Contemporanei. L.B.' in *Emporium* (Jan. 1899), p. 12.
7. Although regulated by the Italian state since 1859, cremation was opposed by the Catholic Dogma of the Resurrection of the Flesh and not definitively approved and imposed as a municipal responsibility until 1888.
8. S. Berresford, R. Bossaglia (1984) ill. 29, p. 230; ill. 47, p. 236.
9. L. Bistolfi to 'Cobalto' on the Grandis Monument *Gazzetta del Popolo della Domenica* (10 November 1895) repr. in S. Berresford, R. Bossaglia (1984), p. 173. The italics are mine.
10. G. Segantini's *Grief Comforted by Faith* was exhibited at the Festa dell'Arte e dei Fiori in Florence in 1896/7, repr. in A.P. Quinsac *Segantini, Catalogo Generale* (Electa, Milan, 1982) Vol. 2, No. 525, A & B.
11. For *The Cross* and its complex iconographical programme *see* S. Berresford in S. Berresford, R. Bossaglia (1984) pp. 84–5 and 228.
12. It was purchased for the GNAM in Rome, to which Bistolfi later donated a second copy in marble, and several casts found their way into public collections.
13. Fergonzi has convincingly analysed Bistolfi's debt to the French sculptor, particularly the left arm and general 'tension and exasperation of muscle' in *Work*, which he traces to the French sculptor's *Adam* (1880) and *L'Ombre*, exhibited in Turin in 1902, while the two male figures on the left evidence close observation of Rodin's *The Burghers of Calais* prior to and at its exhibition in Venice in 1901. F. Fergonzi 'A. Rodin e Gli Scultori italiani' in *Prospettiva* 89–90 (Jan.–Apr. 1998), pp. 40–73, 25–6.
14. Still catalogued as a war memorial in the Bistolfi Gipsoteca in Casale Monferrato, L. Scardino and A.P. Torresi, in *Post Mortem* (1998), first identified this as a funeral monument in Padua, *op.cit.*, p. 188.
15. S. Berresford, R. Bossaglia (1984), pp. 117–18.
16. G. Cena on the differences between the art of Rodin and that of Bistolfi, 'Artisti Moderni: Augusto Rodin' in the *Nuova Antologia* (16 March 1901).

SYMBOLISM AND LIBERTY STYLE

1. The Aemilia Ars Co-operative Society was founded in Bologna in 1898 by Alfonso Rubbiani on the lines of the British Arts and Crafts Movement. In 1902, at the Turin International Exhibition of Modern Decorative Art, artists as diverse as Marcello Dudovich, Alfredo Baruffi, sculptor Giuseppe Romagnoli, Augustor Sezanne and Giulio Casanova enjoyed success under its banner.
2. Luigi Contratti's *gesso* of the funeral monument to lawyer Ivaldi Vercelli in Asti (1904) was actually placed over the door in the hall of his home. Illustrated in A. Galvano, C. Balbo (1981), No. 32 (*gesso*), No. 46 (bronze).
3. The subject of art school training and the importance of the circulation of models merits further investigation. The interesting collection of didactic publications at the Stagio Stagi Institute for Marble, Pietrasanta, judging by the dates, must have been accumulated by Pietro Bibolotti (1885–1964), a pupil of Ettore Ferrari, and by brothers-in-law Giacomo Zilocchi (Piacenza 1862–Florence 1943), a pupil of Monteverde, and Antonio Bozzano, (1858–1939), pupil of G.B. Cevasco, who taught there. Samples of their works, alongside other *gessi* from studios in the area (notably Rubino) are conserved in the Museo dei Bozzetti Due, Pietrasanta.
4. V. Rosa 'La Formazione di Carlo Cerati' in C. Cerati, V. Rosa (2001), pp. 30–39 refers to training at the Scuola Superiore d'Arte Applicata all'Industria in Milan in the 1880s. The author suggests that there was some hostility (at least on the part of Raffaele Casnedi at Brera) towards the new wave of students wishing to attend both the vocational school and the Academy.
5. The sensual Lombardi and Sbrana angel in Lucca, perhaps originally intended for export, is signed 'Angiolo de Ranieri & Figli Scultori Querceta (Toscana Italia).'
6. Now Clinica Columbus. The wrought iron is by Alessandro Mazzucotelli. Sommaruga designed Palazzo Castiglioni in Milan. His, too, is the Natale Moretti Mausoleum (1913–14) in the Monumentale, the Aletti Tomb (1898), the Comi Mausoleum (1908) and that of the Macchi family in the cemetery of Giubano Varese.
7. Designs are reproduced in F. Sborgi (1997), pp. 40–42.
8. For a reconstruction of the building and development of Milan's Monumentale, *see* G. Ginex, O. Selvafolta (1996), pp. 10–22 and *passim*.
9. For the Milanese Famedio, *ibid.*, pp. 21–3, 198–9.
10. Grandi has only two other works in the Monumentale: portraits of Teresa Curioni Testa (1881) and Paolo Gorini in the Crematorium (1883).
11. In the non-Catholic part of the cemetery, there was his tribute to the patriot bankers Filippo and Giacomo Ciani, entitled *Freedom*. Finally, his monument to Agostino Bertani (1888), a

remarkable likeness in bronze, was another civic celebration of the lay virtues of this doctor, patriot and Grand Masonic Master.

12. It won the Premio Principe Umberto at Brera in 1888, a silver medal in Paris in 1889, a gold in Munich in 1892 and, again, at the National Exhibition in Palermo the same year when it was purchased for the GNAM in Rome.
13. Gaetano Moretti (1860–1938) designed the Crespi Mausoleum in the Crespi d'Adda Workers' Village (modelled on the idea of Port Sunlight). Ernesto Pirovano designed the Crespi d'Adda villa.
14. A second version of the Astorri Monument is in the Cemetery of Somma Lombardo: Francesco Colombo (1913). Reproduced in G. Pacciarotti 'Cimiteri e Memorie Liberty' in R. Bossaglia (ed.) *Il Varese Provincia Liberty* (Nicolini, 2000), p. 215.
15. Next to this is his lovely aniconic flower-covered coffin for the twenty-two-year-old Giuseppina Macario (1897). Reproduced in G. Ginex, O. Selvafolta (1996), p.38.
16. Anon., 'Il Mausoleo della Famigla Casati dello Scultore Butti' in *L'Illustrazione Italiana*, XVIII N.45, 8 November 1891, p. 303. This nationally distributed journal regularly carried reviews and illustrations of both public and funeral monuments.
17. Doyen by Luigi Belli (1879); Cirio – the monument was to Francesco's son Clemente – by Cesare Biscarra (*c.*1900) and Buzzetti by Giuseppe Cerini. The Agnelli family and Emanuele, Conte de Bricherasio, co-founder of Fiat, have private funeral chapels respectively at Villar Perosa and Fubine; the latter by Bistolfi (1905). Illustrated in S. Berresford, R. Bossaglia (1983), Il.39.
18. Primo Levi recognized these three sculptors in 1900 as the spearhead of modern sculpture in Piedmont, 'La Scultura Nova in Piemonte' in the *Rivista d'Italia* II (1900), pp. 483–505 and *La Stampa* (23 August 1900).

THE 'BISTOLFIANS' AND THE BISTOLFIAN STLYE

1. E. Thovez 'L'evoluzione di un romantico' in *La Stampa* (29 January 1911); republished in *Il Vangelo della Pittura, Turin-Genoa* (1921), pp. 189–90.
2. For Rodin's influence in Italy and critical discussion of his influence, see the detailed analysis and convincing comparisons in F. Fergonzi (1998). Although Rodin visited Italy on several occasions, it must be assumed that the prime source of influence was visual knowledge of his works either through illustrations and exhibitions in Italy or through vision of his work in Paris. Fergonzi hypothesizes such a visit in 1889 (Rodin's one-man show at the Georges Petit Gallery) for the Florentine sculptor Cesare Zocchi (1851–1922) since Rodin's influence is evident in the figure of Minos in his monument to Dante in Trento (1891–6). Ugo Ojetti recalled a visit to Paris by Bistolfi around 1889 although the sculptor's close friend Cena denied any knowledge of Rodin, on the Italian's part, prior to the 1890s. See S. Berresford (1984), p. 29.
3. See S. Berresford (1984), p. 19. The sculptors are all named by the contemporary press as 'Bistolfians' and are indiscriminately reported here.
4. R. Bossaglia, G. Dainotti (1987), pp. 84–9.
5. The chapel contains Fumagalli's bronze bas-relief *The Deposition from the Cross* and houses the sculptor's remains.
6. Data from inscriptions on the Gianni and Nardi monuments in Siena Misericordia. E. Spalletti (1994), p. 550, and M. Battazzi 'Siena tra Purismo e Liberty' (1988), pp. 230–31 reconstruct what little we know of the early career of Bianconi.
7. S. Berresford, R. Bossaglia (1984), II.50, III.58; II.56; III.51; III.69.
8. L. Bistolfi in E.Zanzi 'Il Fantasma di Garibaldi', *Gazzetta del Popolo della Domenica* (19 November 1927).
9. R. Tacchella *Allievi di Leonardo Bistolfi* (Casale Monferrato, 1984), and L. Bistolfi in 'La Loggia a Leonardo Bistolfi. Un discorso dello scultore-poeta' in *Gazzetta del Popolo della Domenica* (27 September 1912).
10. A. Panzetta (1999), p. 31.
11 Described as Bistolfi's 'pupil', he executed a commemorative medal dedicated to the Master, commissioned on behalf of his native Casale Monferrato, *Corriere di Casale* (27 July 1905), N.30.
12. Panzetta distinguishes the hand of Stagliano in Bistolfi's Giorello, Carducci at Clitunno, Sacrifice for the Vittoriano and Carducci in Bologna (p. 27); certainly Bianconi worked on several of these but the presence of one does not necessarily exclude the other.
13. M. Guerrisi, Arturo Stagliano in 'le Arti Belle' (Turin, 1925), pp. 177–180 quoted in A. Panzetta, *op.cit.* p. 24.
14. R. Bossaglia, G. Dainotti (1987), pp. 116–19); R. Tacchella *Allievi di Leonardo Bistolfi*, (Galleria al Portale, Casale Monferrato, 1984). Both Bistolfi and Stagliano may have known Camille Claudel's *Ripe Age* (1899–1903, Musée d'Orsay) with its supplicating female nude. A different *maquette* for the monument, still Bistolfian in style but more elaborate in composition, was perhaps rejected on grounds of cost: published in A. Panzetta *Arturo Stagliano* (Montevarchi 1999–2000), p 59, n.47. Both first and second (executed) *maquettes* are published on p. 59.
15. P.C. Santini (ed.) *Angiolo del Santo* (1992), p. 61. Del Santo was recommended to Bistolfi by Antonio Fradeletto, Secretary of the Venice Biennale.
16. Del Santo related his years in Turin to Augusto Magli, freely quoted in F. Mismas, 'Angiolo del Santo dalle Lettere' in P.C. Santini, *op. cit.*, pp. 21–54. Among others, for Bistolfi he said he 'composed a grandiose *maquette* for a funeral monument to an 'American general' (possibly the industrialist Giorello) and 'sculpted in *gesso*' a *Spring*. As was and is usual studio practice, works left the atelier under the Master's name.
17. S. Berresford, R. Bossaglia (1984) III.70 and III.100.
18. D. Pescarmona provides a reconstruction of Rubino's career in Giulio Casanova *Edoardo Rubino, Eclettismo e Liberty a Torino*, ed. F. Dalmasso (Turin, 1989), pp. 89–110. Rubino was unjustly neglected for many years perhaps because, unfortunately, his studio was destroyed. Recently, however, some important models (Rossetti, Don Bosco), surviving from the Luciano Studio in Querceta, have been put on display in the Museo del Bozzetto Due at Pietrasanta.
19. P. Levi *La Scultura Nova in Piemonte*: *Canonica Calandra Bistolfi* (Rome, 1900).
20. One of the greatest successes of Piedmontese authoress Carolina Invernizio (1851–1916) was entitled *Il Bacio della Morta* (*The Kiss of the Dead Woman*). The heads of the Rosetti couple were destroyed in the Second World War but lifesize models are preserved in the Museo del Bozzetto Due, Pietrasanta.
21. Betta executed many works abroad including a fascinating but untraced monument, probably for South America, to a sculptor, surrounded by his models and works; *see* R. Bossaglia, G. Dainotti (1987), p. 108.
22. Delayed by the War and then by practical problems, Betta completed the monument, at great expense on the part of Ansaldi's widow, only to find it rejected by the Cemetery Commission in 1935 on the grounds that its composition was too 'confused' and unsuited to the area where the Fascist Novecento-style altar was to be erected. Eventually, he was allowed to put up the (slightly less than lifesize) central figure and two side groups.
23. It is also found in the private chapel at Fubine of Emanuele Cacherano dei Conti Bricherasio (1905), co-founder of Fiat, and is one of Bistolfi's loveliest and most dramatic monuments. Illustrated in S. Berresford, R. Bossagli (1984), Il.39, p. 233.
24. Illustrated in G. Ginex, O. Selvafolta (1996), p. 53.
25. Oreste Ruggeri was a pharmaceutical industrialist and producer of fine Liberty pottery. His magnificent villa in Pesaro, begun around 1902, has been attributed to architect Giuseppe Brega.

ART DECO

1. Reported by V. Rosa in C. Cerati, V. Rosa (2001), pp. 144, 184.
2. The hands holding a book inscribed with Campanini's name are similar to the highly original design by Angelo Camillo Maine (Genoa 1892–1969?) for his family in Staglieno; reproduced in F. Sborgi (1997), p. 209. The swallow motif recalls a major Liberty artist in Rome: Duilio Cambellotti (Rome 1876–1960).
3. 'Non cola ma vola, non cade ma s'alza.'
4. His visionary *Temple of Kossovo* was shown at the Rome International Exhibition of 1911 and he exhibited with the Roman Secession in 1913.
5. Two other similar figures at Staglieno – Molinari (1920) and Moltini-Sciutto (1922) – are said to be linked to this by the theme of motherhood; this statue has also been related to that of the *Mother Blessing* for his elaborate and unfinished Monument to the Infantry Soldier for Monte San Michele, Genoa.
6. See, for example, the Orsi Raschi Mausoleum (1922), illustrated in G. Ginex, O. Selvafolta (1996), p. 53.
7. Other replicas are known. *See* G. Salvagnini *Porte Sante* (2001), p. 43.

THE BED

1. 'Here . . . love . . .with you always!/My hands . . . warm . . . and . . . to fall asleep.' Mimi's last words

on her deathbed, from *La Bohème* by Giacomo Puccini (1896). Libretto by Luigi Illica and Giuseppe Giacosa.

2. Giovanni Collina took the surname of his father-in-law, the sculptor Giovanni Battista Ballanti Graziani (Faenza 1762–1835) and was brother-in-law to another sculptor, Gaetano Vitenè (1826–1906). The monument in scagliola was commissioned by the Marquis' heir, Count Francesco Ginanni Fantuzzi and the epitaph recalls the Marquis' charitable life. A note in the family archives records that the sculptor was paid 2500 lire for the monument in 1892 while the mason Antonio Corradini received 230 lire for the inscriptions and coats of arms. My thanks to Dr Marco Mocenni for his research in the Cattani-Ginanni Fantuzzi Archives and to Prof. Piero Malpezzi for his assistance in identifying this work and that of the Marchesa Brigida Stanga-Cavina in Faenza [Plate 454] by the same sculptor.
3. S. Basso interprets the two figures as the son comforting his mother but the natural place for the mother would have been at the husband's bedside and the woman there seems to be older than the standing figure. On the other hand, the son and the mother were the principal mourners and the widow was normally given a privileged position in mourning groups; *see* S. Basso *Staglieno: Marble Giants/Giganti di Marmo* (Tormena, Genoa, 2002), p. 131. *See also* S. Diéguez Patao, C. Giménez (ed.) (2000), pp. 226–7.
4. A. Pastore (1884) quoted in F. Sborgi (1997), p. 129. Villa exhibited a *Last Farewell* at the National Exhibition in Turin in 1880 which might be identifiable in this work.
5. The scene of reawakening after death has Classical origins in *Endymion* and an important Neoclassical precedent in Carlo Finelli's Monument to the young Count Guelfo Trotti Estense Mosti (1851) in Ferrara, reproduced in B. Musetti *Carlo Finelli (1782–1853)* (Cassa di Risparmio di Carrara, 2002), pp. 160–62.
6. Quoted by L. Scardino in L. Scardino, A.P. Torresi *Post Mortem* (Ferrara, 1998), pp. 88–9. It is referred to as 'Count Galeazzo Massari', who died in 1840, in the list of works in the Certosa, compiled in 1892 by Carlo Tomasi (recorded *ibid.*, p. 154). On p. 130, reproductions of the original *maquette* and the model in plaster, now lost. The work is recalled, too, in G. G. Reggiani's guide to the Certosa, *La Certosa di Ferrara* (1914), but is listed as 'Count Francesco Massari', fig.38. See also R. Roda, R. Sitti *La Certosa di Ferrara* (1985) Ill. 60. Obviously Classical and Quattrocento precedents were important but Ulisse Cambi's sarcophagus for Lorenzo Martelli in the Santa Croce Cloister (*c.*1829) is a possible model; Bolognesi had originally contemplated Donatellian *putti* instead of the medallions.
7. The group was repeated on a smaller scale in 1889 for the Folonari family, who had it in Palazzo Folonari in Milan, prior to transferring it, in 1955, to the family tomb in the Vantinano, Brescia.
8. A.P. Quinsac *Segantini. Catalogo generale* (Electa, 1982), Vol. 1, No. 113A&B, pp. 101–03; Vol. 2, No. 600, p. 511.
9. S. Berresford 'Divisionism: its Origins, its Aims and its Relationship to French Post-Impressionist Painting' in *Post-Impressionism* (Royal Academy, 1979–80), pp. 218–19.
10. Domenico Ghidoni was the first to treat this theme in Milan, in 1899, with his bronze bas-relief for eighteen-year-old Anna Bosisio. Reproduced in G. Ginex, O. Selvafolta (1996), p. 55. Poet Stefan George and painter Alma Tadema had both treated the death of Heliogabalus (suffocated in roses) and the subject appealed to d'Annunzio. Angelo Morbelli painted a Romantic *Asphyxia* (1884, P.C., Milan) showing a suicide amidst flowers.

THE PUBLIC FUNERAL MONUMENT

1. The normal practice was to set up an Honorary Committee, to find the necessary finance and to proceed to commission the work. Giovanni Battista Lombardi's Monument to Pietro Magenta, Prefect of Bologna, erected in the Bolognese cemetery in 1863, was financed by the Provincial Council while the Municipality provided the space.
2. Teresa Boroni Semprebuono left money in her will to erect a monument to commemorate both those who died in the heroic ten-day defence of Brescia in 1849 as well as the soldiers who died in the Battles of Solferino and San Martino ten years later. A public competition was held in 1877, won by Pagani, who came up with a monument half funeral, half celebratory: the *pleureuse* at the door of the ossuary is now a crowned figure of *Italy*, with the lion of courage at its base.
3. By Luigi Giberto Buzzi (1823–1909). See G. Ginex, O. Selvafolta (1996), p. 64.
4. The plaster model for Cocchi can be seen in a photo of Lazzerini's studio published in L. Passeggia, *op.cit.*, pp. 182–3. See also G. Salvagnini 'Un Secolo di Scultura Fiorentina sulle Colle di Trespiano' in *Libero* 8 (Autumn 1996), pp. 20, 79, N.130. Cocchi probably made his fortune in the textile spinning industry: 'Filanda Paradisino' is inscribed on the right and the Comune contributed towards the cost of the monument. It looks towards the crematorium rather than over the picturesque valley. In tune with his Republican-Masonic beliefs, Cocchi was cremated: the book is inscribed 'the flame is beautiful' and there is a Bistolfian interpretation of the 'flame' (an extraordinarily erotic female nude) on the reverse.
5. See, for example, the monuments to Mauro Macchi by Ettore Ferrari (1881, Verano, Rome) and to Agostino Bertani by Vincenzo Vela (1888, Milan). The Risorgimento had its roots in the Carbonara and other secret societies which soon centred on freemasonry. Ettore Ferrari was Grand Master of the Grande Oriente from 1904 to 1917.
6. G. Salvagnini (ed.) *Porte Sante* (2001), p. 169. The monument, a marble bust with marble bas-reliefs of *Industry*, *Commerce* and *Socio-Economic Progress*, is by Domenico Menconi from Avenza, Carrara.
7. It resembles a typical Risorgimental commemorative monument: on a large Baveno base rises a tall central column with an 'angel of peace'; to each side: Pietà (a seated woman with two small children), representing female virtues, left, contrasted by the male figure of Work, right. The combination of materials (marble for the angel, bronze for the lower figures) is also typical of public sculpture. Again, a long epitaphs recall Valentini's contribution to public works of civil engineering. See G. Ginex *Pietre della Memoria* (2000), pp. 101–3, 222. Similary, Maria Simonelli, widow of Jurist Mario Montorzi commissioned what is, to all intent and purposes, a splendid public monument, both in scale and subject, from leading Sienese sculptor Emilio Gallori. It was inaugurated in 1893 in Pisa's Suburban Cemetery.
8. Teresa Kramer was also a patron of the arts: she commissioned Giulio Monteverde's *Child Playing with a Cockerel* in 1876.
9. For Soffiano Cemetery, *see* L. Capaccioli, L. Lazzareschi *La Città e i Luoghi di Sepoltura* (Giunti, Florence, 1999).
10. Romano Romanelli quoted in F. Petrucci 'In Via Georgofili c'era anche Romanelli' in *Libero* (Autumn 1992), pp. 8–9. See also G. Salvagnini 'Orizzonte: L'Arte Funeraria di Raffaello Romanelli' in *Libero* (Autumn 2001), pp. 28–31.
11. R. Romanelli, *ibid.*, p. 8.
12. Whitehead and Bentley in 1885/1887 and Teresa Pescia. See F. Sborgi (1997), pp. 146, 148.

PORTRAITURE

1. 'I [had] hoped with joy for such things – I believe greater [will come] after death.'
2. S. Berresford (1984), p. 71.
3. Reproduced in F. Sborgi (1997), p. 73.
4. *Ibid.*, pp. 74–6.
5. See in R. Carrozzi 'L'Educazione del Giovane Freccia', with a list of the sculture studios in Carrara C. Bordoni, A. Laghi *Pietrasanta Arte & Lavoro* (Massa, 1996), pp. 55–87. See also L. Passeggia 'Arte tecnica e imprenditoria: rapporti tra Carrara e Firenze nella prima metà dell'800' in *Pietro Freccia 1814–1856* (Istituto Statale d'Arte, Massa, 2001), pp. 153–87. Both have English translations. Specifically on the Lazzerini studio, *see* L. Passeggia 'Il Gesso e la Memoria. Il Laboratorio Lazzerini 1812–1942' in *La Gipsoteca della Scuola del marmo 'Pietro Tacca' Carrara* ed.C. Gemignani (1997).
6. G.A. Mina Zeni (ed.) *A Fior di Pelle. Il Calco dal Vero nel secolo XIX* (Museo Vela, Ligornetto, 2001).
7. Reproduced in C. Cerati, V. Rosa (ed.) *Carlo Cerati* (2001), p. 197.
8. S. Berresford 'Medardo Rosso's Italian Background' (The Centre for the Study of Sculpture, The Henry Moore Institute, Leeds, 1994).
9. Cecioni was also a polemical but influential art critic. Unusually, funeral monuments do not appear to figure in his *oeuvre*.
10. G. Salvagnini 'L'Arte funeraria di Raffaello Romanelli' in *Libero* 18 (Autumn 2001), pp. 28–31, gives a first catalogue of his works. Romano Romanelli's biography of his father is reproduced in *Libero*, Autumn 1993, pp. 8–9. See also G. Salvagnini (ed.) *Porte Sante* (2001) and A.P. Torresi *op. cit.*, (2000), pp. 110, 223–6.
11. M. Maugeri 'Il Bronzo alle Porte Sante' in G. Salvagnini (ed.) *Porte Sante. Il Cimetero di San Miniato a Firenze* (Florence, 2001), pp. 45–50.

THE ETHOS OF WORK

1. F. Mismas, in A. Beverini, A. Mismas *Templa Serena* (1990), pp. 18, 51, 53.
2. Other examples are Bistolfi's *Christ Walking on the Water* on his tomb in Casale Monferrato, a female mourner by Guido Baccelli featuring on his own tomb in Lucca (1929) and Monteverde's Oneto angel (1882) on the Monteverde family chapel in Rome. A bronze copy of Donato Barcaglia's marble *Life Holding Back Time*, prize winner at the Philadelphia Exhibition of 1876, is on his grave in Milan Monumentale (1923). Antonio Tantardini 's *Meditation* (1879) was placed on his grave there in 1894, fifteen years after his death. The monument to Emilio Zocchi (Florence 1836–1913) in Florence (Soffiano) carries his *Young Michelangelo Sculpting the Head of a Faun*, an extremely successful piece, often reproduced (the original was purchased by Vittorio Emanuele II in 1862). Medardo Rosso's tomb in Milan is marked by his *Ecce Puer* of 1906. Many more could be cited.
3. *See* V. Vicario (1994) Vol. 2, p. 547; the figure here, however, is idealized and there are two portrait medallions on the pedestal below.
4. The contrast in scale between the two groups was, interestingly, preceded in Fracassi's model for a Monument to Work (Palazzo Pubblico, Siena) which, though never executed, may have been known to Butti because of their common interest in Socialist themes. The Sienese-based Patrizio Fracassi, one of the most promising up-and-coming sculptors of his times, committed suicide in 1903. See C. Baglioni, 'L'Arte Sociale di Patrizio Fracassi' in *Libero* (Spring 1995), pp 13–17 and E. Spalletti (1994), pp. 551–2.
5. Also on the Parolari tomb in Cannobio. The original is in the G.A.M. in Milan. Similarly, his *Resting Miner*, reflecting Meunier and Butti, was placed on the Zoppi tomb in Cannobio.
6. Another bronze had previously been placed on the tomb of the sculptor's brother, Leonardo (d. 1937) at Gignese.
7. V. Terraroli et al. *Angelo Zanelli* (Grafo edizioni, Rome, 1984), pp.45–56.
8. A.M. Damigella dates it to *c.*1905 in *Salvatore Grita e il Realismo nella Scultura* (1998), Ill. 61 and compares it to contemporary sculptures of similar subject by the young Arturo Dazzi (who paid tribute to the quarry-workers of the Apuan Alps in 1904, in a model never executed) and Giovanni Prini (a chain gang, exhibited in Milan at the Sempione Exhibition, 1906). Similarities to the Zanelli frieze would suggest a slightly later date. The bronzes were cast by the Buggirolami Foundry.
9. Staligano's *Amor Omnia Vincit*, a drawing of *c.*1910–15, was later used for a war memorial in Novara (A. Panzetta (1999), N99, reproduced on p. 50). The motto occurs in Vicenza Cemetery (Boschiero), while 'Amor' and 'Labor' are often juxtaposed in Pisa (Nicoletti Beccari, Fantechi-Gabbrielli).

CHARITY, PHILANTHROPY AND CIVIC DUTY

1. See, for example, Domenico Carli's Lanfranchi Monument, (1878, Staglieno) reproduced in F. Sborgi (1997), p. 361, ill. 567.
2. Sarrocchi portrayed cypress trees in his monument to Camillo Parrini in Pisa Suburban Cemetery. The relief for the Campori family, *The Three Maries at the Tomb* (1886, Modena) also has a landscape setting, with palms [Plate 66].
3. V. Grubicy *Tendenze evolutive delle Arti Plastiche* (Milan, 1891).
4. See F. Sborgi (1997), pp. 65–72 for a cross section of such criticism regarding Staglieno in the 1870s and 1880s.
5. The *maquette* (Istituto Stimmate, Verona) and painted model (Pedemonte Verona, Cappella di Villa Santa Sofia) for this splendid tomb are reproduced in C. Bertoni 'La Scultura Monumentale a Verona' in S. Marinelli (ed.) *L'Ottocento a Verona* (Cariverona Banca, 2001), pp. 295–7. Several of Zannoni's *gessi* are preserved in the deposits of the Civici Musei.
6. F. Sborgi (1997), pp. 364, 367.

THE 'LEGACY OF LOVE'

1. 'I should like to die, but I shouldn't like Death,/I should like to see who mourns me most.'
2. 'Sol chi non lascia eredità d'affetti, poca gioja ha dell'urna' (Only he who leaves no legacy of love has little joy of the funerary urn.) Ugo Foscolo *Dei Sepolcri* (1807). Another important concept of the poem is that of 'corrispondenza d'amorosi sensi' i.e. that there is a 'correspondence' or communion between the living and the dead. Foscolo specifically refers to a woman in love, mourning at the graveside.
3. V. Terraroli *Il Vantiniano* (1990), No. 50.
4. R. Bossaglia, G. Dainotti (1987), pp. 17–19.
5. The subject was chosen by Camuzzoni's wife and shows one of her husband's major achievements for the city, the embankment of the River Adige. C. Bertoni 'La Scultura Monumentale a Verona' in S. Marinelli (ed.) *L'Ottocento a Verona* (Cariverona Banca, 2001), p. 299. Cristani may have known Lombardi's Magenta Monument in Bologna, where local heroine *Felsina* makes a wreath of flowers. Stylistically, the figure recalls Bazzaro's *Widow* (1888, GNAM, Rome).
6. R. Roda, R. Sitti *La Certosa di Ferrara* (1985), Nos. 65, 66, p. 73, where it is dated *c.*1885.
7. In 1881, Francesco Barzaghi (1839–92) softened his rather stern marble Monument to Giuseppe Mengoni (1879, Milan), architect of the Vittorio Emanuele II Gallery in Milan, by carving his little daughter, who died in 1880, offering flowers. The idea was taken up by Domenico Ghidoni, whose bronze portrait of the little Garbagnati girl offers flowers to the medallion portraits of her two dead brothers (Milan, 1885).
8. Anon., 'Al Cimitero Monumentale' in *Il Ravennate Corriere di Romagna* quoted in G. Viroli *Il Gesto Sospeso. Scultura nel Ravennate negli ultimi due secoli.* (Mistral and Fondazione della Cassa di Risparmio di Ravenna, 1997), p. 140. The *maquette* for the monument is reproduced on p. 143. Massarenti produced many fine works for the Ravenna Cemetery including the lovely mourning widow of the Fassitelli-Rasi Monument, also of 1900. A little peasant girl, who could equally be a genre figure, kneels in mourning on the Calderoni Family Monument (1906) while touching orphans also occur on the Fabbri Monument by Massarenti in Ravenna, executed in 1910. *Op. cit.*, pp. 128–68.
9. Lanfranchi died aged eighty-four and his epitaph recalled that his 'generosity to the poor would be remembered'. The torn coat of the old man and 'cap in hand' would suggest this is a beneficiary rather than Lanfranchi himself.
10. G. Ginex, O. Selvafolta (1996), pp. 42–3;. Bialetti's obituary was published in *L'Illustrazione Italiana* No. 21 (27 May 1906).
11. The *gesso* was exhibited successfully at the Fifth Venice Biennale in 1903 although more astute critics highlighted the indubitable influence of Albert Bartholomé (whose *Union Beyond Life* had been appreciated at the First Biennale in Venice in 1895). A. Stella, in A. Stella and A. de Carlo, *La Va Esposizione d'Arte di Venezia* (Venice, 1903) and V. Pica *L'Arte Mondiale a Venezia nel 1903*, p. 67. *See also* Mazzini Beduschi *Arte Contemporanea* (Venice, 1903), p. 137.
12. Don Fransisco Jauch died in Santa Fé in 1890; Doctor Bernardino Jauch presumably figures in the bronze statue above and his son, Luis, is the dead child. To the left, a bronze bas-relief with sunrise; to the right, a ploughing scene, both symbolic of resurrection.

CHILDREN

1. A.P. Torresi in G. Salvagnini (2001), p. 32, calls them sisters and relates that they died of scarlet fever within a week of each other; the inscription, *ibid.*, p 168 (0.81) reads: 'Among the flowers of this tomb, two dear little girls sleep together, Emma and Bianca Marchesini, purest white butterflies who, at the break of dawn, took flight one after the other.'
2. Flowers figure again covering the bust of another little girl, Damerini Benini, attributed to Auteri-Pomar, and to his flower-draped cradle of Enrico Bruno Pagliano (1892) in the same cemetery.
3. Alinari No. 3394. Giovanni Topi's Giulia Landucci (1874, Porte Sante, Florence), portraying her stretched on her tummy on her coffin, instead of the usual bearskin rug, features in the contemporary Brogi Archives No. 8466.
4. The custom has ancient precedents: a children's cemetery, pre-dating Roman times, was uncovered at Nora (Sardinia) in the late nineteenth century.
5. Filippo Filippi on Italian sculpture at the International Exhibition in Viena in 1874, 'Le Belle Arti. Album dell'Esposizione Universale di Vienna' (Milan, 1874), p. 118, quoted in M. Pierini (1999), p. 100.
6. Inscriptions on Efisino Devoto, (*c.*1887) by Giuseppe Sartorio (reproduced in A. Romagnino *et al.*, (2000), p. 95) and Goffredo Foschini, anon. (n.d., Verano Sector 23, Rome) cited in O. Montenovesi (1915), p. 78. Giuseppe Sartorio (Bocioletto, Vercelli 1854–1922) specialized in child sculture and has other fine examples in Cagliari like the Maria Ugo Ortu (1891) [Plate 452]. Enrico Pazzi's Giovanni Ribuffi in Ravenna (*c.*1889) was inscribed: 'He's sleeping/Oh! Do not waken him with kisses.' *See* G. Virola (1997), p. 5. Luisa Mussini, in a work inspired by the models of

Bartolini and Duprè, had exhorted the viewer, 'Don't wake her up!' under the sleeping figure of a little boy (Siena, Palazzo Comunale). It was exhibited at the Esposizione Beatrice in Florence in 1890.

7. In Viareggio, locals are fond of the 'Little Girl who Waits' sitting on the steps, waiting to be reunited with her loved ones outside the Barsanti Beretta Chapel (1895, Ferdinando Marchetti); inside there is a kneeling angel version of Pampaloni's *Prayer*.
8. See also F. Sborgi (1997), p. 157.
9. G. Salvagnini (2001), F47.
10. Now known as the Pratis Monument. Canonica used the same two figures in the tomb for another child, executed for a Russian client in 1911. R. Bossaglia *et al.*, *Il Liberty nell'Altro Torino*, pp. 100–03 (as Pratis).
11. First published in *Poesie* (1871). The poem refers to the death of Carducci's little son, Dante, who died in 1870, and to the suicide of his brother, Dante, in 1857.
12. Parents and grandparents look on from portrait medallions to the left and right by Arrigo Minerbi (Ferrara 1881–Padua 1960).
13. 'Manda un vagito la culla ed un palpito manda la tomba: dice la tomba: chi sei? La Culla: son te!' below the bust of the young doctor Guglielmo Lippi (Lucca, south-east wing).
14. P.C. Santini (ed.) *Angiolo del Santo 1882–1938* (Cassa di Risparmio della Spezia, La Spezia, 1992), Ill. 36, 37, Cat. no. 46; E. Scaravella dates it to *c.*1925 although the child died in October 1920. The *putti* are similar to those on the Cirio and Mantegna Monuments that del Santo executed for Bistolfi.

'MAGNIFICENT' WIDOWS

1. N. Scott (1979), No. 103; A. Actis Caporale in C. Debiaggi and B. Signorelli (2001), p. 44.
2. I am grateful to Prof. Silvano Colombo for this information and regarding the sculptor of the Lombardi Monument in Varese Giubano Cemetery [Plate 465]. A *terminus ante quem* is provided by Martinoli's death in 1913 but the architecture of the chapel and the woman's costume would suggest the late 1890s.
3. Filial duty also required gratitude; the early model was Vela's high relief for the Calosso Monument in Turin (1853), reproduced in C. Debiaggi, B. Signorelli *op.cit.*, p. 69, fig. 2,
4. G. Ginex, O. Selvafolta (1996) p. 98. Raised on its original pedestal, the white marble statue was sensitively rearranged in 1930 by the architect Guido Satirana.
5. Recorded *ibid.*, p. 28.
6. Tracy Chevalier *Falling Angels* (Harper Collins, London, 2001).
7. J.S. Curl *The Victorian Celebration of Death* (Sutton Publishing, 2000).
8. F. Sborgi (1997), pp. 138–9 and 'Staglieno' in *La Moda Genovese* (16 June 1882), no. 4, quoted *op. cit.*, pp. 134, 137.
9. The work is tentatively dated to this period because of its position in the Third Extension. Presumably she *is* a widow: this kind of ostentation is not generally found on monuments to deceased offspring.
10. The female figure was executed in 1904. A bronze portrait medallion of Nicolao Antonietti was added in 1907. A. Actis-Corporale in C. Debiaggi, B. Signorelli (2001), p. 56.

WOMAN IN SYMBOLIST FUNERAL SCULPTURE

1. G. Pesci (ed.) (1987) lists a Bergonzoni Monument (marble bust) in Bologna by Mario Sarto which may be identifiable with this. Sarto was one of the most proliferous Liberty sculptors in the Certosa.
2. See S. Beattie *The New Sculpture* (Paul Mellon Centre for British Art, 1983). Frampton exhibited at the Venice Biennale in 1897, 1901, 1903 and 1905, when, as commissioner, he helped organize the participation of other 'New Sculptors' (Bayes, Drury, Goscombe John, Thornycroft and Derwent Wood). Frampton's *Mysteriarch* (1892), *Lamia* (1900) and Henry Bate's *Pandora* (1891) are possible sources.
3. Bram Dijkstra *Idols of Perversity. Fantasies of Feminine Evil in Fin-de-Siècle Culture* (Oxford University Press, New York and Oxford, 1986).
4. The female nude is inspired by the Bistolfian flame motif: the monument is in the crematorium area of Trespiano. The stems of wheat not only refer to a future harvest (resurrection) but almost certainly to Balboni's work: a pasta-making machine or flourmill is carved in great detail around the right-hand corner.
5. The Ciardelli Monument in Pisa Suburban Cemetery evidences knowledge of Bistolfi's Monument *La Patria* of 1906. The motto 'Non Omnis Moriar', inscribed both on the sculpture, the wrought iron gates and the ceiling (painted in Liberty style with mottos, sheaves of wheat and oak leaves) previously occurred on Böcklin's tomb in the Allori in Florence. At least four other monuments in the Pisan cemetery, including that to Fiorenza Fontana [Plate 366] have the same motto and may, or may not, be by the same hand. A high relief entitled *Non Omnis in Me Moriam*, by Giacomo Buzzi-Reschini was exhibited at the Turin Promotrice in 1913. Thanks to Dr. G. Casani, Curator of the Butti Museum, I have been able to determine that this is not related to the Pisan monument. The high quality of the Ciardelli Monument, the use of various coloured stones and fine attention to detail (the lovely figurative funeral urn, the portait medallion of the 'much loved' Amerigo and the spider-webbed vase on the floor) bring Lucchese sculptor Francesco Petroni to mind. Foscolo's famous verses on 'The Legacy of Love' are inscribed on the altar. Although the chapel contains two earlier remains (1900, 1905), the sculpture would seem datable around the time of the death of Amerigo Ciardelli in 1914.
6. 'Soul with your bud/Is not death a dawn?/Is there no cradle for your love/Is not death a cradle?' The epigraph on the lovely white marble Symbolist monument to Gemma Raimondi Palmieri Nuti who died in pregnancy (1907, Misericordia, Siena) by Guido Bianconi.
7. From the epigraph on Lorenzo Orengo's Realist portrait of Teresa Rizzo *née* Pescia (1897, Staglieno).
8. The inscription on della Vedova's bust of Teresa Audana *née* Colli (d. 1873), placed next to that of her husband in Turin reads: 'A level-headed woman, affectionate wife' in life 'generous with advice and comfort.'
9. The model and *maquette* are in the GAM, Florence. Shown at the National Exhibitions of 1880 in Turin and 1883 in Rome.
10. Now lost, but the *Mother* or *Caporetto*, commissioned from him in 1920 by the Pasquinelli family (and later used on their funeral monument in Milan) is probably very close to the original.
11. Both are reproduced in C.E. Accetti (ed.) *Mostra Postuma degli scultori E. Bazzaro e E. Pellini* (Società Permanente, Milan, 1940), p. 49, 41. A cast of the second version of Pellini's *The Mother* was placed on the Machi Cattaneo tomb in Gallarate Cemetery. A late bronze of *The Idol* was placed on the Masera tomb in the cemetery of Busto Arsizio. *See* G. Pacciarotti (2000), p. 218.
12. Butti's lovely Späth monument in Breganzana is another interesting example. It is reproduced in R. Simoni *Sculture di Enrico Butti* (Famiglia Artistica, Milan, 1927), Plate LXXX.
13. Little is known of Pirotta: the monument to Eusebio Gamba in Asti, with a fine marble angel, is signed 'Prof. Benvenuto Pirotta' and dated 1905. It is reproduced in A. Galvano (ed.) *Asti Liberty* (1981), No. 47. Sometimes both mother and angel would be present at the bedside, as in the monument to Mario Mantovani (*c.*1934, Livorno).
14. See also the Ida Nieri (1911), possibly also by Petroni, and the Deco Elena Quilici *née* Belli (Lucca, *c.*1925) by Angeloni, inscribed 'Life that gave Life received Death' (M. Davini).
15. The monument forms a pendant to the Lucchesi Monument by Petroni's uncle Urbano Lucchesi [Plate 435], each to one side of the main axis, illustrating that the cemetery was conceived as a microcosm within the macrocosm of the city.
16. Philippe Ariès *Western Attitudes Towards Death: from the Middle Ages to the Present* (Marion Byers, London and New York, 1976, 1994), pp. 56–61.
17. Tabacchi's *Peri*, from which it derives, was an Odalisque type, representing a winged Muslim semi-deity.
18. R. Bossaglia, G. Dainotti (1987), pp. 25–7, from the report attached to the request for permission to erect addressed to the Technical Authorities of the Cemetery.
19. See A. Actis Caporale in C. Debiaggi and B. Signorelli (2000), pp. 56–7 and *passim* for his training. Here Ginotti is said to have worked in Rome from 1869 to 1884, where as R. Bossaglia, G. Dainotti (1987) say that he had a studio there from 1870 to 1892.
20. E. Panzacchi, in quoted in M.M. Lamberti, 'L'Esposizione del 1880 a Torino' in *Ricerche di Storia dell'Arte* 18, 1982, pp. 37–54, p.44, p.53. *Victa* was only later said to represent Poland. Ginotti's own *Pétroleuse*, exhibited at the National Exhibition in Milan in 1881, was a more extreme attempt to capture an expression of rebellion, though here more concrete and physical. The female warrior type had sculptural precedents in Rodin, Rude and Gautherin.

21. 'I'm dead in love . . . Love . . . is an illness . . . vertigo . . . Death!' Poet, author and critic Giovanni Cena in a letter to Symbolist Divisionist painter Giuseppe Pellizza da Volpedo, 16 August 1898, quoted in G. Cena *Lettere Scelte Vol. V* (Turin, 1929), p. 68. Bistolfi, a close friend, illustrated Cena's *Madre* in 1897, *Homo* in 1907 and executed a plaque for Cena in *c.*1906, which was used on the cover of his *Homo*. *See* S. Berresford and R. Bossaglia (1984), Ill. 41.
22. G. Ginex *D. Ghidoni* (2001), n. 62, pp 27–31.
23. G. Piantoni *Monumenti di Roma Capitale* (1984), pp. 241–4.
24. Reproduced in M. Magni *Ernesto Bazzaro* (1986), Fig. 3; Bazzaro's Castiglioni nudes, removed to a less conspicuous site, are reproduced in Fig. 4. Thenceforth, Bazzaro was in the public eye: again in 1908, the Monumentale committee requested him to cover up a male nude (*The Inexorable*) in his Pasquale Crespi-Paolina Sioli monument before giving permission to proceed [Plate 379].
25. R. Bossaglia *Scultura Romantica e Floreale nei Duomo di Milano* (1977–8), p. XII.
26. Mario Praz *La Carne, La Morte e il Diavolo nella Letteratura Romantica* (Sansoni, Florence, 1930, 1966), published in English as *The Romantic Agony*; Philippe Ariès (1994, 1976), pp. 57–8.
27. André Chabot *Erotique du Cimitière* (Henri Veyrier, Paris, 1989). Chabot's work is richly illustrated but, apart from the name of the cemetery, he provides no information as to name, date or author and thus deprives them of the socio-artistic context in which they were created.
28. Ezio Trapassi (Siena 1871–1960) won the Biringucci Scholarship in 1891 but remained in Siena where he moved from Realist towards Symbolist works at the turn of the century.
29. Othello's dying words, having killed Desdemona: 'Now dying in the shadow where I lie . . . a kiss . . . another kiss . . . ah! another kiss.'
30. Aided by his assistant Giacomo Cometti, the marble relief for the chapel to Giovanni Vocchieri by Frascarolo Lomellina (1894–7) is considered a major 'lyric' in Bistolfi's 'Poem of Death'. See S. Berreford, R. Bossaglia (1984), pp. 71–2, 222–3.
31. The model, from the Luciano Studio at Querceta, is now in the Museo del Bozzetto 2, Pietrasanta.
32. B. Dijkstra (1986), Chapter V: 'The Mirror of Venus and the Lesbian Glass'.
33. 'United on earth and in Heaven', inscription on Angeloni's Simi Monument, Lucca [Plate 353].
34. For the submissive, sacrificial female type, *see* B. Dijkstra, *op.cit.*, Chapter IV: 'The Nymph with the Broken Back'.

DEATH OF THE MAIDEN

1. 'Where are you going? Who calls you away from your dear ones, fair maid? Death calls you: at Dawn the last moment. N'er to return to the nest you leave.' The poem is said, in turn, to have inspired Tenerani's monument to Margherita Canton, (1831–3) at St Mary Magdalen, Castle Ashby, Northamptonshire, celebrating her beauty and charity. The same lines were also to inspire Petroni's marble bas-relief to Iris Lenci in Lucca Cemetery in 1913.
2. '. . . fanciulla,/Cui preparava d'Imenéo la veste/ L'inorgoglita madre; e il dì che ornarle/Dovea le membra d'Imenèo la veste,/Bruno la circondò drappo funèbre.' (. . . the young girl to be married; the day in which she was to don her wedding dress she was covered with a dark funeral pall.) Pindemonte, *I Sepolcri*.
3. Giuseppe Cresci's death bed scene of Marianna de Romain Greco (d. 1837); Pampaloni's Virginia de Blasis (1839) and Félicie de Fauveau's lovely Neo-Gothic monument to the seventeen-year-old Louise Favreau (1858).
4. For chrysanthemums, see Alfredo Angeloni's white marble relief in Lucca to Pietro Nardini (1848–1919) and his widow Lidrionetta Dias Martins Ved. Nardini (d. *c.*1919–22), inscribed 'Ivy and Chrysanthemums'.
5. Critic Vittorio Pica quoted Symbolist poet Edmond Haraucourt on young dead virgins, cheated of love – 'Vos coeurs immaculés sont morts avant de naître . . . sans connaître/Le seul bien que la vie accorde à ses damnés.' (Your immaculate hearts are dead before being born . . . Without knowing the only good which life concedes to the damned.) – in *L'Arte Europea a Venezia* (1895) on Previati's *Funeral of a Virgin* which was exhibited at the First International Exhibition in Venice and received wide publicity.
6. For Pre-Raphaelite influence in Italy, *see* S. Berresford and P. Nicholls *Nino Costa ed I suoi amici inglesi* (Circolo della Stampa, Milan 1982); S. Berresford *L'Eterno Ritorno: L'Influenze italiana sull'Arte inglese dell'800* (Recanati, 1987); S. Berresford 'Preraffaellismo ed Estetismo a Firenze negli Ultimi decenni del XIX Secolo' in M. Bossi and L.Tonini (ed.) *L'Idea di Firenze* (Florence, 1989); S. Berresford 'The Pre-Raphaelites and their Followers at the International Exhibitions of Art in Venice 1895–1905' in S. Bowness and C. Phillpot *Britain at the Venice Biennale* (The British Council, 1995), pp. 37–49.
7. E. Ferretini (1907) quoted in G. Dainotti and R. Bossaglia (ed.) *Il Liberty nell'altro Torino* (1987), p. 121. In the Rossettian model, based on verses by Dante, the figures descending the stairs (poets Dante, Cavalcanti, Lapo degli Uberti and their damsels) and are getting *on to* the boat, with winged Love at the helm. In Rubino's relief, the hierarchical, heavily mantled figure recalls Bistolfi's Grief/Sorrow on the Durio Monument. The Monument was originally for Vittoria Boido Casalegno.
8. F. Dalmasso 'L'Itinerario di un decoratore-ornatista: Giulio Casanova dalla cerchia bolognese di Rubbiani agli anni Venti di Torino.' in F. Dalmasso (ed.) *Eclettismo e Liberty a Torino, Giulio Casanova, Edoardo Rubino* (Il Quadrante, Turin, 1989), p. 40.
9. The rose motif occurs in several other works and may, in turn, have influenced Francesco Petroni in Lucca. Casanova, like Mackintosh, executed superb watercolour flower studies. See, for example, the rose design featured in 1909 in *Modelli d'Arte Decorativa.*
10. Two years later, the Solaro della Margarita family ordered a similar mosaic (a Longobardic-Liberty cross) from Casanova in close proximity. In 1913 a drawing of the Porcheddu Monument was published as a commendable model for funeral sculpture in *Modelli d'Arte Decorativa* (the mosaic drawn by Casanova, the sculpture probably drawn by Rubino himself).
11. The sculptor may possibly be the same as the one who did the earlier Ciardelli Chapel, also in Pisa.
12. In Viareggio's Misericordia Cemetery, a row is reserved for young people who died in 1919, presumably in the wake of the Spanish flu epidemic. The touching epitaph on the monument (by Giacomo Zilocchi) to Giulio Martinelli, who died aged sixteen, carries on into the adjacent monument, a woman rising amid roses, to Elisa Pezzini nata Galli, who died aged thirty-one: 'Sulla terra sarebbe avvizzito . . . Dio ne volle profumate le aiuole del cielo' . . . 'e porto con se tutto il profumo.' ('He would have withered on earth . . . God wanted the gardens of Heaven perfumed' . . . 'and took away all perfume with him/her.')
13. 'Morte Bella Parea nel suo Viso' from Petrarch's *Trionfo della Morte*. Again, *Dante's Dream* by Rossetti may be relevant.

DEATH AND THE MAIDEN

1. The plaster model (signed and dated 'Rome, 1891', Monteverde Gipsoteca, Bistagno) shows that originally it did little more than cover her ankles. The monument was for a rich merchant, Valente Celle, who chose to be buried with his brothers and associates Giovanni Battista and Angelo, who had preceded him. Executed in Rome, where it was exhibited in 1893, it was erected in Staglieno some ten years after Celle's death.
2. G. Ginex and O. Selvafolta (1996), pp. 92 and 161.
3. Reproduced in G. de Lorenzi (1990), p. 197.
4. Also in Staglieno is the Taramisio (1912) by Ezio Rigacci (1880–1947), on the same theme.

THE MYSTERY OF DEATH AND THE MACABRE

1. 'And the shadow of the gelidly advancing wing/ spreads gloomy silence all around/before which men bow their heads.' G. Carducci 'Mors. Nell'epidemia difterica' in *Odi Barbare*, Book 2, Chapter 5.
2. A summary of the pertinent views on the new attitude towards death expressed by Alessandro Stella, 'Il Mistero della Sfinge' in *Gazzetta del Popolo della Domenica* (Turin, 2 November 1890).
3. Domenico Trentacoste first exhibited the *Niobide* in Venice in 1899 where it was favourably received; Contratti's work is signed 1898. However, Trentacoste had been working on his piece in marble since 1896 while the statue in bronze had been placed on the tomb of Colonel Alexandre Herbillon in the Père-Lachaise Cemetery, Paris in 1892.
4. See J.S. Curl *Egyptomania. The Egyptian Revival: a Recurring Theme in the History of Taste* (Manchester University Press, 1994).
5. Bistolfi's much-publicized *Christ Walking on the Water* 1896–9 was considered a 'new' Christ, 'between Marx and Nietzsche'; See S. Berresford and R. Bossaglia (1984), pp. 75, 298. Pellini's *Christ* was executed in bronze for the cemetery of Varese (1895) and then in marble for Milan (1896).

6. Giorgio Vasari's *Castration of Uranus* in the Palazzo Vecchio in Florence (1563) illustrates the myth.
7. Reproduced in G. Pesci (ed.), (1998), p. 266. Below are representatives of Humanity and a flourishing tree.
8. As often happened, the idea caught on in a particular cemetery: in the Municipal and Misericordia cemeteries, Viareggio has monuments recording a climbing accident, a man being electrocuted (Cesare Borginni [d.1924]) and a motorcycle being hit by a lorry (Leonetto Bertelli [d.1945]).

AMONG THE MOURNERS OF ZION AND JERUSALEM

1. The cemetery of Turin, another important centre of Jewish life in late-nineteenth-century Italy, is devoid of figurative imagery. Perhaps greater stringency on the part of the local rabbinate, as well as the pervasive retention of Jewish traditions after emancipation, played a role in the absence of figurative monuments. On Jewish life in nineteenth-century Turin *see* Bruno Maida 'Gli Ebrei a Torino nella seconda metà dell'Ottocento', in Alberto Cavaglion (ed.) *Minoranze religiose e diritti: Percorsi in cento anni di storia degli ebrei e dei valdesi (1848–1948)* (Franco Angeli, Milan, 2001), pp. 111–22.
2. For a full discussion of this problem *see* Vivian Mann (ed.) *Jewish Texts on the Visual Arts* (Cambridge University Press, 2000), pp. 19–36.
3. For an overview *see* Vivian Mann 'The Arts of Jewish Italy' in *id.* (ed.) *Garden and Ghettos: The Arts of Jewish Life in Italy.*(Berkeley, 1989), pp. 45–65.
4. Most Italian Jews received full legal emancipation between 1848 (in the Kingdom of Savoy) and 1861. Only the Jews of Rome had to wait until 1870, when Rome was captured and the entire peninsula was eventually unified under the Savoy House. For further reading on the process of Jewish emancipation in Italy, *see* Fabio Levi. 'Gli ebrei nella vita italiana dell'Ottocento', in Corrado Vivanti (ed.) *Storia d'Italia: Gli ebrei in Italia* Vol. II (Einaudi, Turin, 1997), pp. 1171–1210, and Franco della Peruta 'Gli ebrei nel Risorgimento fra interdizioni ed emancipazione' in Corrado Vivanti (ed.) *Storia d'Italia: Gli ebrei in Italia* Vol. II. (Einaudi, Turin, 1997), pp. 1135–1167.
5. See Andrew Canepa. 'Emancipation and Jewish Response in mid-nineteenth-century Italy', in *European History Quarterly* 16 (1986), pp. 403–39; Dan Segre. 'The Emancipation of Jews in Italy', in Pierre Birnbaum and Ira Katznelson (eds) *Paths of Emancipation* (Princeton University Press, 1995), pp. 206–237; Marco Meriggi. 'Bourgeoisie, Bürgertum, Borghesia: I contesti sociali dell'emancipazione ebraica' in Francesca Sofia and Mario Toscano (eds) *Stato nazionale ed emancipazione ebraica* (Bonacci, Rome, 1992), pp. 155–69.
6. Richard I. Cohen 'Urban Visibility and Biblical Visions' in David Biale (ed.) *Cultures of the Jews: A New History* (Schocken Books, New York, 2002), pp. 731–96, esp. pp. 746–7.
7. Several works on the Monumentale Cemetery are available. See Bibliography, p. 227.
8. The synagogues of Vercelli, Florence, Rome, Turin and Genoa are all built in Moorish style. Several Moorish-style synagogues were erected in northern and central Europe in the course of the nineteenth century. See Carol H. Krinsky *Synagogues of Europe: Architecture, History, Meaning* (Dover, New York, 1985), esp. pp. 348–51, 364–8, 377–8.
9. Quoted in G. Ginex and O. Selvafolta (1996), p. 191.
10. The epoch of 'monumental mania' was decried by Rabbi Foa of Sabbioneta in *L'Educatore Israelita* 18 (1870), p. 381.
11. *L'Educatore Israelita* 18 (1870), pp. 339–40, 381.
12. *Ibid.*, 19 (1871), pp. 225–32.
13. *Ibid.*, pp. 206–7.
14. At the death of former editor Giuseppe Levi in 1874, *L'Educatore Israelita* changed its name to *Il Vessillo Israelitico* and passed under the direction of rabbi Flaminio Servi. For a brief mention about images in cemeteries, *see Il Vessillo Israelitico* 44 (1896), p. 95.
15. The issue of cremation became a serious problem in late nineteenth century Italy. Rabbis were faced for the first time with this novel form of burial, and in the absence of a central rabbinate each community followed different guidelines. An attempt to reach a shared basis of operation was launched from the pages of the Vessillo Israelitico, which hosted a number of rabbinic opinions on this subject. See *ibid.*, 22 (1874), pp. 139–40, 167–72, 292–6; 30 (1882), pp. 105–6; 33 (1885), pp. 245–6; 37 (1889), p. 238; 43 (1895), pp. 23–4; 44 (1896), pp. 16–18, 51–2, 77–9.

COMPANIONS ON THE FINAL JOURNEY

1. 'You have near you, as a faithful companion,/ An angel who makes a curtain for you with his wing,/A pillow of marble and garments of lead.'
2. E. Waugh *A Tourist in Africa* (1960).
3. The diffusion of standardized works seems to be widest when the original image is the least individualized: one sees the greatest repetition in the widest range of cemeteries, of angels with crown of flowers, trumpets of the Last Judgement, arms raised pointing to heaven, etc. These are shown in the varying cemeteries internet sites such as that promoted by Pharmcat, which has sections specifically dedicated to angels. See www.pharmcat.demon.co.uk/cemetery or www.friedhofsengel.de/frame1.htm
4. A. Chabot *Érotique du cimetière* (Henri Veyrier, Paris, 1989), p. 144. See in particular the chapter 'De l'angéolgie ou du sexe des anges'.
5. Both are in St Peter's in Rome.
6. On this subject *see* F. Sborgi 'Emblemi e figure retoriche nella scultura italiana dall'Unità alla prima guerra mondiale', in AA.VV. *La scultura del XIX secolo, Atti del XIX Congr. Internationale de Histoire de l'Art, Bologna* (1979), Vol. VI, *La scultura*, edited by H.W. Janson (Bologna, 1984), pp. 49–58; F. Sborgi, 'La rappresentazione della morte nelle grandi configurazioni cimiteriali urbane fra Ottocento e primo Novecento' in *Atti del Convegno 'Le periferie della memoria'* (Turin, 1992), in 'Notiziario di statistica' (1993), n.2, pp. 7–26.
7. F. Sborgi *Staglieno e la scultura funeraria ligure tra Ottocento e Novecento* (Artema, Turin, 1997).
8. G. Pesci (ed.) *La Certosa di Bologna* (Compositori, Bologna, 2001).
9. AA.VV. *Il Liberty nell'altra Torino* (Turin, 1987); AA.VV. *Il Parco delle Mezzelune* (Turin, 1992).
10. M. Pietrantoni (ed.) *Il Monumentale di Milano*, (Electa, Milan, 1992); G. Ginex, O.Selvafolta *Il Cimitero Monumentale di Milano. Guida storico-artistica* (Silvana, Milan, 1996).
11. On Leonardo Bistolfi and his funerary works, *see* S. Berresford (ed.) *Bistolfi 1859–1933. Il percorso di uno scultore simbolista*, exhibition catalogue (Casale Monferrato, 1984).
12. Luigi Pampaloni (Firenze 1791–1847). The work, which was made in *c*.1827, was reproduced countless times as 'Guardian of the Tomb', either in its original version or another, more common form, with the addition of little wings, usually for the tombs of children. On the sculptor, *see* A. Caputo Callod 'Note su Luigi Pampaloni' in *Ricerche di Storia dell'arte* 13–14 (1981), pp. 57–59. See also F. Sborgi *Staglieno e la scultura funeraria ligure tra Ottocento e Novecento* (Artema, Turin, 1997), pp. 346, 348.
13. For a general outline, *see* M. Vovelle *La Morte et l'Occident de 1300 à nos jours* (Gallimard, Paris, 1983; Bari, Laterza, 1986), cap. XXXVI.
14. Bistagno 1837–Rome 1917.
15. For the diffusion of this and other images, *see* F. Sborgi *Staglieno*, ch. XII and, more generally, *ibid.*, 'Alcune note sulla diffusione della scultura italiana fra fine Ottocento e inizi Novecento' in *Atti del I Conv. internazionale L'altra Italia. Architettura dell'Eclettismo ed emizgrazione colta nella seconda metà dell'Ottocento, Jesi 1998*, (Chieti, 1999).
16. *An 1890s Love Affair*, at www.northstargallery.com/ pages/Mon33story.htm. The cemetery is Bellefontaine Cemetery, St Louis, MO.
17. M. Vovelle, *op cit.* For the literary aspects, *see* M. Praz *La morte, la carne e il diavolo nella letteratura romantica* (Sansoni, Firenze, 1931, 1988) and, more gnerally, B. Dijkstra *Idols of Perversity* (Oxford, 1986). An interesting historical study on the iconography of death and its evolution is K.S. Guthke *The Gender of Death. A Cultural History in Art and Literature* (Cambridge University Press, 1999). See in particular chapter 5: 'Decadence to Postmodernity: The Stranger at the Masked Ball. Angels of Death and Skeletal Coquettes'.
18. The tombs in question are, respectively: L. Castello (1872) and Parpaglioni (1884).
19. G. Bergonzoli *L'amore degli Angeli* (1867). Whereabouts unknown.
20. Salem, Mass., 1819–Vallombrosa 1895.
21. Among the copies are: University of Stanford, California (a copy of 1901 by Bernieri); Green-Wood Cemetery, Brooklyn, New York; Cypress Lawn Cemetery, Colma, California; Hengham Cemetery, MA; Metairie Cemetery, New Orleans.

POSTSCRIPT AND ANNOTATED BIBLIOGRAPHY

'La morte si sconta vivendo.'
'Death is atoned for by living.'
Giuseppe Ungaretti, 'Sono una Creatura' (1916).

'E il pensiero della morte che, in fine, aiuta a vivere.'
'It is the thought of death that, in the final analysis, helps us to live.'
Umberto Saba, 'Sera di Febbraio', from *Ultime Cose* (1942).

In medieval times, the cemetery was a place of social gatherings, games and business both legal, no matter how inappropriate, such as notarial work or even drying wool in Pisa and illegal, though tolerated, as prostitution was in Paris. In the 19thC, it became a memorial park and/or promenade. Cemeteries in Italy's larger cities are now being exploited as tourist attractions and are consequently being catalogued and provided with designated guided tours. Though this is probably where their future lies, a delicate balance must be struck between the old function and the new. Poorly managed tourism will not only disturb mourners there but will bring a higher risk of vandalism and theft. There are enormous problems of conservation, (the environmental pollution in Staglieno, for example, is considerable), of restoration and legal problems as to who should be obliged to pay for what. Conservation of the sculpture is still, in the majority of cases, in private hands. There are special police to patrol cemeteries but they are understaffed, to the point that stealing, especially of the more portable and 'appetizing' Liberty vases and ironwork is not infrequent. In Naples whole statues have disappeared! As ever, the cemetery is a microcosm of society at large: there have been problems with the Camorra there just as there have been with the Mafia in Rome.

Cemeteries are not quite as frequently visited in Italy as they used to be but, once a year, they certainly resume their former status and glory on All Saint's Day. People go and clean up monuments days before and put expensive flowers on the tombs. They may do the rounds, in one or more cemeteries, of all their deceased relatives and they may use the public holiday to go back to visit the cemetery in their town of origin. In the large famous cemeteries like Milan, Turin and Genoa, there is generally a reasonable standard of maintenance in that there do not seem to be many totally abandoned tombs, but smaller cemeteries often show signs of decay. Verano is overrun with cats because people feed them: again the cemetery reflects the City. The authorities leave notices on the tombs ordering relatives to respect their upkeep and, presumably after a certain period of time, the plot will be reclaimed and reallocated if nothing is done. Sale and re-use of sculpture within the cemetery is one way to save it. Sculpture is the property of the family but some have been restricted and protected by the Fine Arts Authorities. Without funds to restore them, however, many are destined for destruction.

Moreover, Italian society is gradually becoming more secular, more mobile and family ties are beginning to loosen. Traditions are gradually dying out. Wakes are no longer held, children no longer make chestnut necklaces at the Feast of the Dead and few turn back the sheets to invite the dead to return to their beds.

The family mausoleum is still an important status symbol, if not as powerful as it once was, but it may not be long before more utilitarian solutions are found. Such notions go back to the extreme Rationalism of the French Revolution. Pierre Giraud, for example, suggested using crematorial ashes for the structure of the cemetery as well as turning them into glass to make memorial plaques. Today in America, 'Cremains' are turned into coral reefs, works of art or artificial diamonds; one can be rocketed into space like Timothy Leary, deep frozen for eventual resuscitation or turned into a frisbee, like its inventor Edward Headrick. In Great Britain, ecological solutions are popular. Memorials are often a park bench for lovers of Nature or, for lovers of shopping, a bench situated in the shrines of the 21st century: shopping centres.

In Italy, the funeral monument are still being produced in profusion but things are changing here, too. Cremation is becoming more common with burial in anonymous pigeonholes (*loculi*), with at most a photograph to recall the deceased. Recently, the Milanese Health Authorities were considering making it legal to take cremated ashes home, in practice eliminating the need for a cemetery altogether. If the cemetery is divorced from its original function as repository of individual memory, it may still keep that of repository of communal memory. It will become a socio-anthropological and sculpture museum requiring all the necessary attention (and funds!) for its maintenance as do other public institutions involved in keeping culture alive.

In the thirty years since Professor Licht first wrote on Italian funeral sculpture, enormous progress has been made in cataloguing the contents of major monumental cemeteries. Much remains to be done in the smaller cemeteries. Italian nineteenth century painting has been studied in Italy and abroad now for many years but sculpture, probably because of inherent difficulties in exposition and sale, has always been something of the poor relation and monumental funeral sculpture was simply ignored. Scholars have for some years now been turning their attention to nineteenth century Italian sculptors and, although again much remains to be done, some excellent monographs and catalogues have been published. As always, this is the first and most vital step towards conservation. Mention must be made here, too, of the Association of Significant Cemeteries in Europe (ASCE), founded in Bologna in November 2001 (www.significantcemeteries.net), which is extremely active in promoting and conserving monumental cemeteries.

The limited annotated bibliography that follows, makes no pretence to be complete but tries to record publications actually used in writing this book, including those (few) available in English and some of the more recent studies which supply excellent bibliographies for anyone wishing to investigate the subject further.

My thanks to Franco Sborgi for many helpful suggestions.

CEMETERIES AND FUNERAL ICONOGRAPHY

P. Ariès *Western Attitudes towards Death: from the Middle Ages to the Present* (Marion Byers, London and New York, 1976, 1994).

____ *Images of Man and Death* (Harvard University Press, 1985).

G. Armellini, M. Cechetti *'Come fa presto sera, o dolce madre, qui!' Itinerario pascoliano nelle Certose di Bologna e Ferrara* (Padua, 1984).
Bologna, Ferrara.

E. Bacino *I Golfi del Silenzio* (Florence, 1979).
Monumentale Milan, Staglieno, Verano Rome.

L. Camerlenghi 'I Cimiteri: I casi di Vicenza, Verona e Padova' in S. Mainelli (ed.) *Il Veneto e l'Austria nelle Città Venete 1814–1866,* catalogue of the exhibition at Palazzo Gran Guardia, Verona, (Milan Electa, 1989).

A. Chabot *Erotique du Cimitière* (Henri Veyrier, Paris, 1989).
Fundamental study of the Eros/Thanatos theme in European cemeteries (although the majority are from Italy). An exceptional collection of photographs in black and white but only the town and cemetery are indicated without name of deceased, date or sculptor. Bibliography on various aspects of the theme.

J.S. Curl *The Victorian Celebration of Death* (Sutton Publishing Ltd, Thrupp, Stroud, 2000).

____ *Egyptomania. The Egyptian Revival: a Recurring Theme in the History of Taste* (Manchester University Press, 1994).

B. Dijkstra *Idols of Perversity. Fantasies of Female Evil in Fin-de-Siècle Sculpture* (Oxford University Press, New York and Oxford, 1986).

F. Giovannini *Guida ai Cimiteri d'Europe. Storia, Arte, Cultura per Turisti senza Tabù* (Stampa Alternativa, Rome, 2001).

K.S. Guthke *The Garden of Death. A Cultural History in Art and Literature* (Cambridge University Press, 1999).

L. Latini *Cimiteri e Giardini. Città e Paesaggi Funerari d'Occidente* (Alinea, Florence, 1994).
Highly informative general survey of development of the cemetery in Europe. Detailed information on Ferrara, Verona the Vantiniano, Brescia; Staglieno; Naples; Porte Sante Florence.

S. Dièguez Patao, C. Gimenez, *Arte e Architetura funeraria (XIX–XX)* (Council of Europe, Dublin, Genoa, Madrid, Turin, 2002).

V. Pavan (ed.) *Ultime Dimore* (Arsenale, Venice, 1987).
Verona, Crespi d'Adda Mausoleum; S.Vito d'Altivcle , Brion by Scarpa.

D. Robinson 'The Art of Commemoration in European Cemeteries' in D. Robinson and D. Koontz *Beautiful Death* (Penguin, New York, 1996).
Mostly on Parisian cemeteries but some interesting reflections on the theme.

F. Sborgi 'La Rappresentazione della Morte nelle Grandi Configurazioni Cimiteriali Urbane fra Ottocento e Primo Novecento' in *Le Periferie della Memorie, Notiziario di Statistica*, Atti del Convegno Part II, 2 (1993), pp. 7–26.

O. Selvafolta 'Identità Pubblica e Identità Privata nei Cimiteri dell'Ottocento' ('Public and Private Identities in Nineteenth Century Cemeteries') in R. Pavoni (ed.) *Sette Racconti Ottocenteschi. Percorsi tra Arte e Storia nel XIX Secolo (Seven Nineteenth Century Tales. Patterns of Art History in the Nineteenth Century*). (Appunti del Museo Bagatti Valsecchi, Milan Skira, 1997), pp. 31–47.

Various authors *Cimiteri d'Europa. Un Patrimonio da conoscere e restaurare*, Guide edited by SCENE (Bologna, 2004).

M. Vovelle *La Mort et l'Occident de 1300 à nos jours* (Gallimard, Paris, 1983).

The Acts of the Colloque International *Mémoire sculptée de l'Europe et de ses aires d'influence XVIIe–XXe siècles*, Council of Europe, Strasburg, 2001 are due to be published. Section 3 was dedicated to funeral monuments.

CEMETERIES **Guidebook*

Asti

A. Galbano (ed.) *Asti Liberty. Immagini della Città all'Inizio del Secolo XX L'Arciere* (Asti, 1981).
On Liberty as a whole in Asti but documents some major funerary monuments.

Bologna, Certosa

G. Pesci (ed.) *La Certosa di Bologna. Immortalità della Memoria* (Compositori, Bologna, 1998).
Extensive study of the Certosa and the cemetery. Particularly relevant are S. Tumidei on the nineteenth-century sculpture and A. Storelli, G. Pesci on sculpture there from the late nineteenth century to 1940. Includes biographies of principal sculptors active in the cemetery. Plans and extensive bibliography. Illustrated in colour and black and white.

*G. Pesci (ed.), C. Rocchetta, C.Zaniboni *La Certosa di Bologna* (Compositori, Bologna, 2001).

Brescia, Vantiniano

*V. Terraroli *Il Vantiniano. La scultura monumentale a Brescia tra Ottocento e Novecento* (Grafo, Brescia, 1990).
Illustrated (colour and black/white) history of the cemetery, catalogue of major monuments and archival documents.

Cagliari

A. Romagnino, L. Siddi, B. Badas, E. Borghi *Bonaria. Il Cimitero Monumentale di Cagliari* (Tam Tam, Cagliari, 2000).
History of the cemetery, black and white photos of many of the interesting sculptures here.

M.G. Scano *Pittura e Scultura dell'Ottocento* (Banco di Sardegna, 1997), pp. 160–203, 286–288.

L. Siddi, L. Figari *La Scultura in Sardegna dal Paleocristiano all'800. Quaderni di viaggio* pp. 47–52 and No. 16.
Preparatory study for the above.

Carrara, Marcognano

G. Bernardini (ed.) *La Città del Silenzio* (Carrara, 2001).
An excellent project carried out by the Liceo Scientifico Statale 'G. Marconi' Carrara into the local cemetery and its funeral iconography. Interesting documentation on the Beretta Studio.

B. Gemignani *I Marmi dell'Eternità* (Sea, Carrara, 1999).

Cremona

S. Bruneri *Sculture dell'Ottocento e del Primo Novecento* (Cremona No. 2–3, 1991), pp. 61–5.

Cuneo

A. Boido Sassone, R. Nelva, B. Signorelli *Art Nouveau a Cuneo. Architettura e Art decorative* (L'Arciere, Cuneo, 1982).

Faenza

G. Bettoli *L'Osservanza di Faenza. Storia e Piccola Guida* (Tipografia Faentina, 1990).

Ferrara

L. Scardino, A.P. Torresi *Post Mortem. Disegni, decorazioni e sculture per la Certosa ottocentesca di Ferrara* (Liberty House, Ferrara, 1998).
Illustrated (black/white) scholarly history of the cemetery and commentary on the principal monuments based on archival sources. Useful biographical dictionary of sculptors active here.

GAZETTEER

ROBERT FREIDUS IN COLLABORATION WITH SANDRA BERRESFORD

The purpose of this section is to give some useful information about some of the cemeteries discussed in this book. For many of the smaller cities and towns, the address can usually be obtained from the *Municipio* itself, usually found in the centre of the city.

Some of the smaller cemeteries are open all day, but many of the rest close for lunch and generally open around 8am and close around 6pm. The hours, like so many others in Italy, change with startling regularity, so if you are making a special trip, it's probably best to telephone first. Some of the larger cemeteries, such as the Monumentale in Milan and the Staglieno in Genoa are closed on Monday. When there is a different day, it is noted. Sundays and holidays usually have different hours from weekdays and in summer the cemeteries tend to open and close later than in winter. 1 January, 1 May, 15 August, 25 and 26 December are national holidays throughout Italy, and sometimes this means that the cemeteries are closed, as in Milan and Genoa, and sometimes it means they are open, as in many smaller cities. This is all part of the fun of going to Italy. The photographers of this book were disappointed to find that Staglieno was closed on 1 May during one visit there, but were delighted to find that St Margherita Ligure was open the entire day, as were Lavagna and Chiavari. The cemeteries will be extremely busy around 1 and 2 November, the days traditionally reserved for commemorating the dead.

Almost all cemeteries have toilet facilities, which can be a useful amenity for any traveller. It is advisable to dress warmly in winter and to take a hat in summer. Wear comfortable shoes, there's a lot of walking involved.

Some of the cemeteries have guidebooks or brochures light enough to carry around (listed here) while others have been the subject of scholarly research (see bibliography). Sometimes maps can be obtained on request from the cemetery office.

CEMETERIES

ALBENGA

Cimitero di Leto
Via del Cristo Leto d'Albenga
17031 Albenga (SV)
Tel/Fax: 0182 20890
Open winter 08:00–18:00; summer 08:00–19:00; Sundays and holidays 08:00–12:00, 15:00–18:00.

Several fine monuments here: Paccini and Michero by Achille Canessa; de Negri. A pleasant and productive day out of Genoa is Sampierderena, Savona and Albenga. All three have some lovely sculpture but not so much that you can't see all three in a day.

ALESSANDRIA

Cimitero Urbano di Alessandria
V. le Teresa Michel, 35
15100 Alessandria
Tel: 0131 223085
Fax: 0131 288076
Closed on Wednesday.

The most noteworthy thing in this cemetery, founded in the late nineteenth century, is the use of fictive architecture on many of the tombs.

ASSISI

Cimitero Urbano
Via degli Episcopi
06081 Assisi
Tel (office): 0185 307769
Custodian's mobile: 335 720 7739
Open winter 08:00–17:00;
summer 07:00–19:00

Located just beyond the city walls, the cemetery is easily reached from the main tourist area. There are some lovely bronze tombs by Vincenzo Rosignoli, including one to his own family

ASTI

Cimitero Urbano
Viale Don Alfredo Bianco
Tel: 0141 530003
Open 08:00–17:30

For a small cemetery there are quite a few memorials of the highest quality: Solaro by Luigi Contratti; Bosio; Francesco Zo; Omedé-Ricciardi by Bistolfi and it includes some interesting Egyptian examples, such as Ricciardi.

BERGAMO

Cimitero Civico di Bergamo
Piazzale Cimitero
24125 Bergamo
Tel. 035 237276 (Direction, Viale Pirovano)
Fax: 035 399482
Closed on 1 January, 15 August and Wednesday afternoons

The sculptures on the outside of the cemetery are wonderful as is the architecture itself. Tombs to look out for: Personeni by Angelo Barbieri [Plate 451]; Benedetto; Tiberini.

BOLOGNA

S. Girolamo della Certosa e Cimitero Monumentale
Cimitero della Certosa di Bologna
Via della Certosa, 18
40133 Bologna
Tel: 051 6150811/2
Fax: 051 6150349
michele.gaeta@comunebologna.it
www.certosadibologna.it

Founded in 1801, Bologna is one of the major cemeteries of Italy and there are hundreds of wonderful monuments in almost every style imaginable inside its many hallways and outside in the lovely courtyards. Tombs to look out for: Ferraris by Putti, Angelelli by Bartolini; Minghetti by Rivalta, Letizia Pepoli Murat by Vela (with its huge statue of her father, Gioacchino Murat); Montanari by Diego Sarti; Berselli by Veronesi; Pancaldi by Salvini; the motorcyclists of Raggi and Ruggeri by Minguzzi.
Guidebook: U.Pesci (ed.) C.Rocchetta, C.Zaniboni *La Certosa di Bologna* (Compositori, Bologna, 2001).

BORGO SAN DALMAZZO (CUNEO)

Cimitero Comunale
Via Rocchioso
c/o Municipio
Via Roma, 74
12011 Borgo San Dalmazzo (CN)
Tel: 0171 262429
Fax: 0171 754110
Open all year.

The only really notable thing here is the Grandis tomb by Bistolfi, but worth the trip for that alone.

PLATE 451 Personeni, Angelo Barbieri, Cimitero Civico, Bergamo.

BRESCIA

Cimitero Vantiniano
Via Milano, 17/B
25100 Brescia
Tel: 030 297 87223/8726
Fax: 030 45971

Tombs to look out for: Soncini; Balucanti; Dossi; Facchi; Zanardelli by Ettore Ximenes are among the many lovely monuments; particularly rich in Neoclassical works by G.B. Lombardi and Giovanni Seleroni. The architecture of the cemetery is memorable too, with an elliptical courtyard with an enormous tower in the center, all in brilliant Brescian marble.

BRISIGHELLA

Cimitero di Brisighella
Via Lanzoni
48013 Brisighella (RA)
Tel: 0546 994424
Fax: 0546 80295 (cemetery offices)
Open 08:00–12:00, 14:00–17:30

A lovely country cemetery with the magnificent Cattani tomb as the highlight.

CAGLIARI (SARDINIA)

Cimitero Bonaria
Viale Bonaria
19125 Cagliari
Tel: 070 300205
Open daily 08:00–13:00 and
Tuesday and Thursdays 14:30–17:30.

Fine monuments (Nurchis, Todde, Warzee,) especially for children by Giuseppe Sartorio like the Maria Ugo Ortu [Plate 452]; Barrago by G.B. Villa, Cugia by Sarrocchi; C. & S. Cugia by Pandiani; the lovely Liberty Zedda Chapel.

CASALE MONFERRATO

Cimitero Cattolico Urbano
Via Negri
15033 Casale Monferrato (AL)
Tel: 0142 452339
Fax: 0142 456828

Some excellent Symbolist sculpture by Bistolfi: Nicola, *Christ Walking on the Water* and Alliora, and school, Accornero by Stagliano and Imarisio [Plate 453].

CESENA

Cimitero Urbano
Via Giovanni Pacchiotti, 8
47023 Cesena (FC)
Tel/Fax: 0547 21898
Open Jan–Feb, Oct–Dec 08:00–17:00; Mar–May, Sept 08:00–18:00; Jun–Aug 08:00–19:00; 1 Jan, 1 May, Easter, August Bank Holiday, 25 Dec 08:00–12:00; 1 and 2 Nov 07:00–17:00.

Founded in 1813. The talented sculptor Tullo Golfarelli was a local boy and did a great many fine tombs in the cemetery: Mori, Roverella, his own family monument plus the great Bartoletti.

CHIÀVARI

Cimitero Urbano
Via Piacenza, 83
16043 Chiavari (GE)
Office: 0185 323089
Tel: 0185 307769

A number of marvellous monuments by Luigi Brizzolara, a local boy, including one to his family, and others to Graffigna and Gonzalez. Mario Ersanilli's Devoto and Sanguinetti tombs are worth seeing too.

CUNEO

Cimitero Urbano
Via del Cimitero
123100 Cuneo
Tel: 0171 692909
Fax: 0171 66665
Open Apr–Sep 08:30–18:30; Oct–Mar 08:30–17:30.

Tombs to look out for: apart from Bistolfi's famous Pansa, Cuneo Cemetery contains works by G. Sartorio, Piatti, Alloati and Tabacchi.

PLATE 452 Maria Ugo Ortu (*c.*1891), Giuseppe Sartorio, Cimitero di Bonaria, Cagliari.

PLATE 453 Imarisio family (*c.*1912), Guido Capra (attr.), Cimitero Cattolico Urbano, Casale Monferrato.

PLATE 454 Brigida dei Marchesi Stanga Cavina (*c.*1875), Giovanni Collina Graziani, Cimitero dell'Osservanza, Faenza (detail).

FAENZA

Cimitero dell'Osservanza
Viale Marconi, 34
48018 Faenza (RA)
Tel (custodian): 0546 21189
Tel (office): 0546 663222
Fax: 0546 063244
Closed on Wednesday afternoons.

Tombs to look out for: Rossi; Tampieri, Stanga Cavina [Plate 454] and several others. Probably not worth a separate trip but if you're in the area, there are interesting monuments to see.

FERRARA

Certosa (Cimitero Monumentale di Ferrara)
Via Borso, 1
44100 Ferrara
Tel: 0532 230175/4
Fax: 0532 230135
direzione@amsafe.it www.amsafe.it

Founded in 1813. Tombs to look out for: A very large selection of first-rate Neoclassical and Purist monuments : Costabili by Tenerani; Mosti Trotti Estense by Finelli;Gulinelli by Fabi Altini; Luigi Massari by Cincinnato Baruzzi; Recchi (Mayr) by Bartolini; Barillari-Cavalieri and Lattuga by Legnani; Forti by Nicoli & Beretta; Zagatti by Arcangioli; Fabbri by G.P. Ferrari.

FLORENCE, PORTE SANTE

Porte Sante di Firenze
Via delle Porte Sante, 36
(next door to San Miniato)
50125 Firenze
Tel: 055 234242211
Fax: 055 2346197
bernarolofm@libero.it
Closed on Wednesday and Sunday afternoons.

Founded in *c.*1850. Tombs to look out for: many excellent busts of Florentine notables; Maria and Mario Mazzone (a standing couple); Cappellari della Colomba by Menconi; Ciampi by Ciampi; Barlacchi; Spongia by Feroci; Pestalozza by Trentacoste. Guidebook: G. Salvagnini (ed.) *Porte Sante. Il Cimitero di San Miniato a Firenze, Comune di Firenze* (Centro Libero Andreotti Pescia, Opuslibri, 2001).

FLORENCE RIFREDI

Cimitero di Rifredi
Via Panciatichi 60A–62
Rifredi (Florence) 50127
Tel: 055 411183
Fax: 055 428 2077
Closed on Wednesday and Sunday afternoons and afternoons of feast days.

Founded in 1893. Tombs to look out for : Moggi by Vichi [Plate 455] and a few other busts.

FLORENCE, SOFFIANO

Cimitero Monumentale della Misericordia
Di S. Maria all'Antella
Via di Soffiano, 190
50143 Florence
Tel: 055 710188/621410
Open May–Sept 08:00–12:00, 15:00–18:00;
Oct–Apr 08:00–12:00, 14:00–17:00;
Sundays and holidays 08:00–12:00

Tombs to look out for: Malenotti by R. Romanelli (one of the greatest seated figures in cemetery art), his own tomb and that of his brother. Pesenti Barili by Galducci; several other good busts by Romanelli and Berti by Vichi. Emilio Zocchi's *The Young Michelangelo Carving the Head of a Faun* and others.

FLORENCE TRESPIANO

Cimitero di Trespiano
Via Bolognese
Trespiano
50100 Firenze
Tel & Fax 055/401037
Open Monday–Saturday 08:00–17:00;
Sundays and holidays 08:00–13:00

Tombs to look out for: Visconti-Lessi by Ciampi; Balboni and Cocchi by A. Lazzerini.
Guidebook: G. Salvagnini 'Un Secolo di Scultura Fiorentina sul Colle di Trespiano' in *Libero* 8 (Autumn 1996).

PLATE 455 Silvio Moggi (1921–22), Ferdinando Vichi, Cimitero di Rifredi, Florence.

PLATE 467 Lugo family (*c*.1897), Ettore Ferrari, Cimitero Monumentale, Verona (detail).

PLATE 468 Angela Valle Lampertico (1895), Carlo Spazzi, Cimitero Monumentale, Verona.

PLATE 469 Perdomo Vicini, Luigi Brizzolara, Cimitero San Martino, Zoagli.

VERCELLI

Cimitero Billiemme
Corso Alessandro Salamano
13100 Vercelli (VC)
Tel: 0161 502035
Open 07:30–17:00.

Not overly rich in spectacular monuments, there are still several of real interest: Cerati by Buzzi-Reschini; Furno Scassi; Todi, the Grosio Mausoleum; Ardizzone [Plate 466], Giglia, Leone, Ricaldone and others by Luigi Sereno. Two Bistolfis in the Jewish sector (Arnoldo Pugliese and Pugliese Levi).

VERONA

Cimitero Monumentale
Via Caduti senza Croce, 1
37133 Verona
Entrances also in Via Campo Marzo and Piazza Cimitero
Tel: 045 82911
Fax:045 802990
Open summer 08:30-19:30; winter 08:30-17:30.

Tombs to look out for: the lovely, if damaged, Monga by Duprè.Works by the Spazzi family, who did the statues over the entrance portico, (Antonini, Bertani, Brenzoni); by Ettore Ferrari (Dolci, Lugo) [Plate 467]; Ugo Zannoni (Allegri-Zorzi,Erbisti, Zannoni, Zorzi) and Camuzzoni by Cristani. The Liberty Rovati and Valtancoli and the mysterious Maria Beruccini by Pietro Da Verona.

VIAREGGIO

Cimitero Comunale di Viareggio and Cimitero Misericordia
Via Marco Polo
55049 Viareggio (LU)
Tel (Comunale Custodian): 0584 50610
Tel (office): 0584 54115
Open Oct–Apr 08:00–12:00, 14:30–17:30; May–Sep 08:00–12:00, 15:30–19:30.
The Comunale is closed on Wednesday afternoons.

A plan with the principal monuments of interest is displayed at the entrance of the Comunale. The two cemeteries are adjacent, not far from the motorway exit, and contain a fairly large number of interesting monuments from the Liberty period onwards. Tombs to look out for in the Comunale: Balloni; Barsanti; Bertocca by Zilocchi; the Nelli and Garré mausolea; Lenci; Paci, Lencioni by Bozzano; Massoni by Petroni; Palagi (accident); Puccinelli. In the Misericordia: Gariboldi by Angeloni; Stella de Ranieri; Bertelli (motorcycle accident); Spadavecchia; Martinelli by Zilocchi.

VICENZA

Cimitero Monumentale di Vicenza
Viale Trieste, 5
36100 Vicenza
Tel: 0444 305275/955500
Fax: 0444 955699

Founded in 1817–27. Tombs to look out for: Folco by Marsili; Piovene by Brustolon; Lampertico by Spazzi [Plate 468]; the Deco Boschiero.

ZOAGLI

Cimitero San Martino
Via Morello
Zoagli
13030 Lavagna
Tel (office): 0185 2505225
Fax: 0185 258487
Open 09:00–13:30 and some afternoons (variable).

A small cemetery, it can be seen on the same day with S.Margherita Ligure and nearby Lavagna. Of note the Vicini Perdomo by Brizzolara [Plate 469] and works by Galletti

MUSEUMS

CARRARA

Gipsoteca dell'Accademia di Belle Arti
Accademia di Belle Art di Carrara
Via Roma, 1
Carrara 54033 (MS)
Tel: 0585 71658

Teaching collection of casts from the Antique. Reliefs from Academy competitions. Casts of works by pupils and teachers at the Academy including major works by Bienaimè, Beretta, Bonanni, Chelli,Fontana, Landi, the Lazzerini, the Nicoli, the Tacca, Tenerani and Triscornia. Part is in the Academy, part awaiting a definitive seat as the city's gipsotecca.
S. Russo, R. Carozzi *La Gipsoteca dell'Accademia di Belle Arti di Carrara* (Lions Club Massa e Carrara Host, S.E.A.,Carrara, 1992).
A.V. Laghi Carrara, la sua Accademia e il futuro museo dei gessi in S. Condemi, C. Stefanelli (ed.) *Le Gipsoteche in Toscana, Per una Prospettiva di Censimento Nazionale* Atti del Convegno, Pescia, 21 March 20001 (Vannini, Borgo a Buggiano (PT), 2002), pp. 145–63.

Gipsoteca della Scuola del Marmo 'Pietro Tacca'
See Gipsoteche, Alessandro Lazzerini (page 244).

L. Passaglia *Il Gesso e la Memoria: Il Laboratorio Lazzerini 1812–1942* (SEA Massa-Carrara, 1997): an inventory of 1978 listed around 800 works. Many were donated by the Lazzerini family.

FLORENCE

Galleria d'Arte Moderna
Palazzo Pitti
Piazza Pitti, 1
50125 Florence
Tel: 055 2388 601/816
Fax: 055 2388 699
www.firenzemusei.it/moderna
Open Tues–Sat 08:15-13:50; variable opening times on Sundays and Mondays

Gessi by Domenico Trentacoste (q.v.) and others.

Gipsoteca dell'Istituto d'Arte
Istituto Statale d'Arte di Porta Romana
Piazzale di Porta Romana, 9
50124 Florence
Tel: 055 220521

A vast collection of casts and models from all periods, and including works by Andreotti, Bortone, Passaglia, Pazzi and others from the nineteenth and twentieth centuries.
A. Caputo 'La Gipsoteca dell'Istituto Statale d'Arte di Firenze: quale futuro?' in S. Condemi, C. Stefanelli (ed.) *Le Gipsoteche in Toscana, Per una Prospettiva di Censimento Nazionale* Atti del Convegno, Pescia, 21 March 2001 (Vannini, Borgo a Buggiano (PT), 2002), pp. 165–73.

LUCCA

Istituto Superiore Artistico 'A. Passaglia'
Piazza Napoleone
55100 Lucca
Tel: 0583 492776
Fax: 0583 490968

Contains works by Lucchesi and Passaglia.

Musei Nazionali di Lucca
Villa Guinigi
Via della Quarquamia
55100 Lucca
Tel: 0583 496033

Contains the gipsoteche of Alfredo Angeloni and Augusto Passaglia and works by Urbano Lucchesi. Some 200 works by Angeloni were donated to the Comune of Viareggio by the sculptor's daughter in 1998.
M-T. Filieri, 'Tre gipsoteche lucchesi :problemi e prospettive' in S.Condemi, C.Stefanelli (ed.) *Le Gipsoteche in Toscana, Per una Prospettiva di Censimento Nazionale.* Atti del Convegno, Pescia 21 March 2001 (Vannini, Borgo a Baggiano (PT), 2002), pp.113–21.

MILAN

Accademia di Brera
Via Brera, 28
20121 Milan
Tel: 02 869551/86460639

Consists of the Brera teaching collection (casts from the antique); donations from the late Neoclassical period (Cacciatori and Paccetti); then Finelli, P. Fontana, Marchesi; Fraccaroli; Sangiorgio; Bartolini. Tandardini and Barzaghi. A collection of casts was donated in 1907 by Pietro Pierotti, son of Brera cast-maker Edoardo. Many casts bought from the annual Sculpture Prize, trials for Brera or government scholarships e.g. the Pensionato Oggioni; Premio Fumagalli & Tantardini. Works by those who taught at the Academy e.g. Magni, Tandardini, Barzaghi, Tabacchi. Also by Bazzaro and Pellini. Only part of the large collection is viewable.
F. Fergonzi 'I Calchi da Opere del Medioevo e del Rinascimento: I gessi dell'Ottocento' in G. Agosti, M. Ceriana *Le Raccolte Storiche dell'Accademia di Brera* (Quaderni di Brera, Florence Centro di 1997).

PIETRASANTA

Museo del Bozzetto
Via S. Agostino, 1
55045 Pietrasanta (LU)
Tel: 0584 795500
Fax: 0584 795588
www.museodeibozzetti.com
Open summer Tues–Sun 18:00–20:00, 21:00–00:00; winter Tues–Sat 14:00–19:00.

Contains work from the twentieth century.

Museo del Bozzetto Due
Via Marconi, 5
55045 Pietrasanta (LU)
Tel: 0584 795500
Fax: 0584 795588
Open summer Tues–Sun 17:00-20:00; winter Tues–Sat 09:00-12:00, 15:30-19:00.

Contains works from the Bibolotti Studio and from the Luciano Studio in Querceta run by Spirito Luciano (1866–1924) and his son Guido (1902–46). Includes artists who worked locally: Pietro Bibolotti, Antonio Bozzano, Giacomo Zilocchi and others: Davide Calandra and Edoardo Rubino.
G. Salvagnini (ed.) 'Mostra del Lascito Bibolotti al Museo dei Bozzetti, Pietrasanta, Chiostro S. Agostino, Jan–Feb 1999' in *Libero* 13 (1999), pp. 4–31.

ROME

Museo del Vittoriano
(Beneath the Monument to Vittorio Emanuele II)
Piazza Venezia
Rome
Tel: 06 6991718
Open daily 09:30-17:00.

Contains three models by architect Giuseppe Sacconi and a few models relating to the Monument. It is also the seat of the Museo del Risorgimento. The Monument, with sculptures by leading Italian sculptors, is open 09:30–16:30, weather permitting. A bar and restaurant with terrace has stupendous views over Rome.
M. Pizzo *Il Vittoriano, Historic-artistic Guide*, (Rome, 2002).

VARALLO (VALSESIA)

Pinacoteca di Varallo
Palazzo dei Musei
Via Don P. Calderoni, 25
Varallo 13019 (Vercelli)
Tel: 0173 51424
museivarallo@libero.it
www.kore.it/piemonte/musei
Open Oct–May Tues–Sat 10:00–12:00, 14:00–18:00. It is preferable to book.

Contains plaster models, casts and works by Valsesian sculptors, including Albertoni, Belli, della Vedova, Ginotti and Sartorio.
E. Ballare, 'La scultura dell'Ottocento nella Pinacoteca di Varallo' in C. Debiaggi, B. Signorelli, *Pietro della Vedova e la scultura valsesiana dell'Ottocento*, (Società Piemontese di Archeologia e Belle Arti N.S. Atti, Vol. V, Turin, 2000), pp. 79–98.